Conheça o
Saraiva Conecta

Uma plataforma que apoia o leitor em sua jornada de estudos e de atualização.

Estude *online* com conteúdos complementares ao livro e que ampliam a sua compreensão dos temas abordados nesta obra.

Tudo isso com a **qualidade Saraiva Educação** que você já conhece!

Veja como acessar

No seu computador
Acesse o *link*
https://somos.in/MLJ4

No seu celular ou tablet
Abra a câmera do seu celular ou aplicativo específico e aponte para o QR Code disponível no livro.

Faça seu cadastro

1. Clique em **"Novo por aqui? Criar conta".**

2. Preencha as informações – insira um *e-mail* que você costuma usar, ok?

3. Crie sua senha e clique no botão **"CRIAR CONTA".**

Pronto! Agora é só aproveitar o conteúdo desta obra!*

Qualquer dúvida, entre em contato pelo *e-mail* **suportedigital@saraivaconecta.com.br**

Confira o material da professora
Maria José Constantino Petri
para você:

* Sempre que quiser, acesse todos os conteúdos exclusivos pelo link ou pelo QR Code indicados. O seu acesso tem validade de 24 meses.

Maria José Constantino Petri

Manual de Linguagem Jurídica

4ª edição revista e atualizada
2023

Av. Paulista, 901, Edifício CYK, 4º andar
Bela Vista – São Paulo – SP – CEP 01310-100

SAC | sac.sets@saraivaeducacao.com.br

Diretoria executiva	Flávia Alves Bravin
Diretoria editorial	Ana Paula Santos Matos
Gerência de produção e projetos	Fernando Penteado
Gerência editorial	Thais Cassoli Reato Cézar
Novos projetos	Aline Darcy Flôr de Souza
	Dalila Costa de Oliveira
Edição	Jeferson Costa da Silva (coord.)
	Daniel Pavani Naveira
Design e produção	Daniele Debora de Souza (coord.)
	Laudemir Marinho dos Santos
	Camilla Felix Cianelli Chaves
	Claudirene de Moura Santos Silva
	Deborah Mattos
	Lais Soriano
	Tiago Dela Rosa
Planejamento e projetos	Cintia Aparecida dos Santos
	Daniela Maria Chaves Carvalho
	Emily Larissa Ferreira da Silva
	Kelli Priscila Pinto
Diagramação	Ione Franco
Revisão	Daniela Georgeto
Capa	Tiago Dela Rosa
Produção gráfica	Marli Rampim
	Sergio Luiz Pereira Lopes
Impressão e acabamento	Gráfica Paym

DADOS INTERNACIONAIS DE CATALOGAÇÃO NA PUBLICAÇÃO (CIP)
VAGNER RODOLFO DA SILVA – CRB-8/9410

P495m	Petri, Maria José Constantino
	Manual de Linguagem Jurídica [recurso eletrônico] / Maria José Constantino Petri. – 4. ed. – São Paulo: ExpressaJur, 2023.
	232 p.
	ISBN: 978-65-5362-744-4 (impresso)
	1. Direito. 2. Linguagem Jurídica. 3. Manual. I. Título.
2022-3271	CDD 340
	CDU 34

Índices para catálogo sistemático:

1. Direito — 340
2. Direito — 34

Data de fechamento da edição: 8-11-2022

Dúvidas? Acesse www.saraivaeducacao.com.br

Nenhuma parte desta publicação poderá ser reproduzida por qualquer meio ou forma sem a prévia autorização da Saraiva Educação. A violação dos direitos autorais é crime estabelecido na Lei n. 9.610/98 e punido pelo art. 184 do Código Penal.

| CÓD. OBRA | 15924 | CL | 608317 | CAE | 818251 |

Apresentação

Após percorrer, com prazer e proveito, as páginas bem pensadas e bem escritas do *Manual de linguagem jurídica*, da Professora Maria José Constantino Petri, vieram-me à mente algumas reflexões que fiz sobre o Direito e sua linguagem, em breve peça intitulada *O Direito, as emoções e as palavras*. Rememoro, a seguir, algumas delas, conjugando-as com o valioso trabalho que me cabe apresentar.

O Direito é a alternativa que o mundo concebeu contra a força bruta. Em lugar de guerras, duelos ou brigas – debates públicos; em vez de armas, socos ou chutes – ideias e argumentos. A vida dos operadores jurídicos consiste em transformar emoções em palavras, interesses em razão, na busca do que é certo, do que é justo, do que é legítimo. Por vezes, em busca apenas de compreensão.

A linguagem, a capacidade de transmitir conhecimento, opiniões e emoções por via das palavras é um dos principais traços distintivos entre o homem e os outros animais. O mundo do Direito é o mundo da linguagem, falada e escrita. Nós vivemos das palavras: são elas as nossas armas para persuadir, conquistar, vencer. Para nós, falar ou escrever nunca é um ato banal. É a marca da nossa identidade, é o nosso modo de ser e de estar no mundo.

A linguagem em geral, e a jurídica em particular, deve ser precisa. É imperativo dominar os conceitos e os sentidos das palavras. Para bem e para mal, nós temos uma linguagem própria. Juiz incompetente ou juiz suspeito não são ofensas. Penhora não é o feminino de penhor. O *de cujus*, ao morrer, não deixou *de cuja* e *de cujinhos*. A imprecisão da linguagem pode significar negligência profissional e pôr a perder as melhores causas.

De parte isso, a linguagem deve ser *clara* e *simples*, tanto quanto possível. Sujeito, verbo e predicado, de preferência nessa ordem. Ninguém é mais inteligente por se referir à autorização do cônjuge como "outorga uxória" ou por chamar o Supremo Tribunal Federal de "Excelso Pretório". A linguagem deve ser instrumento da socialização do conhecimento, e não um instrumento de poder, pelo qual se afasta do debate aqueles que não têm a chave para decodificá-la. Na passagem inspirada de Manuel Bandeira:

> "Aproveito a ocasião para jurar que jamais fiz um poema ou verso ininteligível para me fingir de profundo... Só não fui claro quando não pude".

Por fim, a linguagem deve ser civilizada. A agressão, a grosseria, a violência verbal não contribuem para a causa da humanidade, nem tampouco para a causa que está em disputa. É possível ser firme e elegante, destemido e gentil. Diante da investida impolida, melhor não fazer o óbvio, que é responder na mesma moeda. Deve-se ser sutilmente melhor e devolver um produto de melhor qualidade. A raiva e o destempero são maus parceiros, no Direito e na vida.

As páginas da Professora Maria José Constantino Petri me trouxeram, ainda, uma reminiscência. No tempo em que vivi fora do Brasil, fazendo pós-graduação e depois trabalhando, senti falta de muitas coisas. Atividades, lugares, pessoas. Mas nenhuma saudade era mais constante do que a saudade de falar português. Escolher cada palavra, saber-lhe o sentido, saborear-lhe a sonoridade. Lembrava-me sempre da declaração de amor de Fernando Pessoa, não a Portugal, mas ao português, parodiada por Caetano Veloso em um verso inspirado: "Deixem os Portugais morrerem à míngua. Minha Pátria é minha língua".

Pois bem: o universo jurídico é feito de palavras e, no Brasil, pelo português. Constituição, leis, petições, decisões, comentários. São as palavras que nos transportam da individualidade dos pensamentos de cada um para o mundo fascinante e complexo da interação entre as pessoas, o embate de ideias, de pontos de vista e de interesses. O *Manual de linguagem jurídica* que o leitor tem em mãos é uma ferramenta valiosa para aqueles que pretendem se aprimorar no domínio da linguagem e convertê-la em instrumento de trabalho. E isso por duas ordens de razões.

Em primeiro lugar, a autora dedica atenção ao próprio fenômeno da linguagem e às especificidades do discurso jurídico, em um plano essencialmente teórico. Nesse ambiente, lança um olhar externo sobre questões e problemas que se incorporaram às indagações dos próprios juristas. Identifica, por exemplo, os efeitos da polissemia e a importância do contexto na interpretação jurídica. Como se sabe, há muito já não se supõe que a solução dos problemas jurídicos possa ser encontrada integralmente no relato da norma, no seu discurso semântico. O problema a ser resolvido e o intérprete desempenham um papel fundamental na determinação do sentido da linguagem. Também nessa linha, a autora discorre sobre a importância da chamada pré--compreensão, representada pela bagagem de conhecimentos e vivências que tornam possível o processo de interpretação. Em suas próprias palavras:

> "Para as modernas teorias sociointeracionais de linguagem, que entendem a linguagem como lugar de interação social, lugar de sujeitos ativos, empenhados em uma atividade sociocomunicativa, a construção do sentido é uma atividade que compreende, da parte do produtor do texto, 'um projeto de dizer', e, da parte, do intérprete (leitor/ouvinte), uma participação ativa, a partir das pistas, das marcas sinalizadas pelo produtor.
>
> O texto pode ser comparado, metaforicamente, a um iceberg, isto é, na sua superfície, na sua materialidade linguística, encontra-se uma parte do sentido que se completa com aquilo que não é 'visível', mas sim implícito. Nesse sentido, o contexto sociocognitivo desempenha um papel de extrema importância, englobando o conhecimento linguístico, o conhecimento da situação comunicativa e de suas 'regras', o conhecimento dos vários gêneros textuais, o conhecimento dos diversos níveis de linguagem, o conhecimento de outros textos (intertextualidade)".

Merece também destaque a preocupação da autora com a clareza da linguagem jurídica, não apenas em atenção à estética, mas também como elemento necessário para que cumpra sua função social. Advogar, opinar, julgar constituem exercícios de argumentação, que é a linguagem como instrumento de racionalidade e de convencimento. Trata-se de um processo lógico e discursivo de demonstração da correção e da justiça da solução proposta. Mas o Direito e seus operadores não falam só para si. É necessário conservar e aprimorar a capacidade de interlocução com o auditório mais amplo que é a sociedade. Ainda uma vez, nas palavras da autora:

> "A linguagem do direito tem a vocação de reinar não somente sobre as trocas entre iniciados, mas na comunicação do direito a todos a ele sujeitos. Nesses casos, pode-se dizer que a linguagem do direito é uma linguagem pública, social, uma linguagem cívica. Esta destinação geral conduz a uma distinção essencial (...).
>
> A máxima jurídica tem um corolário linguístico: o dever de ser claro. Se a ninguém é dado ignorar a lei, aquele que faz a lei está sob a lei de saber fazer-se entender".

Em segundo lugar, para além das discussões teóricas sobre o papel da linguagem no Direito, o presente trabalho apresenta ainda uma dimensão prática imediata. Cuida, assim, de fornecer mecanismos operativos para os aplicadores do Direito, tanto pela exposição didática dos conhecimentos necessários ao uso correto da língua portuguesa, quanto pela indicação de estratégias de leitura, compreensão e organização textual. Como bem destaca a autora, a língua é viva e se modifica continuamente, sobretudo pela criatividade dos seus usuários. Isso não significa, contudo, um salvo-conduto para a ignorância. Até para subverter o convencional, é necessário ter domínio da técnica, mesmo no espaço da arte literária.

Um registro final, especialmente relevante no mundo da linguagem jurídica. É preciso conter a tendência, persistente no nosso meio, de falar demais ou escrever infinitamente. Não ser prolixo, não se apaixonar pela própria voz ou pela própria pena. Esse é um amor condenado ao fracasso e à solidão. E pode ser perigoso. Li ao acaso, mas não esqueci jamais: George Washington fez o menor discurso de posse na história americana, em 4 de março de 1793. Foram apenas 133 palavras. William Henry Harrison fez o maior, com 8.433 palavras, num dia frio e tempestuoso em Washington, D.C. Ele morreu um mês depois, de uma gripe extremamente severa.

Ensina-se melhor com o exemplo do que com palavras. Apresso-me, por isso, a sair do caminho para permitir que o leitor desfrute, sem intermediários, da obra que tem em mãos. Trata-se de contribuição valiosa para todos aqueles que querem atuar com desenvoltura no mundo jurídico. Um livro que fará o sucesso que merece.

Rio de Janeiro, 27 de janeiro de 2008.

Luís Roberto Barroso

Professor titular da Faculdade de Direito da
Universidade do Estado do Rio de Janeiro – UERJ

Sumário

Apresentação.. V

Capítulo 1 – Linguagem e língua 1
   1.1   Conceitos 1
   1.2   Níveis de linguagem 5
           Exercícios 6
   1.3   Funções da linguagem 8
           Exercícios 10
   1.4   Linguagem oral e linguagem escrita 11
           1.4.1   Características da modalidade oral da língua................................ 12
           1.4.2   Características da modalidade escrita da língua............................ 12
           Exercícios 14

Capítulo 2 – Leitura e compreensão 15
   2.1   Leitura e compreensão 15
           Exercícios 18

Capítulo 3 – Linguagem jurídica 21
   3.1   Linguística jurídica 21
   3.2   Linguagem jurídica 22
   3.3   Vocabulário jurídico.. 23
   3.4   Discurso jurídico.. 24
   3.5   Características da linguagem jurídica... 25
   3.6   Níveis da linguagem jurídica 28
           Exercícios 30

Capítulo 4 – Significação das palavras.. 37
           Exercícios 40

Capítulo 5 – Texto e discurso 43
   5.1   Conceito 43
   5.2   Tipos de texto... 44
           5.2.1   A narração... 44
           5.2.2   A descrição.. 45

	5.2.3	A dissertação	46
	5.2.4	A argumentação	46
5.3		Gêneros textuais	47
	5.3.1	A lei	48
	5.3.2	A procuração	50
	5.3.3	A petição inicial	51
	5.3.4	Resumo	54
	5.3.5	Seminário	56

Capítulo 6 – Coesão e coerência textuais 61

6.1		Coesão textual	61
	6.1.1	Coesão referencial	61
	6.1.2	Coesão sequencial	63
6.2		Coerência textual	64
	6.2.1	Fatores de coerência	65
		Exercícios	66

Capítulo 7 – Argumentação 69

7.1		Princípios da lógica formal	70
7.2		Modalidades	74
		Exercícios	77
7.3		Operadores argumentativos	78
7.4		Índices de pressuposição	81
7.5		Considerações sobre a argumentação jurídica	81

Capítulo 8 – Questões de ortografia 85

		Exercícios	97

Capítulo 9 – Revisão gramatical 99

9.1		Acentuação das palavras	99
	9.1.1	Regras de acentuação gráfica	100
	9.1.2	Casos especiais	101
		Exercícios	103
9.2		Crase	104
	9.2.1	Usos da crase	105
	9.2.2	Casos em que não se usa a crase	107
	9.2.3	Casos especiais	108
	9.2.4	Casos em que o uso é facultativo	109
		Exercícios	109
9.3		Pronomes	111
	9.3.1	Emprego dos pronomes pessoais oblíquos	111
		Exercícios	116

9.3.2	Emprego dos pronomes de tratamento	117
9.3.3	Emprego dos pronomes demonstrativos	118
	Exercícios	120
9.3.4	Emprego dos pronomes relativos	120
	Exercícios	124
9.4	Emprego do infinitivo	127
	Exercícios	129
9.5	Emprego de maiúsculas	130
9.6	Emprego de minúsculas	131
9.7	Emprego dos numerais	132

Capítulo 10 – Sintaxe 135

10.1	A oração	135
10.2	Termos da oração	136
10.3	Períodos compostos por coordenação	143
10.4	Períodos compostos por subordinação	144
10.5	Períodos mistos	146
	Exercícios	146

Capítulo 11 – Regência verbal e nominal 149

11.1	Regência verbal	149
11.2	Regência nominal	161
	Exercícios	163

Capítulo 12 – Concordância verbal 165

	Exercícios	173

Capítulo 13 – Concordância nominal 175

	Exercícios	181

Capítulo 14 – Pontuação 183

Capítulo 15 – Expressões que apresentam dificuldades 197

Capítulo 16 – Expressões e frases latinas de uso jurídico 207

Referências 213

Capítulo 1

Linguagem e língua

1.1 Conceitos

Não há consenso nas definições desses dois termos, segundo a maioria dos estudiosos da comunicação e da linguagem, devido à constatação de que a comunicação humana é um fenômeno extremamente complexo.

Assim, por **linguagem**, tradicionalmente, entende-se um sistema de sinais empregados pelo homem para exprimir e transmitir suas ideias e pensamentos. Desde os mais remotos tempos, o homem procura comunicar-se com os demais, e para tanto foi desenvolvendo vários sistemas de sinais, como os gestos, os gritos, os olhares e finalmente a fala. Há uma hipótese de que nós, seres humanos, falamos desde o *Homo sapiens*, cujo surgimento é estimado entre 120-60 mil anos a.C.

Segundo a concepção acima, a linguagem humana é tida ora como representação do mundo e do pensamento ("espelho"), tendo por função representar o pensamento e o conhecimento humanos, ora como instrumento de comunicação ("ferramenta"), um código, tendo como função principal a transmissão de informações.

Uma concepção mais moderna e mais próxima daquilo que a linguagem é para os homens é aquela que entende a linguagem como atividade, como forma de ação, "como lugar de interação que possibilita aos membros de uma sociedade a prática dos mais diversos tipos de atos, que vão exigir dos semelhantes reações e/ou comportamentos, levando ao estabelecimento de vínculos e compromissos anteriormente inexistentes"[1].

Esses sistemas de sinais que o homem foi desenvolvendo constituem o que se chama **linguagem natural**, em oposição à **linguagem artificial**, da qual podemos citar como exemplos o alfabeto dos surdos-mudos, o código Morse e o Esperanto.

Sendo a linguagem esse conjunto de sinais e suas respectivas regras de combinação, de que a humanidade intencionalmente se serve para comunicar seus pensamentos, sentimentos e ideias, teremos vários tipos de linguagem, de acordo com os conjuntos de sinais utilizados, por exemplo: a linguagem gestual, que se utiliza de gestos; a musical, de notas musicais; a pictórica, de cores e formas e a **linguagem verbal**, que se utiliza de **signos verbais** (*grosso modo*, palavras).

---

[1] KOCH, I.G.V. *A inter-ação pela linguagem*. São Paulo: Contexto, 1992, p. 9.

Nesta última acepção, linguagem verbal se identifica com **língua**, isto é, um sistema especial de sinais articulados, signos linguísticos (significado + significante), formando um código e um conjunto de regras de combinações desses sinais, dos quais uma comunidade linguística compartilha, para comunicar-se[2].

No entender do sociolinguista D. Preti[3], "A língua funciona como um elemento de interação entre o indivíduo e a sociedade em que ele atua. É através dela que a realidade se transforma em signos, pela associação de significantes sonoros a significados, com os quais se processa a comunicação linguística".

E Benveniste[4] corrobora esse entendimento, quando afirma: "De fato é dentro da, e pela língua que indivíduo e sociedade se determinam mutuamente".

Quanto a língua e ao idioma, há controvérsias em considerá-los sinônimos. Para alguns linguistas, idioma supõe a língua sem com ela confundir-se, pois sofre influências de uma determinada cultura, em determinada região. Idioma é a língua concreta, modo de falar próprio de uma comunidade, como acervo idiomático, segundo a tradição histórica dessa comunidade.

É inegável o caráter social da língua. Entre sociedade e língua existe uma relação que ultrapassa a mera casualidade. A vida do homem em sociedade supõe um intercâmbio e uma comunicação que se realizam fundamentalmente pela língua, o meio mais comum de que dispomos para tanto. Através da língua o contato com o mundo que nos cerca é permanentemente atualizado.

As relações profundamente interdependentes entre a sociedade e a língua conduzem à observação de uma aparente contradição: a da diversidade/ uniformidade de uma mesma língua, condicionada por fatores extralinguísticos.

Vários autores apresentam classificações desses fatores extralinguísticos que influem no modo de falar, levando em consideração distinções geográficas, econômicas, políticas, sociológicas e estéticas. Para D. Preti[5], as variações extralinguísticas geográficas envolvem as variações regionais; as sociológicas compreendem as variações provenientes da idade, sexo, profissão, nível de estudo, classe social, localização dentro da mesma região, raça, etc.; as contextuais consistem em tudo que pode determinar diferenças na linguagem do locutor por influências alheias a ele, como o assunto, o tipo de ouvinte, o lugar e as relações que unem os interlocutores.

O grande interesse pelo estudo da diversidade da língua deve-se, entre outros, à grande proliferação dos meios de comunicação de massa e ao desenvolvimento da propaganda, na sociedade de consumo. Para atingir seu objetivo, buscando uma aproximação mais eficiente do público consumidor, a publicidade procura na variação da língua uma forma de identificação com

---

[2]   Esse assunto será retomado no Capítulo 4 – Significação das palavras.

[3]   PRETI, Dino. *Sociolinguística*: os níveis de fala, um estudo sociolinguístico do diálogo na literatura brasileira. São Paulo: Nacional, 1974, p. 8.

[4]   BENVENISTE, Émile. *Problemas de linguística geral*. São Paulo: Nacional/EDUSP, 1976, p. 27.

[5]   PRETI, Dino. *Sociolinguística*, 1974, p. 13.

o consumidor-ouvinte. Isto, segundo D. Preti[6], "tem colaborado para uma nova compreensão do problema *erro* na língua, aceitando a comunidade padrões antes repudiados, o que gerou um verdadeiro processo de desmistificação da chamada linguagem-padrão".

Se, por um lado, muitos fatores de variada importância concorrem para tornar a língua um fenômeno de grande diversidade, a ponto de duas pessoas não falarem exatamente da mesma maneira a mesma língua, e até uma única pessoa não falar em todos os momentos de forma igual, por outro lado sabemos que, a partir do instante em que a comunidade aceita uma língua como seu principal meio de comunicação, toda e qualquer variação lhe será prejudicial, razão pela qual "a tendência é manter sua *unidade*, colaborando todos, consciente e inconscientemente, no sentido de sua nivelação, pois dessa maneira a compreensão será mais fácil, e a própria integração do indivíduo na cultura comum se dará com maior facilidade", de acordo com o mesmo autor[7].

Dessa forma, é essa aparente oposição diversidade/uniformidade que mantém a língua num contínuo fluxo e refluxo. Assim, de um lado age uma força diversificadora, constituída pelas falas individuais em sua interação com fatores extralinguísticos; de outro, uma força uniformizadora, disciplinadora, prescritiva, nivelando os hábitos linguísticos. As duas fazem concessões mútuas, para se manter, de tal forma que o indivíduo sacrifica sua criatividade pela necessidade de comunicação, enquadrando-se, inconscientemente, na língua da coletividade em que atua; a comunidade, por sua vez, admitindo a criação individual, incorporando hábitos linguísticos originais que atualizam os processos da fala coletiva, evolui naturalmente, procurando uma melhor forma de comunicação.

É interessante observar que a própria comunidade atua no sentido de conter uma diversificação exagerada, que é prejudicial à comunicação, por meio da aceitação daquilo que constitui uso linguístico, aceito pela maioria como norma de comunicação.

Modernamente, entretanto, como observa D. Preti[8], "fatores alheios à vontade das massas têm intervindo decisivamente na implantação dos usos linguísticos, como, por exemplo, elites intelectuais das grandes cidades, profissionais liberais, escritores, linguistas, profissionais dos meios de comunicação de massa e publicitários".

A norma, segundo o referido autor[9], "é o ponto de chegada no processo de uniformização e nivelamento da língua de uma comunidade. É o momento em que o uso é fixado em lei linguística. A própria sociedade se encarrega de preservar a norma, que ela própria estabeleceu".

Assim, a norma, no plano teórico, resulta do processo de uniformização, como consequência dos usos e da estandardização da língua. Isso significa que a comunidade, de comum acordo, aceita as melhores maneiras de comunicar-se e elege as formas pelas quais tais comportamen-

---

[6] Id., ibid., p. 18.
[7] Id., ibid., p. 27.
[8] Id., ibid., p. 30.
[9] Id., ibid., p. 30.

tos serão mantidos. A divisão e a subdivisão das normas (linguagem vulgar, familiar, coloquial, comum, culta, literária etc.) correspondem a graus da escala linguística da comunidade que, às vezes, pode ter força de verdadeira classificação social do locutor.

Segundo o referido autor[10], "três são os principais fatores que agem sobre o uso e, posteriormente, sobre a norma linguística, numa sociedade: a escola, a literatura e os meios de comunicação em massa".

O primeiro é a escola, um organismo tradicional por excelência em termos da língua. Por meio dos textos dos grandes escritores, busca uma uniformização, segundo os níveis mais altos da linguagem. Tem como principal objetivo a língua escrita, por meio da qual se estabelecem padrões linguísticos mais elevados que possam influenciar os hábitos individuais, à medida que os locutores elevem seu grau de instrução.

Em seguida, a literatura que acompanha os padrões estéticos da linguagem vigentes nas várias épocas, cuja tendência é a função uniformizadora da língua escrita, afastando, em virtude de suas limitações ortográficas, as liberdades e os abusos da língua falada, que podem impedir a compreensão do leitor. No plano literário, a escrita moderna tem procurado aproximar a língua literária da língua falada, com o objetivo de descobrir-lhe valores expressivos e originais. Geralmente, essa fórmula tem sido bem recebida pelo leitor moderno. "Apesar disso, porém, a literatura é ainda um fator tradicionalizante na linguagem, agindo sobre o uso e a norma, no sentido unificador e nivelador"[11].

O terceiro fator determinante que atua sobre o uso e a norma, criando um verdadeiro condicionamento linguístico e até social, são os meios de comunicação de massa. Contando com uma tecnologia moderna, dirigem-se a uma grande audiência heterogênea e anônima. Eles atuam, positivamente, divulgando a língua comum, a norma geral das comunidades cultas, contribuindo para a nivelação das estruturas e do léxico, mas também, de forma negativa, sobre o próprio locutor, restringindo-lhe as maneiras de dizer, diminuindo-lhe as possibilidades criativas na linguagem, enfim, automatizandoo, fazendo-o pensar, falar e, consequentemente, agir dentro de padrões predeterminados.

Pode-se constatar, portanto, a existência de uma "variedade na uniformidade linguística". É uma entidade geral, denominada **norma culta** – língua culta –, linguagem culta padrão, a responsável pela coesão linguística e representante do uso ideal da comunidade. Ela não apenas é o veículo da comunicação falada, mas também de todo um complexo cultural, científico e artístico, realizado pela forma escrita.

Essa norma ou padrão linguístico ideal é a ensinada pela escola e percebida, ao menos pela maioria, como a melhor forma, a mais correta, sendo por isso também a mais prestigiada socialmente.

---

[10] PRETI, Dino. *Sociolinguística*, 1974, p. 33.
[11] Id., ibid., p. 34.

1.2 Níveis de Linguagem

Ao lado da norma culta, podemos colocar as normas regionais ou línguas regionais, que representam usos específicos de comunidades menores, afastadas dos grandes centros civilizados, o que não as impede de ter também suas entidades tidas por ideais, dentro dos limites geográficos em que são faladas, apesar de também não chegarem a negar o comportamento linguístico geral, a norma culta.

Chama-se "dialetação" esse processo de variação, que pode ocorrer horizontalmente, isto é, em regiões que falam a mesma língua, fazendo aparecer os dialetos regionais ou falares regionais.

A dialetação pode-se dar também verticalmente, isto é, ocorrem os níveis sociolinguísticos resultantes das diferenças entre as camadas socioculturais, criando, assim, dialetos que podem coexistir no mesmo espaço geográfico, levando em conta as profissões, a classe social, a cultura, o grau de escolaridade, entre outros fatores[12].

Podemos, pois, resumir, os vários níveis de linguagem:

1) **Língua culta padrão** – escolhida, por várias razões, como a língua que deve ser usada em todos os documentos oficiais, na imprensa, etc.; procura seguir todas as regras da gramática normativa e é empregada primordialmente na forma escrita;

2) **Língua coloquial ou comum** – é aquela usada no cotidiano, com a finalidade de comunicação e interação; usada sobretudo oralmente, apresenta subníveis:

    2.1 **Língua popular** – usada pelas pessoas de baixa escolaridade, marcada pelo desconhecimento gramatical, pelo emprego de gírias e palavras de baixo calão;

    2.2 **Língua familiar** – de caráter afetivo; faz uso de diminutivos, de palavras que denotam sentimentos, de apelidos carinhosos;

3) **Língua grupal** – característica de pequenos grupos, classifica-se em subníveis, de acordo com o tipo de grupo que a utiliza; assim:

    3.1 **normas regionais ou regionalismos** – decorrentes da dialetação horizontal; representam usos específicos de comunidades menores afastadas dos grandes centros urbanos;

    3.2 **as gírias** – que variam conforme os grupos que as usam, por exemplo, a gíria dos jovens, dos marinheiros, dos malandros, etc.;

    3.3 **línguas técnicas** – das várias profissões, como linguagem médica, da informática, linguagem jurídica, etc.

---

[12] PRETI, Dino. *Sociolinguística*, 1974, p. 36.

Exercícios

I – Identificar os vários níveis de linguagem dos seguintes fragmentos de textos:

1) "Rigorosamente eram quatro os que falavam; mas, além deles, havia na sala um quinto personagem, calado, pensando, cochilando, cuja espórtula no debate não passava de um ou outro resmungo de aprovação. Esse homem tinha a mesma idade dos companheiros, entre quarenta e cinquenta anos, era provinciano, capitalista, não sem instrução, e, ao que parece, astuto e cáustico. Não discutia nunca; e defendia-se da abstenção com um paradoxo, dizendo que a discussão é a forma polida do instinto batalhador, que jaz no homem, como uma herança bestial; e acrescentava que os serafins e os querubins não controvertiam nada, e, aliás, eram a perfeição espiritual e eterna". Machado de Assis. O espelho[13].

2) "Certo? ... isto é... como eu disse a vocês... uma das ideias fundamentais no ocidente... é a ideia de viagem... a ideia de peregrinação... nós podemos aproximar isto então à da literatura religiosa do ocidente... 'nossa vida é uma via... é uma viagem pelo vale de lágrimas'... — vocês já não ouviram isso? — tem alguns católicos que... vão à igreja ao domingo e ouvem sermões não é? esta ideia de viagem eu creio que tenha uma importância imensa em todas as mitologias que influenciaram... isto este todo extremamente complexo... que se chama a civilização ocidental... uma das primeiras... obras literárias... que se conhece da humanidade... é a epopeia de Gilgamesh que... foi escrita em língua síria... se não me engano ou siberiana não sei que diabo de língua foi escrita... e que aliás até hoje se lê com agrado... em que a... Gilgamesh tem um amigo que chama-se (...) esse amigo... era imortal ... e ele tinha a simplicidade dos animais..." Projeto Nurc/SP — Trecho do Inq. 124[14].

3) "O fenômeno da aglutinação das hemácias pelo soro depende de reação específica entre duas substâncias: uma, existente na hemácia, e denominada *aglutinógeno*; outra, no soro, chamada *aglutinina*. Ocorrem, nas hemácias humanas, dois aglutinógenos, A e B; ocorrem, no soro, duas aglutininas, *a* e *b* (ou *alfa* e *beta*). Alguns sangues não possuem aglutinógeno; outros sangues não possuem aglutininas. Demais, o sangue que tiver o aglutinógeno A não tem a aglutinina *a*; o que possuir o aglutinogeno B não possui a aglutinina *b*.

Para que haja aglutinação é indispensável que na reação se encontrem o aglutinógeno A com a aglutinina *a* (ou *alfa*); ou o aglutinógeno B com a aglutinina *b* (ou *beta*).

Sabido isso, e sabido também que o encontro do aglutinógeno A com a aglutinina *b*, ou, inversamente, do aglutinógeno B com a aglutinina *a*, não produz aglutinação, fácil se torna compreender a técnica de determinação dos grupos sanguíneos."

A. Almeida Júnior. *Lições de medicina legal*[15].

4) "Não me recordo, agora, qual o delinquente que se achava diante da autoridade, ferido num entrevero com determinado rival. Se não me engano foi o Xodó e há algum tempo. Mas não vem ao caso. O rapaz estava ali, bombardeado, e os policiais apertando para tirar o nome do agressor.

— Como você não viu? Ali na sua cara e numa parada pra valer? Ele se mostrava esquecidíssimo:

— Palavra de honra que não vi...

---

[13] ASSIS, Joaquim Maria Machado de. O espelho. In: COUTINHO, Afrânio (Org.). *Obra completa*. Rio de Janeiro: Cia. José Aguillar, 1974, v. II, p. 345.

[14] CASTILHO, Ataliba Teixeira de; PRETI, Dino (Org.). *A linguagem falada culta na cidade de São Paulo:* materiais para seu estudo. São Paulo: T.A. Queiroz/ FAPESP, 1986. v. 1, p. 152.

[15] ALMEIDA JR., A. *Lições de medicina legal*. 7 ed. São Paulo: Ed. Nacional, 1965, p. 89.

– Grupo!

E fez blague de 'tira':

– São Pedro já estava puxando o seu prontuário...

Mais para consolar o investigador que com a intenção de confessar, a vítima falou, rouca no ouvido do outro:

– Se manca, meu chapa. Saber eu sei. Porém bronca minha não é a justa que limpa. É o papai mesmo. A forra é minha e nesta a tiragem não tem vez."

"O 'Tabu' à zero hora é qualquer coisa de pitoresco, quase folclórico. Nem por isso os planos deixam de ser traçados com minúcias:

– Nessa eu passo. Não estou para engravidar bronca...

– Mas é moleza, eu te garanto. Mil quilômetros longe de sujeira. Mole, seu. Tem um galhinho, na hora de desembarcar a muamba, em Santos. Mas isso já está na combinação. O de lá belisca algum e tudo sai sem problema.

– Eu moro nessas molezas, meu chapa. Quem habitou de graça no Carandiru, não quer mais quindim na boca ...". Ramão Gomes Portão. *Estórias da Boca do Lixo*[16].

5) "O casal está separado de fato desde dezembro de 1989, permanecendo o cônjuge-varão na Capital, e abrigada a Requerente, acompanhada de sua filha menor, em casa de seus pais, em Belo Horizonte. Não há condições de manterem os cônjuges vida em comunhão.

Querendo tenha esta separação de fato cunho jurídico, pretende a Requerente seja-lhe concedido o competente alvará de separação de corpos.

Apesar de a providência pleiteada ser facultativa e não obrigatória para o ajuizamento de ação principal, há que se considerar o preceito da lei substantiva (art. 223 do Código Civil) no sentido de que a medida será concedida pelo juiz com a possível brevidade"[17].

6) "Os conjuntos de informações armazenados nos discos magnéticos são denominados arquivos, recebendo um nome de modo que possam ser distinguidos entre os milhares contidos nos discos de grande capacidade. Cada arquivo contém informações específicas que podem ser dados ou programas.

Por sua vez, os arquivos podem e devem ser organizados em pastas para que sua localização seja facilitada, como, por exemplo: os arquivos do *Windows,* normalmente, estão armazenados na pasta com o mesmo nome, assim como os arquivos do sistema operacional (MS-DOS) normalmente estão armazenados na pasta denominada DOS"[18].

7) "Ainda na porta, o delegado entrou a fitar o caboclo com insistência, reconhecendo também aquela cara, o jeito de ombros, a fala.

E perguntou:

– Donde você é?

– Eu sou filho natural de Iguatu, mas faz muito tempo que morava pras bandas do Quixadá.

O homem procurou arejar a memória:

– Nas terras de Dona Maroca?

– Inhor sim, nas Aroeiras...

O delegado abriu a porta e saiu para o alpendre:

– Bem que eu estava conhecendo! É o meu compadre Chico Bento!

---

[16] PORTÃO, Ramão Gomes. *Estórias da boca do lixo*. São Paulo: Livr. Exposição do Livro, s.d., p. 18 e 78.

[17] Fragmento retirado de uma liminar produzida por um advogado.

[18] FERREIRA, Celso Lemos. *Apostila de Windows 95*. São Paulo, 1997, p. 33.

Chico Bento pôs-se em pé:

– Inhor sim... Eu também, assim que olhei pra vosmecê, disse logo comigo: este só pode ser o compadre Luís Bezerra... Mas pensei que não se lembrava mais de mim...". Raquel de Queiroz. *O Quinze*[19].

8) "Fechamos uma barca legal no último fim e fizemos uma *trip* alucinante. O pico prometia e a galera se juntou no *point* combinado. Não faltou baranga no pedaço, mas deu também muita brota pra alegria dos cumpadis. Estava cavernoso no pico quando chegamos, e só ficamos na social. A moçada, então, logo agitou muita breja e um churras legal. O 'reggae' rolou solto até as tantas e foi aquela sonzeira...

Bem mais tarde chegou um calhorda de lupa gringa, fazendo o maior barulho com a sua chanca vermelha. O cara começou a regulagem e a galera logo chutou o pau da barraca. O babaca, é claro, quebrou a cara, pois os *blacktrunks* ficaram na maior tiração. Não deu nem pra trocar uma ideia com o 'bro'.

Como o mar prometia altas ondas para o outro dia, achamos melhor ir bodear. Alguns, no entanto, caíram na *night*, pois ia rolar um tremendo luau na frente da *house* de um local, que ia dar o maior buxixo." Lucila de Figueiredo. *A gíria dos surfistas*[20].

9) "PRISÃO CIVIL. Depositário infiel. Busca e apreensão convertida em depósito. Hipótese em que o negócio jurídico subjacente não teve por finalidade a guarda. Infidelidade depositária não caracterizada. Impossibilidade, ademais, da privação da liberdade por inadimplemento contratual. Artigo 7º, n. 7, da Convenção Americana sobre Direitos Humanos (Pacto de San José) e artigo 11 do Pacto Internacional sobre Direitos Civis e Políticos (com cumprimento no Brasil determinado pelo Decreto Legislativo n. 592/92). Pretensão ao decreto de prisão afastada. Recurso improvido." (1º TACSP – 1ª C – AC 601.880-4 – Rel. Juiz ELLIOT AKEL – j. 16.9.96 – v. u. – *Boletim AASP*, 2036)."

10) CF, art. 5º: "Todos são iguais perante a lei, sem distinção de qualquer natureza, garantindo-se aos brasileiros e aos estrangeiros residentes no País a inviolabilidade do direito à vida, à liberdade, à igualdade, à segurança e à propriedade, nos termos seguintes:

I – homens e mulheres são iguais em direitos e obrigações, nos termos desta Constituição;

II – ninguém será obrigado a fazer ou deixar de fazer alguma coisa senão em virtude de lei;

III – ninguém será submetido a tortura nem a tratamento desumano ou degradante;

IV – é livre a manifestação do pensamento, sendo vedado o anonimato;

V – é assegurado o direito de resposta, proporcional ao agravo, além da indenização por dano material, moral ou à imagem;

(...)"

1.3 Funções da Linguagem

Do ponto de vista da teoria da comunicação, na interação pela linguagem, entre as pessoas, vários elementos são necessários para que se estabeleça a comunicação: um emissor, que envia uma mensagem a um receptor, usando um código para efetuá-la; a mensagem, por sua vez,

---

[19] QUEIROZ, Raquel. *O Quinze*. São Paulo: Círculo do Livro, s.d., p. 74.

[20] FIGUEREDO, Lucila de. *A gíria dos surfistas*. Trabalho de Conclusão de Curso de Especialização em Língua Portuguesa, apresentado à Universidade São Judas Tadeu. s.d., p. 20.

refere-se a um contexto (ou referente); a passagem da emissão para a recepção faz-se através do suporte físico, que é o canal.

Assim, as atribuições de sentido, as possibilidades de interpretação estão localizadas nestes fatores, que determinam, em última instância, a função de linguagem que marca qualquer informação.

É atribuído ao linguista Jakobson[21] o esquema das funções da linguagem:

1) **Função referencial ou denotativa** – é a linguagem centrada no referente, no contexto. Serve para informar, dar conhecimento de alguma coisa; é a linguagem das ciências.
2) **Função emotiva** – centrada no emissor; é subjetiva.
3) **Função poética** – centrada na mensagem, tem finalidade estética; a própria mensagem é seu objeto.
4) **Função apelativa ou conativa** – centrada no receptor; visa a convencer ou persuadir alguém de alguma coisa; é a linguagem das propagandas.
5) **Função fática** – centrada no suporte físico, no canal; tem por objetivo testar o canal, prolongando, interrompendo ou reafirmando a comunicação. São repetições ritualizadas como: "certo", "né" etc.
6) **Função metalinguística** – centrada no código; é a relação da linguagem com ela mesma; é a função típica das definições.

Numa mesma mensagem, porém, várias funções podem ocorrer. A emissão que organiza os sinais físicos em forma de mensagem colocará ênfase em uma das funções, mas as demais também estarão presentes, embora de forma minimizada.

Na comunicação diária, por exemplo, além da função referencial, responsável pela imediata compreensão da mensagem, há pinceladas da função apelativa, ou conativa ou, ainda, da função emotiva.

Ao falarmos da função referencial, é necessário nos reportarmos a outra distinção da linguagem, aquela que distingue dois níveis da linguagem: a **linguagem conotativa** e a **linguagem denotativa**.

---

[21] JAKOBSON, R. *Linguística e comunicação*. São Paulo: Cultrix, 1969.

A conotação da linguagem é mais comumente compreendida como "linguagem figurada", na qual as palavras são tomadas não no seu sentido real. Por exemplo: São Paulo é o "coração" do Brasil.

O signo "coração" toma emprestada sua significação de um campo diverso, uma espécie de transferência de significação. Assim, a linguagem "figura" o Estado que mantém vivo o País, com base na similaridade do órgão responsável pela vida do ser humano.

A denotação, por sua vez, tenta uma relação e uma aproximação mais diretas entre o termo e o objeto. Por exemplo: O coração é um órgão do corpo humano.

Aqui o signo coração é um signo denotativo, a linguagem está correlacionada ao real, sem figuração ou intermediários.

EXERCÍCIOS

Identificar as funções da linguagem nas seguintes mensagens:

1) Você entendeu bem o que eu disse, Roberto?

2) Sempre que possível use a inteligência. É bom para você e para o mundo.

3) Como? Fale mais alto, por favor...

4) "Primeiro, será conveniente distinguirmos termos como ciência, conhecimento científico, tecnologia, pesquisa, também em relação às diferentes áreas (ciências naturais e humanas). A expressão que preferimos é conhecimento científico, pela razão de implicar, desde logo, que é um entre outros também possíveis, como sabedoria, bom-senso e mesmo senso comum, além de admitir histórias diferenciadas. Pode ser sinônimo de 'ciência', desde que não se afirme ser esta necessariamente superior e totalmente diversa diante de outros tipos e histórias. Ciência, quando conectada com 'tecnologia', transmite sobretudo o pano de fundo ocidental, extremamente relacionado aos processos de colonização e hoje ao sistema produtivo neoliberal competitivo."

Pedro Demo[22]

5) "O Milagre

Dias maravilhosos em que os jornais vêm cheios de poesia...
E do lábio do amigo brotam palavras de eterno encanto...
Dias mágicos...
Em que os burgueses espiam,
Através das vidraças dos escritórios,
A graça gratuita das nuvens..."

Mário Quintana[23]

---

[22] DEMO, Pedro. *Metodologia do conhecimento científico*. São Paulo: Atlas, 2000, p. 18.

[23] QUINTANA, Mário. *Mario Quintana*: seleção de textos, notas, estudos biográfico, histórico e crítico e exercícios por Regina Zilberman. São Paulo: Abril Educação, 1982, p. 33.

6) "não discuto com o destino
o que pintar eu assino"

Paulo Leminski[24]

7) "Só com Visa, o cartão Nº 1 do mundo, você escolhe todo mês o Menu Exclusivo Visa (entrada + prato principal + sobremesa) em um dos 4 melhores restaurantes de São Paulo, paga a conta com o cartão de crédito Visa e recebe 50% de desconto. Aproveite! Uma exclusividade como essa só o cartão Nº 1 do mundo pode oferecer."

Veja São Paulo, de 11 de abril de 2007

8) "A palavra imagem possui, como todos os vocábulos, diversas significações. Por exemplo: vulto, represen-tação, como quando falamos de uma imagem ou escultura de Apolo ou da Virgem. Ou figura real ou irreal que evocamos ou produzimos com a imaginação. Neste sentido, o vocábulo possui um valor psicológico: as imagens são produtos imaginários. Não são estes seus únicos significados, nem os que aqui nos inte-ressam. Convém advertir, pois, que designamos com a palavra imagem toda forma verbal, frase ou conjunto de frases, que o poeta diz e que unidas compõem um poema."

Octavio Paz[25]

9) Sua carreira tem futuro. Você começa a investir agora e já sai ganhando. Faça uma assinatura da Revista X e ganhe um Palm.

10) "A sociedade brasileira neste final de milênio parece acreditar que a solução para o crime é a construção de mais e maiores prisões. É um paradoxo, mas a população dos grandes centros se vê tão encarcerada como os criminosos. Tranca-se nos nichos de proteção e é um recluso da casa, do trabalho e do *shopping center* — o espaço falso do exercício da cidadania — enquanto não atinge o ideal de ver todos os malfeitores na cadeia.

Há um erro nessa perspectiva. O cárcere não é a solução e deve ser evitado o quão possível. Primeiro, porque a ninguém recupera. Depois, porque o Brasil não tem recursos para construir e, principalmente, manter prisões. O argumento é surrado e acaciano. Mas não há como deixar de reconhecer que estamos combatendo efeitos, sem vigoroso enfrentamento das causas."

José Renato Nalini[26]

1.4 Linguagem Oral e Linguagem Escrita

A língua comporta, ainda, duas modalidades: a língua escrita (ou linguagem escrita, L.E.) e a língua oral (ou linguagem oral, L.O.). Em um mesmo nível, as duas não têm as mesmas formas, nem a mesma gramática, nem os mesmos "recursos expressivos". Para a compreen-são dos problemas da expressão e da comunicação verbais, é fundamental pôr em evidência esta distinção.

---

[24] LEMINSKI, Paulo. In: *Poesia jovem — Anos 70*: seleção de textos, notas, estudos biográfico, histórico e crítico e exer-cícios por Heloisa Buarque de Hollanda e Carlos Alberto Messeder Pereira. São Paulo: Abril Educação, 1982, p. 32.

[25] PAZ, Octavio. *Signos em rotação*. Trad. Sebastião Uchoa Leite. São Paulo: Perspectiva, 1996, p. 37.

[26] NALINI, José Renato. *Ética e justiça*. São Paulo: Oliveira Mendes, 1998, p. 230.

São inúmeras as pesquisas que vêm sendo realizadas, no sentido de estabelecer critérios para uma definição e particularização de cada uma dessas modalidades da linguagem. Os aspectos a partir dos quais é possível estabelecer comparações entre as duas modalidades são numerosos. Abordaremos alguns desses aspectos.

As duas modalidades da língua não marcam, do mesmo modo, certos traços gramaticais. A gramática do português falado apresenta características específicas, identificáveis através de estudos estatísticos. Com efeito, o exame de gravações de língua oral permite constatar que a frequência de emprego de certas formas ou construções gramaticais é bem maior na língua falada do que na escrita.

A linguagem oral pode ser caracterizada por apresentar os seguintes aspectos:

1.4.1 Características da modalidade oral da língua

1) É mais abrangente – mesmo pessoas não alfabetizadas, mas que conheçam o código, são capazes de se comunicar, fazendo uso dessa modalidade.
2) Faz uso de recursos da linguagem não verbal – gestos, olhares, meneios de cabeça, etc.
3) Entonação e ritmo – ao mudar a entonação, pode-se mudar o significado de uma frase.
4) Maior interação – o receptor (o ouvinte) pode interromper o emissor (o falante).
5) O emissor pode perceber a reação do receptor, pois estão face a face.
6) A repetição de palavras é abundante.
7) Não há possibilidade de apagamento, como acontece com a modalidade escrita.
8) É grande a ocorrência de anacolutos (inversões) ou rupturas de construção: a frase desvia-se de sua trajetória, o complemento esperado não aparece, a frase parte em outra direção.
9) A presença de pausas é constante, ora vazias, ora preenchidas por expressões como "hã", "hum", entre outras.
10) É constante o uso de marcadores conversacionais, isto é, expressões usadas para confirmar a atenção do ouvinte, tais como: "né?", "viu?", "certo?", "tá?" etc.
11) As palavras sofrem, muitas vezes, processo de redução, ou são omitidas no interior das frases.
12) Emprega pouco – ou não emprega – certos tempos verbais, como o pretérito mais--que-perfeito do indicativo.
13) Suprime, de modo geral, certas construções, por exemplo, o emprego de orações relativas com o pronome "cujo".
14) Recorre mais às onomatopeias (zum-zum, brum-brum etc.), às exclamações.
15) Pode ocorrer o emprego de expressões populares e gírias.

1.4.2 Características da modalidade escrita da língua

1) É menos abrangente – só as pessoas alfabetizadas podem fazer uso dela.
2) Não se aproveita dos recursos da linguagem não verbal.
3) É impossível ao emissor perceber a reação do leitor.
4) Não há, normalmente, repetição de palavras.

5) Existe a possibilidade de correção e de apagamento.
6) Não faz uso de marcadores conversacionais.
7) Pouco uso de gírias e expressões populares.
8) É mais permanente que a modalidade oral.
9) É mais formal que a modalidade oral.
10) Faz uso da pontuação para representar, de alguma forma, a entonação e o ritmo da modalidade oral.
11) É mais prestigiada socialmente.

No decorrer de uma comunicação oral, os interlocutores estão em presença, num lugar e num tempo conhecidos por eles; trocam observações a respeito de determinado assunto; à medida que os elementos constitutivos da situação (identidade dos personagens, lugar, data, hora, assunto) são conhecidos, o vocabulário empregado refere-se a eles apenas por alusões (o receptor é designado por "você", o lugar por "aqui", o tempo "agora", o assunto da comunicação por "isto").

A comunicação escrita é menos econômica e força o emissor a fazer referências mais precisas sobre a situação. Por exemplo, num romance o leitor está fora da situação, e o autor se vê forçado a dar-lhe com precisão seus elementos (lugar, nome dos personagens, datas etc.); trata-se, então, apenas da situação dos personagens, e raramente se fará alusão à situação do romancista no ato de escrever, ou do leitor no ato de ler, uma vez que estas duas operações estão distanciadas no tempo e no espaço.

A linguagem escrita é, então, geralmente mais precisa, menos alusiva, que a oral. Isto decorre, em parte, da disponibilidade de tempo para a realização das atividades. O processo de produção da escrita é lento, permitindo a integração de uma sucessão de ideias em um todo linguístico coerente e unificado.

Já na linguagem oral, falante e ouvinte compartilham de uma mesma situação espaçotemporal. As manifestações da audiência fazem com que o falante direcione constantemente sua atividade, de maneira a garantir que o discurso se apresente de forma explícita. Na produção da linguagem oral, temos, ao mesmo tempo, a produção do "rascunho" e do texto final.

A linguagem oral possui, ainda, recursos expressivos específicos, acentuação, entonação, pausas, fluência. Como, por exemplo:

Seu irmão saiu muito cedo; Seu irmão **saiu** muito cedo;

Seu irmão saiu **muito cedo**. (ênfase assinalada em negrito)

Cabe acrescentar que na mensagem falada, por estarem os interlocutores em presença, atuam também significações não verbais suplementares: mímica, gestos e outros comportamentos.

Como traduzir uma mensagem oral em língua escrita?

A língua escrita oferece alguns recursos para a representação aproximada do que foi pronunciado – por exemplo, o emprego do discurso direto (o diálogo). A língua escrita dispõe, contudo, de outro recurso para transcrever certas características da língua falada: a pontuação.

A pontuação tem uma função lógica: ela recorta o discurso em grupos de palavras e evita, deste modo, os erros de interpretação. Neste sentido ela é essencial à boa compreensão das mensagens escritas, e nunca seria demais insistir sobre o cuidado que se deve ter em relação a ela, tanto no ato de escrever como na leitura.

A pontuação indica as pausas, a entonação, a melodia da frase, mas pode ter também uma função expressiva.

EXERCÍCIOS

I – Ler atentamente o texto abaixo e, em seguida, responder às questões formuladas:

"L: Então antigamente digamos o indivíduo sozinho ele abria um livro... sei lá com o professor e aprendia a fazer a coisa... agora ele depende... de muitas outras pessoas pra fazer a mesma coisa... só que faz em menos tempo é mais lucrativo sei lá... certo (?) Então... antigamente se eu quisesse calcular uma ponte... eu calculava... dava para um desenhista ele desenhava... agora num escritório... não é mais assim né(?) então ele depende do arquiteto que vai lançar... a arquitetura da obra... aí eu calculo... o desenhista... desenha mas eu calculei não foi sozinho... eu processei metade dos cálculos... utilizei o pessoal da computação o pessoal da computação... sabe fazer programa e não mexe no computador porque o computador fica no Rio... eles têm um terminal de computador... certo?"

Projeto NURC/SP[27]

1) Reconhecer e explicar três características da modalidade oral da língua.
2) Reescrever o texto acima na modalidade escrita da língua, na norma culta padrão.

II – Ler o texto abaixo e reescrevê-lo na modalidade escrita da língua, na norma culta padrão.

"A LOUCURA DA LIBERDADE: É A HORA QUE ELE TÁ FICANDO LIVRE DA INDÚSTRIA..."

"Bom, mais nóis tava saindo... aí nóis vamo pru relógio... no relógio todo mundo qué chegá mais ou menos um pouquinho antes pra sê u primeiro da fila, entendeu? Justamente u que eu falei na entrada... aí chega no relógio todo mundo qué sê u primeiro da fila lá nu relógio. Purque é hora de i imbora, na hora de vim ninguém liga pra negócio de relógio. Mais na ora de i imbora todo mundo qué picá u cartão. Deu duas e vinte, se tá di noite, nego põe até u cartão ali drentu du relógio pra sê u primeiro. Aí é aquele empurra... empurra... tem veiz que tem qui vim u chefe lá pra podê tomá conta dus pião. É uma locura natural do homem... eu acho que é procura da liberdade. Se fô filosofá bem mesmo... se fô fazê uma análise di uma filosofia... se fô pensá profundamente... eu acho que é a locura da liberdade. E ali é a hora que ele tá ficando livre da indústria... livre do lugá que ele tá ali preso há oito, nove, deiz hora... ou mais. Então ali ele que qué i imbora, né?"

(Trecho de Rainho, L.F. *Os peões do ABC*)

---

[27] CASTILHO, Ataliba Teixeira de; PRETI, Dino (Org.). *A linguagem falada culta na cidade de São Paulo*: materiais para seu estudo. São Paulo: T.A. Queiroz/FAPESP, 1986. v. 1 – Elocuções formais. p. 173.

Capítulo 2

Leitura e compreensão

*Legere et non intelligere est
tanquam non legere.*

2.1 Leitura e Compreensão

O fragmento acima põe em destaque a incompletude textual quanto ao significado, além de realçar a importância do leitor não apenas como um decodificador, mas como um colaborador na construção do sentido do texto.

O texto comporta um conjunto de enunciados linguísticos em que os pressupostos, as intenções, os implícitos, somados a fatores situacionais, criam um universo a ser desvendado pelo leitor. Ao refletir-se sobre a questão da compreensão, um fator que se apresenta como fundamental é o conhecimento prévio, que possibilita ao leitor a construção do sentido.

A constatação de que diferentes leitores podem interpretar de forma diversa os fatos apresentados no mesmo texto evidencia que de um leitor para outro, ou mesmo em momentos diferentes do mesmo leitor, a bagagem cognitiva armazenada durante o percurso de vida de cada um desempenha um papel muito importante no processo de leitura.

A compreensão resultante da atividade de leitura não é um processo simples nem uniforme, por isso os vários estudiosos da área apresentam teorias que buscam vencer esse desafio.

Passamos agora, em largas pinceladas, a expor alguns posicionamentos teóricos sobre a leitura:

1) **Leitura enquanto processamento linear de dados** – visão mecanicista; preocupação maior centrada na maneira pela qual os sinais gráficos são transformados em significados através de mecanismos automáticos de processamento.

   Apresenta diversas fases: fixação dos olhos – movimentos sacádicos – formação da imagem icônica (persiste por uma fração de segundos na retina) – identificação e mapeamento das letras (através da representação fonêmica abstrata da palavra) – busca da entrada lexical – estocagem das palavras na memória.

   Esse modelo representa aquilo que os leitores têm como senso comum: a leitura é realizada com o movimento dos olhos da esquerda para a direita da página, através da identificação de grupos de letras como palavras que, acrescidas umas às outras, formam frases e sentenças.

2) **Leitura sob o ponto de vista psicolinguístico** – interação entre pensamento e língua. Segundo essa concepção, a leitura é entendida como um jogo psicolinguístico de adivinhação, isto é, o que faz a leitura eficiente não é a percepção e identificação precisa de todos os elementos da língua escrita, e sim a habilidade em selecionar os aspectos mais produtivos, necessários para produzir e testar hipóteses sobre a língua escrita.

A leitura é vista como atividade essencialmente preditiva, de formulação de hipóteses, para a qual o leitor precisa utilizar seu conhecimento linguístico, conceitual e sua experiência.

Pela predição atuante na leitura, a compreensão do significado normalmente precede a identificação de letras ou palavras, isto porque o leitor, baseado em seu conhecimento de mundo, geralmente tem uma ideia a respeito do que o autor tem a dizer, mesmo antes de lê-lo.

Ao utilizar-se de seu conhecimento de mundo, o leitor torna-se menos dependente da informação visual, o processamento feito pelo cérebro é mais rápido, visto que não ocorre uma sobrecarga de informações visuais, e, consequentemente, a compreensão se realiza satisfatoriamente.

Assim sendo, nesse modelo, o ato de ler é parcialmente visual, pois, como leitores, trazemos durante a leitura nosso conhecimento anterior da língua e nossas experiências de vida.

Processamento *top-down* (descendente) – o leitor, através de uma abordagem não linear, faz uso intensivo e dedutivo de informações não visuais, dirigindo-se da macro para a microestrutura e da função para a forma.

Processamento *bottom-up* (ascendente) – o leitor constrói o significado com base nos dados do texto, lê palavra por palavra, tem dificuldade de sintetizar as ideias do texto por não saber distinguir o que é mais importante do que é supérfluo ou redundante.

3) **Leitura enquanto interação** – processo interativo de multiníveis. O texto deve ser analisado em vários níveis – desde as marcas gráficas até o texto como um todo, cabendo ao leitor não só a identificação dos sinais gráficos, mas também a utilização de seu conhecimento prévio. O sentido, segundo esta concepção, não reside no texto, pois ele só se tornará uma unidade de sentido na interação com o leitor.

4) **Leitura sob o enfoque pragmático** – a leitura é vista como um ato de reconstrução dos processos de produção. (Pragmática aqui é entendida como o ato de interação comunicativa entre leitor e autor.)

A interação não é aquela que se estabelece entre leitor e texto, e sim entre leitor e autor, mediada pelo texto. De um modo mais radical, pode-se afirmar que o significado está na mente do leitor e do autor, pois o texto tem potencial para evocar significado, mas não tem significado em si mesmo.

Durante a leitura, o mais importante não são as relações de natureza simplesmente lexical feitas automaticamente, mas sim a tentativa de extrair as intenções pretendidas pelo autor.

Uma abordagem pragmática não vem modificar os significados próprios das sentenças; pelo contrário, permite explicar como esses significados podem adquirir, em contextos particulares, interpretações diversas.

Assim, o contexto situacional em uma situação de interlocução torna-se muito importante, pois, dessa forma, percebe-se claramente que cada enunciação pode ter uma multiplicidade de significações, isto porque as intenções do locutor, ao produzir um enunciado, podem ser as mais variadas. Em decorrência disso, torna-se improcedente a ideia de que existe uma interpretação única e verdadeira.

Logo, ao conhecer um significado literal das palavras ou sentenças de uma língua, revela-se insuficiente, na medida em que é imprescindível saber reconhecer os seus empregos possíveis, que são inúmeros e variáveis de acordo com as intenções do locutor e as circunstâncias de sua produção.

Vários são os problemas, detectados pelos pesquisadores em leitura, que dificultam, que prejudicam a compreensão na leitura. Dentre eles, podemos citar:

1) inadequação do leitor ao fazer uso das estratégias de leitura, ou ainda, o desconhecimento de que essas estratégias existem;
2) não utilização do conhecimento prévio durante a leitura;
3) leitura encarada como processo de decodificação de sinais gráficos e não como um processo de interação entre leitor-autor, via texto;
4) ausência de postura questionadora e crítica;
5) busca do significado literal dos textos;
6) ação do professor enquanto mediador entre o texto e o aluno, e não como a de um fornecedor de condições para que a interlocução ocorra satisfatoriamente;
7) ausência de um projeto de leitura.

Postos os problemas, algumas soluções ou tentativas de solucionar a questão são apresentadas.

O uso de estratégias de leitura – operações regulares para abordar o texto – consiste em planos potencialmente conscientes, ou seja, dependendo do tipo de leitor e das circunstâncias envolvidas no ato da leitura, tais planos são usados consciente ou inconscientemente. Para tanto, é necessário que se enfatize a leitura para fins específicos, ou seja, diante de um texto é aconselhável que se estabeleça um projeto de leitura, envolvendo os seguintes questionamentos: "o que eu quero saber através desse texto?", "com que finalidade vou ler esse texto?". Tendo em vista seu projeto de leitura, o leitor poderá realizar uma leitura global, uma leitura dos pontos principais ou ainda uma leitura detalhada do texto, sempre atentando para a consecução de seus objetivos.

Em se tratando de uma leitura global, o leitor normalmente utiliza-se da estratégia de predição, procurando, a partir da leitura do título, do nome do autor, da editora e dos subtítulos, acionar seu conhecimento prévio acerca do assunto a ser lido. A leitura global caracteriza-se, pois, como um primeiro momento de leitura, em que o indivíduo, seletivamente, procura explorar o texto apenas para confirmar suas hipóteses e predições sobre o conteúdo.

Já na leitura dos pontos principais, o leitor deve ser capaz de tomar notas ou grifar adequadamente as ideias mais importantes do texto. Parece-nos que o ato de grifar ou anotar tais ideias vai depender dos objetivos do leitor, bem como do contexto situacional em que ocorre a leitura, pois, como sabemos, não é o texto que apresenta o grau de relevância de suas informações, e sim o leitor que, através de seus propósitos e expectativas, atribui importância às informações veiculadas. Ao adotar esse nível de leitura, o leitor, além de apreender as ideias mais relevantes, é capaz de elaborar resumos, reordenar parágrafos e ainda detectar as informações supérfluas ou redundantes.

Quanto à leitura detalhada, deve-se primeiramente tomar a decisão de que o texto realmente merece esse grau de atenção. Em caso afirmativo, após ter efetuado uma leitura global e uma leitura dos pontos principais, o leitor deve selecionar a parte do texto que deseja ler detalhadamente.

Durante a leitura, não é raro o leitor encontrar sentenças longas e complexas que o impossibilitam de atingir a compreensão. Nesse caso, através de uma leitura detalhada, observando quais são os verbos principais, ou ainda quais as relações estabelecidas entre as orações, o leitor pode extrair a informação que lhe é necessária.

Portanto, é a partir dos objetivos de leitura e do constante confronto entre o conhecimento prévio do leitor e os dados do texto que se constrói o sentido, que se processa a compreensão. Sendo assim, ao realizar uma leitura com fins específicos e ao procurar adotar os diferentes níveis de leitura, o indivíduo estará a caminho não só de um melhor desempenho no que se refere à compreensão de um texto, como também estará desenvolvendo sua capacidade de produção textual, na medida em que as atividades de leitura e escrita são essencialmente processos similares de construção da significação.

Exercícios

I – Leia o seguinte texto na sua velocidade de leitura habitual: Entrando no restaurante, ela percebeu que o ar-condicionado não estava funcionando. Sentou-se numa mesa com toalha xadrez. O que escolher? Trouxeram o cardápio. Ela decidiu-se quase sem olhar. Quando chegou o seu prato, apenas beliscou.

II – Leia o texto abaixo e, em seguida, responda à pergunta nele contida:

Um avião americano que voava de Boston para Montreal caiu exatamente na fronteira entre os Estados Unidos e o Canadá. Em que país os sobreviventes deveriam ser enterrados?

III – Leia os seguintes fragmentos de texto, procurando entendê-los:

a) "O desvio de hibridação tetraédrica perfeita poderá ocorrer também em razão de fatores geométricos. No ciclopropano, por exemplo, os ângulos anelares de 60º são muito menores do que o de 109º, existente entre orbitais tetraédricos; por outro lado, os orbitais p simples formam entre si um ângulo de 90º, valor este que está muito mais próximo do correspondente ao ângulo anelar. Portanto, no ciclopropano as ligações anelares formam-se mediante o emprego de orbitais híbridos que possuem mais caráter p; assim sendo, as ligações ao hidrogênio têm mais de 25% de caráter *s*, pelo que elas são mais curtas do que as ligações C − H no metano." Ronald Breslow[1]

IV – Examine os fragmentos abaixo, retirados de textos completos e tente identificar a fonte da qual cada um foi retirado. Que pistas você utilizou para a identificação?

1) "O contrato é um acordo de vontade, dum negócio jurídico bilateral, que deve apresentar os mesmos elementos essenciais dos atos jurídicos: capacidade do agente, liceidade, possibilidade e determinação do objeto e o consentimento das partes contratantes, segundo inferimos dos arts. 104 e 112 do Código Civil (arts. 82 e 85 do Código antigo), além da forma, que é elemento essencial, quando exigida por lei. Quanto a esses elementos, lembro que, ante a incapacidade absoluta do agente, a nulidade do ato impõe-se e que, em face de sua relativa incapacidade, é anulável sua manifestação de vontade."

Álvaro Villaça Azevedo[2]

2) "**Guia traz boas dicas para quem vai viajar:** A Central de Intercâmbio (CI) distribui gratuitamente um guia com dicas para quem pretende fazer intercâmbio, cursos ou viagens de turismo no exterior. O guia traz informações sobre vistos, passaporte, seguro-saúde, bagagem e descontos em eventos culturais. O interessado pode retirar um exemplar na sede da CI em São Paulo, na Pça. Charles Miller, 152, tel. 36773600, ou em uma das oito franquias espalhadas pelo País."

3) "**Ética** [fem. substantivado do adj. Ético.] S. f. Estudo dos juízos de apreciação referentes à conduta humana suscetível de qualificação do ponto de vista do bem e do mal, seja relativamente a determinada sociedade, seja de modo absoluto. [Cf. moral (1) e hética.]"

4) Forma farmacêutica e apresentações:

Cápsulas de liberação lenta – caixas contendo 20 unidade básicas.

USO ADULTO

Composição

Cada cápsula de liberação lenta contém:

Etofibrato.....................................

Excipiente: açúcar, amido de milho esteárico...4 000

5) "Soneto de fidelidade

De tudo, ao meu amor serei atento

Antes, e com tal zelo, e sempre, e tanto

Que mesmo em face do maior encanto

Dele se encante mais meu pensamento.

Quero vivê-lo em cada vão momento

E em seu louvor hei de espalhar meu canto

E rir meu riso e derramar meu pranto

Ao seu pesar ou seu contentamento.

E assim, quando mais tarde me procure

Quem sabe a morte, angústia de quem vive

---

[1] BRESLOW, Ronald. *Mecanismos de reações orgânicas:* uma introdução. Trad. Andrejus Korolkovas. São Paulo: EDART, 1968, p. 2.

[2] AZEVEDO, Álvaro Villaça. *Teoria geral dos contratos típicos e atípicos:* curso de direito civil. 2. ed. São Paulo: Atlas, 2004, p. 44.

Quem sabe a solidão, fim de quem ama
Eu possa me dizer do amor (que tive):
Que não seja imortal, posto que é chama
Mas que seja infinito enquanto dure.

Vinicius de Moraes[3]

6) "De primeiro, eu fazia e mexia, e pensar não pensava. Não possuía os prazos. Vivi puxando difícil de difícel, peixe vivo no moquém: quem mói no asp'ro, não fantasêia. Mas, agora, feita a folga que me vem, e sem pequenos dessossegos, estou de range rede. E me inventei neste gosto, de especular ideia. O diabo existe e não existe? Dou o dito. Abrenúncio. Essas melancolias. O senhor vê: existe cachoeira; é pois? Mas cachoeira é barranco de chão, e água se caindo por ele, retombando; o senhor consome essa água, ou desfaz o barranco, sobre cachoeira alguma? Viver é negócio muito perigoso..."

João Guimarães Rosa[4]

7) CC, art. 1.517: "O homem e a mulher com 16 (dezesseis) anos podem casar, exigindo-se autorização de ambos os pais, ou de seus representantes legais, enquanto não atingida a maioridade civil".

8) "Abaixo da barra de menus estão as barras de ferramentas Padrão e Formatação.

O Excel conta com 13 barras de ferramentas, porém, quando executado pela primeira vez, apresenta somente as duas barras já mencionadas, uma vez que estas barras de ferramentas contêm os botões que executam os comandos utilizados com maior frequência.

A manipulação das barras de ferramentas é apresentada pelo respectivo item na seção Manipulando a tela do Excel, assim como a definição das funções dos botões, respectivos comandos e atalhos do teclado das barras de ferramentas Padrão e Formatação"[5].

9) "Do direito à integridade moral, na esfera da identidade pessoal, familiar e social da pessoa, decorre a inclusão do nome civil como direito da personalidade, por indispensável e relevante para o próprio reconhecimento da pessoa no meio em que vive, sem o que lhe faltariam respeito e proteção aos demais direitos fundamentais de sua existência. Note-se a amplitude da identidade social que extrapola o círculo familiar para abranger a vivência profissional, política, religiosa, linguística, cultural etc., elementos essenciais da participação do indivíduo na coletividade, lembrando-se, com Aristóteles, que o homem é um ser eminentemente político."
Euclides de Oliveira[6]

10) "A Requerente, não obstante a clara intenção do Requerido em honrar seu débito, não se dignou sequer a responder-lhe o pedido enviado, evitando, assim, toda e qualquer forma de composição amigável do problema surgido, tendo ingressado, consequentemente, com ação de busca e apreensão.

O roubo do veículo em questão, além de ter sido informado à Requerente através de carta protocolada em seu escritório, foi novamente informado ao Sr. Oficial de Justiça quando este foi realizar a busca e apreensão do bem, como se constata nas fls. ... dos autos"[7].

---

[3] MORAES, Vinicius. *Poesia completa e prosa*. Rio de Janeiro: Nova Aguilar, 1980, p. 183.

[4] ROSA, João Guimarães. *Grande sertão: veredas*. v. II. Rio de Janeiro: Nova Aguilar, 1994, p.12.

[5] FERREIRA, Celso Lemos. *MS Excel 5.0 Básico*. São Paulo: Catálise, s. d., p. 5.

[6] OLIVEIRA, Euclides de. Direito ao nome. In: DELGADO, Mario Luiz; ALVES, Jones Figueiredo (Coord.). *Questões controvertidas no novo Código Civil*. São Paulo: Método, 2004, p. 70 (Série Grandes Temas do Direito Privado, v. 2).

[7] Fragmento de uma petição produzida por um advogado.

Capítulo 3

Linguagem jurídica

3.1 Linguística Jurídica

Linguística jurídica é, segundo Cornu[1], um ramo do estudo da linguagem que vem se desenvolvendo, dedicado ao estudo da linguagem do direito.

A denominação desta nova área da Linguística indica um duplo caráter de estudos:

1) **Linguístico** – na medida em que tem por objeto todos os meios linguísticos de que o direito se utiliza. Examina os signos linguísticos que o direito emprega (as palavras, sob a relação de seu sentido e forma) e os enunciados que o direito produz (as frases e os textos, tendo em vista sua função, estrutura, estilo, apresentação, etc.). Um estudo de tal natureza é puramente linguístico. Numa perspectiva bem ampla, podemos até indagar se o direito não é ele mesmo uma linguagem. Podem despertar atenção os signos não linguísticos de que o direito faz uso (vestimentas). Trata-se especificamente de observar os signos fônicos (e sua representação gráfica) da língua natural (falada e escrita), no uso que o direito faz dela, para sua comunicação, para a criação de direito (pela lei, costume ou vontade privada) ou quando de sua realização (notadamente pelo julgamento ou administração).

2) **Jurídico** – porque a linguagem que é observada é aquela do direito (da norma, da decisão, da convenção, das declarações, das negociações, das relações, do ensino). Este estudo é jurídico, porque a linguagem jurídica ou comum é sempre objeto de uma regra de direito (quando a lei exige o ensino de uma língua, ou exclui o uso de outra, ou exige, no uso de uma língua, o emprego de certas palavras etc.). Este estudo é jurídico, ainda, por todas as ações jurídicas que se exercem sobre a língua: a lei nomeia (os contratos, os delitos), a lei consagra num emprego novo (com sentido particular) um termo da língua usual, a jurisprudência e a doutrina concorrem para isso. A linguística é aqui jurídica pela impregnação da linguagem pelo direito. Ela tem entre seus objetos as interações da linguagem e do direito, quer dizer, tanto a ação do direito sobre a linguagem como a ação da linguagem sobre o direito. É essencial compreender que o estudo linguístico da linguagem do direito conduz necessariamente àquele do direito de linguagem.

---

[1] CORNU, G. *Linguistique juridique*. Paris: Montchrestien, 1990.

3.2 Linguagem Jurídica

Estas proposições preliminares repousam sobre duas hipóteses: supõem, de um lado, que existe uma linguagem do direito, e, de outro, que seu estudo merece uma elaboração, sob este nome, como uma aplicação da linguística ao direito.

A prova da existência da linguagem jurídica não se separa da busca de sua especificidade. Pode-se, entretanto, indagar sobre o que repousa a percepção global de uma linguagem do direito como fato linguístico bruto, teste elementar de existência, antes de procurar por quais traços ela se caracteriza.

É banal opor a linguagem usual à linguagem jurídica, algumas vezes mais especialmente à linguagem judiciária, isto é, linguagem jurídica é a denominação geral da linguagem do Direito, mas ela apresenta vários níveis, como é o caso da linguagem judiciária, que é aquela usada nos processos, nos Tribunais, conforme veremos no item 3.6, abaixo. A percepção da linguagem do direito repousa sobre elementos de observação objetivos, primeiro os **signos anunciadores** despertam, depois os **dados de base** se fazem reconhecer.

Signos anunciadores — a existência da linguagem jurídica é espontaneamente atestada por uma reação social. Este dado imediato de ordem sociolinguística é também confirmado por uma observação linguística precisa.

Em primeiro lugar, é fato que a linguagem jurídica não é imediatamente compreendida por um não jurista. Aquele que só possui a linguagem comum não a compreende de pronto. A comunicação do direito encontra um obstáculo no "anteparo" linguístico. O leigo experimenta um sentimento de "estrangeiridade" (Sourioux e Lerat). A linguagem do direito existe para não ser compreendida. Ela está fora do circuito natural de intercompreensão que caracteriza as trocas linguísticas ordinárias entre os membros de uma mesma comunidade linguística.

Este fenômeno de opacidade é um fato de experiência. O ensino do direito, no início de seu estudo, encontra este obstáculo, e as definições elementares necessárias a sua compreensão devem frequentemente sacrificar sua precisão técnica em busca de equivalentes populares. Que alguém tente ler para um público não iniciado certos artigos de lei ou os motivos de uma decisão de justiça, a mensagem corre o risco de ser recebida como um jargão. Essa impressão não é própria apenas de um público não instruído, mas também de um auditório culto. Ela deve-se, em parte, à interposição de certas palavras.

Em segundo lugar, faz parte dos signos anunciadores a pertinência jurídica exclusiva de certos termos que não têm sentido numa língua, senão sob o olhar do direito. Determinados termos da língua não têm outro sentido que o sentido jurídico. O direito pode dar-lhes um ou mais sentidos, mas é sempre do direito que eles obtêm seu sentido. Eles não têm nenhum sentido fora do direito; não têm nenhuma outra função senão exprimir, na língua, as noções jurídicas. Pode-se propor nomeá-los "termos de pertinência jurídica exclusiva".

Na língua, estes termos constituem um lote definido, por exemplo: anticrese, sinalagmático[2]. Eles são as primeiras testemunhas da linguagem do direito. Concorrem, frequentemente, para criar o obstáculo linguístico. Mais radicalmente, a reunião desses termos exclusivamente jurídicos constitui o nó cego de um vocabulário especial, próprio do direito. E é revelando a existência, no seio da língua, de um vocabulário jurídico que se revela a existência de uma linguagem do direito da qual o vocabulário é, entre outros, um elemento de base.

Dados de base – considerando-se a questão de forma mais global, a existência da linguagem do direito surge, em plenitude, da colocação em evidência dos dois elementos que a constituem.

Há uma linguagem do direito porque o direito dá um sentido particular a certos termos. O conjunto desses termos forma o **vocabulário jurídico**.

Há uma linguagem do direito porque o direito enuncia de uma maneira particular suas proposições. Os enunciados do direito dão corpo a um **discurso jurídico**.

O vocabulário jurídico é, no seio de uma língua, o conjunto de termos que têm, nesta língua, um ou mais sentidos jurídicos.

3.3 Vocabulário Jurídico

Parece, à primeira vista, que o vocabulário jurídico não se limita apenas aos termos de pertinência jurídica exclusiva. Ele se estende a todas as palavras que o direito emprega numa acepção que lhe é própria. Ele engloba todos os termos que, tendo ao menos um sentido no uso ordinário e ao menos um sentido diferente aos olhos do direito, são marcados pela polissemia, mais precisamente por esta polissemia que se pode chamar externa (em razão da sobreposição de sentidos de uma mesma palavra no direito e fora do direito, em oposição à polissemia interna). Estes termos de dupla pertinência são muito mais numerosos que os termos de pertinência jurídica exclusiva.

A soma de todos estes elementos constitui um subconjunto da língua, uma entidade distinta caracterizada, no seio do léxico geral, pela juridicidade do sentido das unidades que a compõem.

Estas unidades são repertoriadas. Cada uma é definida nos dicionários especializados. Seu conjunto bem merece o nome de vocabulário, se se aceita considerar como tal toda subdivisão específica do léxico geral. Se se admite, mais precisamente, que o conjunto dos termos empregados num domínio do conhecimento para exprimir o caminhar desse conhecimento constitui o vocabulário desse domínio, o direito, nesse sentido, tem seu vocabulário.

Resumidamente, pode-se dizer que o vocabulário jurídico é composto pelos seguintes tipos de termos:

---

[2] Anticrese e sinalagmático são termos jurídicos cujos significados serão estudados nos exercícios, no final deste capítulo.

1) termos que possuem o mesmo significado na língua corrente e na linguagem jurídica, por exemplo, hipótese, estrutura, confiança, reunião, critério, argumentos, etc.;

2) termos de polissemia externa, isto é, termos que possuem um significado na língua corrente e outro significado na linguagem jurídica; por exemplo:

— sentença — na língua corrente significa uma frase, uma oração; já na linguagem jurídica, significa a decisão de um juiz singular ou monocrático;

— ação — na língua corrente significa qualquer ato praticado por alguém, na linguagem jurídica é a manifestação do direito subjetivo de agir, isto é, de solicitar a intervenção do Poder Judiciário na solução de um conflito, podendo, assim, ser sinônimo de processo, demanda;

3) termos de polissemia interna, isto é, termos que possuem mais de um significado no universo da linguagem do Direito; por exemplo:

— prescrição (prescrever) — pode significar na linguagem jurídica: determinação, orientação, por exemplo: A lei prescreve em tais casos que se aplique o art. pode também significar a perda de um direito pelo decurso do prazo, por exemplo: O direito de agir, em tais casos, prescreve em dois anos;

4) termos que só têm significação no âmbito do Direito; não têm outro significado a não ser na linguagem jurídica; por exemplo, usucapião, enfiteuse, anticrese, acórdão, etc.;

5) termos latinos de uso jurídico; por exemplo: *caput, data venia, ad judicia,* etc.

3.4 Discurso Jurídico

Sua existência não é tão evidente como a do vocabulário jurídico. Mas sua importância é pelo menos tão considerável como dado de base da linguagem do direito.

Partindo-se de uma de suas manifestações visíveis, pode-se, a princípio, observar que a linguagem do direito não está somente nos termos que ele emprega, mas também nos textos que ele produz. A primeira realidade "legível" desta linguagem está nos textos do direito: texto de lei, de julgamento, de contrato etc. Ora, bem entendido, esses textos não são aqui considerados sob sua relação com os documentos que os suportam, como atos instrumentais. Eles são considerados como encadeamentos de frases. A lei expõe seus motivos e enuncia suas disposições, artigo por artigo; o julgamento enuncia seus motivos e seu dispositivo; o contrato, suas estipulações, cláusula por cláusula, etc. São enunciados de direito. Propõe-se nomear como discurso jurídico o conjunto dos enunciados do direito.

Entretanto, o enunciado escrito não é senão um exemplo inicial. A expressão oral também produz discursos jurídicos. A arte oratória, cronologicamente, é anterior. Escrito ou oral, todo enunciado jurídico é um discurso jurídico.

Resta compreender o essencial: em que o enunciado de direito é linguisticamente específico. De toda evidência, esta especificidade não se prende aos termos do enunciado, pois ela se remeterá àquela do vocabulário. A juridicidade do discurso refere-se à sua finalidade. É jurídico todo discurso que tem por objeto a criação ou a realização do direito.

Já vimos que, no seu sentido primeiro, linguagem é a faculdade natural de falar, o uso da palavra (no sentido em que se diz que a linguagem é própria do homem). Uma língua é o modo particular pelo qual esta faculdade é posta em uso numa comunidade linguística. Se admitimos estas definições, a linguagem do direito não é nem uma linguagem, nem uma língua.

Mas dá-se também o nome de linguagem, no seio de uma língua, ao modo particular pelo qual ela é falada num grupo ou num setor de atividade, se pelo menos este modo apresenta propriedades linguísticas suficientes, para ser isolado como um falar particular. Diz-se que se trata de uma linguagem especial ou especializada. É nesse sentido que o direito tem sua linguagem, assim como a medicina, a sociologia ou a economia.

Entretanto, o direito ao qual atribuímos uma linguagem como se ele fosse o locutor não é senão uma designação global cômoda. O direito corresponde a um sistema jurídico complexo: o sistema fala por muitas bocas. A linguagem jurídica é assim uma linguagem plural.

Em cada país, a linguagem jurídica é um uso particular da língua nacional (língua culta padrão). É uma linguagem de especialidade.

Disso decorre uma evidência a ser proclamada de início: que os juristas franceses falam francês, que os espanhóis falam espanhol, assim como os juristas brasileiros falam português. O voto primordial é que a linguagem do direito esteja no "gênio" de sua língua, isto é, que ela tenha dela a correção, a pureza e a elegância.

3.5 Características da Linguagem Jurídica

No seio da língua nacional, a linguagem jurídica se singulariza por alguns traços que a constituem como linguagem especializada. A especificidade dessa linguagem refere-se, como já vimos, à existência de um vocabulário jurídico e às particularidades do discurso jurídico. Esta especificidade pode ser analisada sob outro ângulo, se introduzirmos outras considerações, como aquelas referentes às pessoas, ao assunto ou à história. A linguagem do direito é, sob a reserva de uma ambiguidade que pesa sobre todas essas características, uma linguagem de grupo, técnica e tradicional. Esta ambiguidade de que se fala resulta de ser a linguagem jurídica ao mesmo tempo **culta** (na sua origem), **popular** (por destinação), **técnica** (na produção). Sua juridicidade a especializa quando sua finalidade é a de se destinar a todos.

Uma linguagem de grupo – a linguagem do direito é principalmente marcada por aquele que "fala" o direito: por aquele que o edita (legislador) ou aquele que o diz (juízes), mais amplamente, por todos aqueles que concorrem para a criação e para a realização do direito.

Sob certo ponto de vista, a linguagem jurídica é uma linguagem profissional. É a linguagem pela qual os membros das profissões judiciárias e jurídicas exercem suas funções; aqueles que a empregam no cumprimento de suas tarefas, os magistrados, os advogados, os tabeliães, etc. Não é, pois, a linguagem de uma só profissão, mas de um ramo de atividades. Este caráter profissional atenua-se, entretanto, pelos parlamentares e membros das administrações que fazem uso da linguagem jurídica, sem ser profissionais do direito.

Sob a mesma reserva, deslocando um pouco o ponto de vista, a linguagem do direito é, mais amplamente, a linguagem da comunidade dos juristas. A "família" dos juristas é mais ampla do que o círculo das profissões jurídicas. A linguagem do direito é um traço comum daqueles que têm uma formação jurídica. Nesses casos, ela é uma linguagem cultural.

A linguagem do direito não é, entretanto, para o grupo, um meio de comunicação de uso interno. *Nemo jus ignorare censetur.* A linguagem do direito tem a vocação de reinar não somente sobre as trocas entre iniciados, mas na comunicação do direito a todos a ele sujeitos. Nesses casos, pode-se dizer que a linguagem do direito é uma linguagem pública, social, uma linguagem cívica. Esta destinação geral conduz a uma distinção essencial.

O domínio da linguagem do direito por um grupo é um "fato de posse". O fato linguístico e sociolinguístico é que a comunicação está sob a influência quase exclusiva do emissor, não somente porque ele é linguisticamente o agente da expressão e, fundamentalmente (em geral), o autor da mensagem, mas porque ele domina, por profissão, tanto a expressão como o código (no sentido linguístico) e o referente (o código, no sentido jurídico do termo).

Mas a consideração do destinatário da mensagem jurídica introduz na análise contrapontos de caráter normativo. Ela faz de início reconhecer – é uma evidência – que o domínio do grupo não estabelece em seu favor nenhum monopólio de direito. Todos os cidadãos têm direito a manifestar sua opinião. Sobretudo esta consideração com o destinatário lembra aos juristas a função social da linguagem jurídica. A máxima "A ninguém é dado ignorar a lei" implica dizer que a linguagem do direito é, senão a linguagem do povo, pelo menos uma linguagem para o povo. O poder da linguagem cria, pois, para seus detentores um dever de linguagem em relação a seus destinatários.

Uma linguagem técnica – A especialidade da linguagem do direito refere-se também a sua tecnicidade. É a tecnicidade do próprio direito. A especialidade da linguagem vem aqui da matéria. A linguagem jurídica é técnica, principalmente por aquilo que ela nomeia (o referente); secundariamente, pelo modo como ela enuncia (isto é, sobretudo por seu vocabulário e por seu discurso).

Ela nomeia as realidades jurídicas, isto é, essencialmente as instituições e as operações jurídicas, entidades que o direito cria, consagra ou modela. Assim ela nomeia todos os níveis dos poderes públicos, todas as formas de atividade econômica, as bases da vida familiar, os contratos, as convenções.

O direito nomeia igualmente as realidades naturais e sociais que ele apreende e transforma em "fatos jurídicos", atribuindo-lhes efeitos de direito. Assim, ele nomeia os delitos e as situações jurídicas.

Mais geralmente o direito nomeia todos os elementos que o pensamento jurídico recorta da realidade, para torná-los noções jurídicas, categorias (é este recorte original que engendra o vocabulário técnico).

Enfim, os próprios enunciados do direito são também, frequentemente, técnicos, porque eles seguem o pensamento jurídico em suas operações mais árduas: interpretação, apreciação, pressuposição, qualificação, raciocínio, etc.

Uma tal tecnicidade contribui para excluir a linguagem jurídica da comunicação natural. Mas é importante compreender:

1) que, nos limites acima traçados, a tecnicidade da linguagem do direito é uma exigência irredutível da função social do direito;

2) que a disputa entre a linguagem técnica e a linguagem corrente (culta padrão) é um problema mal colocado. De início porque a linguagem corrente não é uma alternativa da linguagem jurídica. São dois elementos complementares. A linguagem do direito baseia-se na língua que a conduz. As marcas técnicas não são senão pontos em relevo sobre o fundo claro da linguagem corrente. Em seguida, porque muitas vezes se confunde a tecnicidade da linguagem jurídica com o uso de arcaísmos, ao qual a tecnicidade não está necessariamente ligada.

Uma linguagem tradicional – A linguagem do direito é, na maior parte, um legado da tradição. Pelas máximas do direito esta tradição é imemorável. Para a linguagem legislativa e a linguagem judiciária, a referência é mais recente. Pode-se dizer que a linguagem jurídica do século XX não difere fundamentalmente daquela do século XIX. A especialidade da linguagem do direito é, quanto a isso, inscrita na história. A perenidade relativa dessa linguagem reforça e coroa sua originalidade.

Esta observação, entretanto, apresenta nuances que devem ser esclarecidas, a fim de evitar graves mal-entendidos.

Deve-se deduzir que a linguagem do direito é arcaica? Na definição de arcaísmo, a antiguidade é um elemento necessário, mas não suficiente. Tudo que é arcaico é antigo, mas tudo que é antigo não é arcaico. A presença de um termo velho ou mesmo antigo num texto de lei em vigor ou num aresto recente não é suficiente para tachá-lo de arcaísmo. O arcaísmo não aparece senão a partir do momento em que um fato de linguagem (termo ou torneio) que é supostamente anterior a uma mutação jurídica e/ou linguística perde, pelo fato desta mudança, a força que tinha no início do uso, para cair mais ou menos rapidamente em desuso.

O critério de perda do uso, entretanto, vai depender da linguagem a que se refere. Há muito menos perdas na linguagem jurídica, pois é raro que um termo caia em desuso na comunidade dos juristas que é conservadora.

A impressão de arcaísmo que o leigo experimenta advém, muitas vezes, porque a linguagem jurídica, para designar coisas correntes, continua a empregar termos que não são mais do uso corrente, mas essa impressão não procede quando a linguagem jurídica emprega, para designar as coisas jurídicas, os termos de precisão que não têm nenhum equivalente no léxico geral, por exemplo, enfiteuse, anticrese, etc. A raridade de seu emprego, mesmo entre os juristas, não é índice de seu desuso, mas somente efeito da raridade de suas aplicações.

Outro erro seria acreditar que a linguagem do direito é fixa. Ela evolui. A importância do neologismo no vocabulário jurídico é a principal manifestação dessa evolução. A renovação da linguagem do direito não é uniforme; varia em função da área, manifestando-se principalmente nas matérias que são objeto de reformas fundamentais. Essa renovação é sobretudo um ato de legislação. Não somente porque a jurisprudência poderia ser mais conservadora, mas porque o poder de nomear, sobretudo quando ela acompanha a reforma do direito, é uma prerrogativa de soberania. O nominalismo é principalmente legislativo.

É cômodo falar-se em linguagem do direito ou linguagem jurídica. Mas essa expressão é enganosa se faz nascer a ideia de que uma tal linguagem corresponde a uma realidade homogênea. A linguagem do direito é plural a duplo título: ela é **plurifuncional** e **pluridimensional**.

No seu conjunto, a linguagem jurídica é uma linguagem prática. Ela está a serviço do direito. Ela é ordenada à criação e à realização do direito.

Mas esta destinação global não impede que a linguagem jurídica assuma uma pluralidade de funções; pelo contrário, unida ao direito, do qual é a expressão, a linguagem assume as diversas funções. Assim, parece de início que a linguagem jurídica, instrumento de elaboração da lei (no sentido genérico do termo), do julgamento, das convenções e mesmo da literatura jurídica, participa das funções legislativa, judiciária, da atividade contratual, da criação doutrinária, da ação administrativa. A linguagem acompanha todas as fontes e vias do direito. Ela circula em todos os canais da criação e da realização do direito.

3.6 Níveis da Linguagem Jurídica

A linguagem do direito compreende, pois, vários níveis. A suposição global de uma única realidade é substituída pela observação de muitos níveis linguísticos. Não existe uma linguagem jurídica, mas uma linguagem legislativa, uma linguagem judiciária, uma linguagem convencional, uma linguagem administrativa, uma linguagem doutrinária. O estudo do discurso jurídico não pode ser feito a não ser por nível de linguagem.

Assim, levando-se em consideração que a finalidade é que atribui a juridicidade à linguagem jurídica, pode-se detalhar seus níveis em:

1) **linguagem legislativa** – a linguagem dos códigos, das normas; sua finalidade: criar o direito;
2) **linguagem judiciária, forense ou processual** – é a linguagem dos processos; sua finalidade é aplicar o direito;
3) **linguagem convencional ou contratual** – é a linguagem dos contratos, por meio dos quais se criam direitos e obrigações entre as partes;
4) **linguagem doutrinária** – é a linguagem dos mestres, dos doutrinadores, cuja finalidade é explicar os institutos jurídicos, é ensinar o direito;
5) **linguagem cartorária ou notarial** – a linguagem jurídica que tem por finalidade registrar os atos de direito.

A percepção dessas distinções não deve, entretanto, conduzir a exagerar a sua importância. A rejeição da visão redutora de uma linguagem jurídica monolítica não conduz à análise extrema de uma superposição de níveis estanques, estranhos entre si. Há muita interferência e pontos comuns entre os ramos legislativo, judiciário, doutrinário e outros, que impedem esta visão contrária. Em cada um desses ramos, a verdadeira redistribuição consiste em discernir aquilo que lhe é próprio e aquilo que é comum a todos, isto é, o vocabulário jurídico, e pontos comuns na estrutura dos enunciados.

As distinções que põem em evidência a análise funcional da linguagem do direito são fundadas sobre o emissor da mensagem jurídica. Sua importância é primordial e mostra bem a influência preponderante daquele que fala. Entretanto, o emissor não é tudo na comunicação. O destinatário também é levado em conta. Tomar o destinatário em consideração introduz outras distinções, sob o benefício de uma observação que não contradiz essas distinções, porque essa observação é de ordem jurídica, mas pesa sobre as distinções.

A máxima: "A ninguém é dado ignorar a lei", que enuncia uma regra de direito, dá à linguagem do direito sua dimensão natural. Se o direito é feito para todos, a linguagem do direito também. O veículo conduz o direito aonde quer que ele vá. Mas a decomposição do raciocínio faz ressaltar os pontos de estrangulamento. Se ninguém pode se subtrair à lei alegando ignorá-la, a exceção de incompreensão é tão inoperante quanto a exceção de ignorância. A presunção de que cada um conhece a lei decorre da presunção de que cada um a compreende. E, como a presunção é quase sempre irrefragável, pode-se temer que a ficção jurídica seja agravada por uma ficção linguística.

Isto sugere, de maneira simples, mas firme, uma direção àquele que fala. A máxima se volta contra o autor da mensagem. Ela requer dele a clareza, exige que ele se faça compreender. A máxima jurídica tem um corolário linguístico: o dever de ser claro. Se a ninguém é dado ignorar a lei, aquele que faz a lei está sob a lei de saber fazer-se entender. Mas esse dever de clareza é de ordem prescritiva, é uma recomendação linguística que depende, *lato sensu*, do direito linguístico, não da observação linguística.

A tomada de consideração do destinatário faz ver que as relações que se estabelecem entre o emissor e ele não se desenvolvem, de fato, na mesma dimensão. Há dois tipos principais de relações.

Na comunicação mais aberta, a mensagem vai de um jurista a um leigo (ou pelo menos a um destinatário que não se supõe ter uma formação jurídica). É o caso não somente do texto da lei, mas também de todos os atos individuais que são levados ao conhecimento daqueles a quem interessam, por uma notificação. A comunicação se opera de iniciado a não iniciado.

A comunicação é mais fechada quando ela funciona entre iniciados, todos dotados de uma formação jurídica. A relação da linguagem se estabelece entre interlocutores de profissão: de advogado a advogado, de advogado a magistrado. A mensagem de iniciado a iniciado circula de forma fechada.

A distinção dessas diversas relações não esvazia a consideração da máxima evocada. Ela se afirma sobre outro plano. Aquele dos fatos. É uma observação linguística que engendra consequências. Sob este ponto também, a pluralidade reina sobre a linguagem do direito.

A linguagem do direito, pois, não é uma língua e não é una. Mas esta linguagem existe sob a forma de dois elementos que a constituem *in intellectu*, em seu vocabulário, e *in actu*, em seu discurso, em diversos níveis e diversas relações que, sobre um fundo comum, fazem viver múltiplas manifestações.

Exercícios

I – Identificar os vários níveis de linguagem jurídica nos seguintes fragmentos de texto:

1) "Art. 5º Todos são iguais perante a lei, sem distinção de qualquer natureza, garantindo-se aos brasileiros e aos estrangeiros residentes no País a inviolabilidade do direito à vida, à liberdade, à igualdade, à segurança e à propriedade, nos termos seguintes:"

2) Recebida a denúncia (fls. 67), foi o réu citado e interrogado (fls. 105 e verso), seguindo-se defesa prévia (fls. 129) e regular instrução, com ouvida de duas testemunhas comuns (fls. 119 e 120), oportunidade em que tanto o Ministério Público como a defesa desistiram da ouvida das demais testemunhas, o que foi homologado (fls. 133 a 135, verso).

3) Consoante a definição de Clóvis (*Comentários ao Código Civil*), prescrição é a perda da ação atribuída a um direito, e de toda a sua capacidade defensiva, em consequência do não uso dela, durante determinado espaço de tempo. Esse conceito aplica-se exclusivamente à prescrição extintiva, também chamada prescrição liberatória.

4) Nos termos expostos, distribuída e autuada esta, com os documentos anexos (em número de 3), requer a Suplicante a citação do seu marido, para contestar, no prazo legal, o presente pedido de separação de corpos do casal, de acordo com os preceitos contidos nos arts. 802 e seguintes do Código de Processo Civil, enfatizando ao digno Juízo seja-lhe concedido o alvará *in limine litis*, nos termos do imperativo legal contido no art. 223 do Código Civil.

5) Por este instrumento particular, de um lado a Editora X, aqui e doravante denominada simplesmente Editora, inscrita no CGC/MF sob n. 0000, estabelecida nesta capital, à av. Y, neste ato representada por seu diretor editorial, Fulano de Tal, com escritório no endereço *supra*, e, de outro lado, José da Silva, brasileiro, casado, professor e autor, RG ..., residente e domiciliado à rua Z, aqui e doravante denominado simplesmente Autor, firmam o presente contrato de edição de obra intelectual adiante identificada, cujos direitos e obrigações mutuamente se outorgam, obrigando-se por si e seus sucessores a qualquer título, o qual se regerá pelas seguintes cláusulas e condições:

6) Isto posto, pronuncio Fulano de Tal, qualificado nos autos, nos termos do disposto no artigo 408, *caput*, do Código de Processo Penal, como incurso nas penas do artigo 121, parágrafo 2º, incisos III e IV, do Código Penal. Expeça-se mandado de prisão.

7) Sou investigador de polícia e estou lotado no DHPP. Não presenciei os fatos, mas atendi o local. O corpo da vítima, que tinha o apelido de Careca, foi encontrado no local mencionado na denúncia. Muitos mendigos costumam frequentar o local acima mencionado. Todos trabalham como catadores de papel. O ofendido também era indigente e conhecia o réu.

II – Pesquisar no dicionário de termos jurídicos o significado dos termos grifados:

1) "De início cumpre registrar, a respeito do instituto da litispendência, as imprecisões do Código de Processo Civil no trato do vocábulo, empregado indiscriminadamente, para duas situações totalmente distintas."

2) "Em regra, a fungibilidade é própria dos bens móveis, e a infugibilidade, dos imóveis. Entretanto, há bens móveis que são infungíveis."

3) "Essa restauração de eficácia é categorizável como repristinação, e admitida em nome do princípio da segurança e da estabilidade das relações sociais."

4) A ab-rogação, expressão raramente usada hodiernamente, pode ser tácita ou expressa.

5) "Daí a parecença entre a <u>rescisão</u> por <u>vício redibitório</u> e a resolução por <u>inadimplemento</u>, conforme a concebeu o art. 1.092, parágrafo único, do Código Civil."

6) "Os poderes e as obrigações do <u>curador</u> são fixados pelo juiz, conforme as circunstâncias."

7) "O <u>sequestro</u> e o <u>arresto</u> são medidas cautelares cuja diferença se situa no objeto da medida."

8) "É função típica, prevalecente, do Poder Judiciário exercer a <u>jurisdição</u>."

9) "Os casos de <u>contrafação</u> são previstos pelo Código Civil."

10) "Nada tem a teoria da <u>decadência</u>, ou seja, da temporariedade dos direitos, com a teoria da <u>prescrição</u>."

11) "Na <u>ementa</u> do <u>acórdão</u> o relator já dá a conhecer a decisão final."

12) "A teoria de Direito Penal distingue os dois tipos de delito: <u>furto e roubo</u>, que o povo tem por hábito considerar como sinônimos."

13) "A Constituição Federal assegura a <u>isonomia</u> no art. 5º."

14) "O Código de Processo Civil de 1973 alterou profundamente o sistema das <u>exceções</u>."

15) "A <u>notificação</u>, em regra, é ato dirigido à pessoa que não contende em juízo, no que difere da <u>intimação</u> e da <u>citação</u>."

III – Adjetivos de uso jurídico:

Os adjetivos constituem uma classe de palavras variáveis que dão um atributo ao substantivo, concordando com ele em gênero e número. Como todo signo linguístico, apresentam um significante – as letras e/ou o som – e um significado – o conceito que encerram. Tendo essas noções em vista, buscar o conceito para os adjetivos grifados:

1) Documento <u>apócrifo</u>

2) Pessoa <u>inimputável</u>

3) Casamento <u>putativo</u>

4) Tribunal <u>incompetente</u>

5) Bens <u>fungíveis</u>

6) Devedor <u>inadimplente</u>

7) Lei <u>draconiana</u>

8) Juiz <u>prevaricador</u>

9) Contrato <u>leonino</u>

10) Direito <u>imprescritível</u>

11) Ação <u>reipersecutória</u>

12) Bens <u>aquestos</u>

13) Petição <u>inepta</u>

14) Norma <u>cogente</u>

15) Herança <u>jacente</u>

16) Sentença <u>terminativa</u>

17) Prazo <u>peremptório</u>

18) Direito (processual) <u>precluso</u>

19) Depoimento <u>intempestivo</u>

20) Contrato <u>inominado</u>

21) Lei <u>repristinatória</u>

22) Despacho <u>saneador</u>

23) Crime <u>preterintencional</u>

24) Juiz <u>prevento</u>

IV – Locuções adjetivas de uso jurídico:

Locuções adjetivas consistem em duas ou mais palavras, normalmente uma preposição e um adjetivo, que têm o mesmo valor dos adjetivos. A importância em conhecer as locuções adjetivas reside no fato de que os adjetivos a elas correspondentes vieram para a língua portuguesa posteriormente aos substantivos, o que lhes dá uma forma, muitas vezes, mais próxima da forma latina. Por exemplo, a locução adjetiva "em dinheiro", na expressão "bens em dinheiro", pode ser substituída pelo adjetivo "pecuniários", derivado do latim *pecus, pecoris* – rebanho, grande número de animais da mesma espécie, ovelhas, carneiros, que evoluiu para riqueza em gado, dinheiro. Assim, a expressão "bens pecuniários" significa a mesma coisa que "bens em dinheiro".

Tendo em vista as considerações acima, substituir as locuções adjetivas grifadas pelos adjetivos correspondentes.

1) Imposição <u>da lei</u>

2) Unidade <u>de prisão</u>

3) Decisão <u>de juiz</u>

4) Honorários <u>de advogado</u>

5) Dever <u>de cidadão</u>

6) Outorga <u>de esposa</u>

7) Curso <u>de Direito</u>

8) Ação no <u>Direito Civil</u>

9) Valor <u>da moeda</u>

10) Prisão <u>em casa</u>

11) Idade <u>de casar</u>

12) Direito <u>fundado no costume</u>

13) Cláusula <u>de contrato</u>

14) Interesse <u>de patrão</u>

15) Valor <u>de prova</u>

16) Direito <u>sobre a coisa</u>

17) Vínculo <u>de empregado</u>

18) Pensão <u>de alimentos</u>

19) Nome <u>de empresa</u>

20) Crédito <u>de hipoteca</u>

V – Verbos de uso jurídico:

Os verbos fazem parte das classes variáveis de palavras que indicam as ações praticadas pelos sujeitos, ou os estados em que eles se encontram. Os verbos que indicam estado são os verbos de ligação, enquanto os verbos de ação podem ser intransitivos, transitivos diretos, transitivos indiretos e transitivos diretos e indiretos[3]. Levando-se em consideração a polissemia das palavras, que atinge também os verbos, alguns verbos são usados na linguagem do direito com um sentido próprio, enquanto outros só têm significado no universo jurídico.

Tendo em vista as considerações acima, efetuar os exercícios abaixo:

A – Atribuir a cada verbo grifado um objeto que complete a sua significação corretamente:

1) O proprietário foi coagido a <u>hipotecar</u> _____, a fim de cumprir suas obrigações contratuais.

2) Cumpridas as exigências formais, o juiz passou a <u>inquirir</u> _____.

3) Insatisfeito com a sentença, o advogado da parte prejudicada não tardou em <u>interpor</u> _____, pleiteando a absolvição de seu cliente.

4) Recebida a *notitia criminis*, o delegado imediatamente <u>instaurou</u> _____.

5) Terminada a audiência, o juiz não tardou em <u>prolatar</u> _____.

6) A saída encontrada pelo devedor foi <u>penhorar</u> _____ para saldar sua dívida com os credores.

7) Foram juntadas todas as provas testemunhais, documentais e periciais para <u>instruir</u> _____.

8) O herdeiro perdulário <u>dilapidou</u> _____ em pouco tempo.

9) Só ao Presidente da República cabe privativamente conceder indulto e <u>comutar</u> _____.

10) Uma vez homologada a separação consensual, <u>averbar-se-á</u> _____ no registro civil.

11) Em virtude do grave delito cometido pelo réu, o juiz <u>irrogou-lhe</u> severa _____.

12) Pode o presidente do tribunal <u>avocar</u> _____ se, em determinados casos, o juiz não os remeteu ao tribunal.

13) Segundo a lei, ao mandatário é conferido o poder de <u>substabelecer</u> _____.

14) O ilustre membro da Academia de Letras Jurídicas <u>exarou</u> brilhante _____, ocasionando a vitória da ré.

15) O Superior Tribunal de Justiça, depois de extensas considerações, <u>reformou</u> _____ lavrada pelo juiz singular.

16) Tendo seu carro roubado, Silva dirigiu-se à delegacia mais próxima, onde <u>registrou</u> _____.

17) O escrivão, com diligência, <u>retificou</u> _____ assinalado pelo depoente.

18) O advogado usou de todos os meios possíveis para conseguir <u>descriminar</u> _____.

19) O projeto visa a <u>derrogar</u> _____ cuja aplicação tem-se mostrado ineficaz.

B – Fazer o exercício da mesma forma que o anterior:

1) O Conselho de Ética reuniu-se para <u>desagravar</u> _____ sofrida por um de seus membros.

---

[3] A predicação verbal será melhor tratada no Capítulo 9.

2) De posse de novos fatos, o advogado conseguiu ilidir _____ da promotoria.

3) Prescreve em dois anos _____ para pleitear a reparação de qualquer ato infringente às leis trabalhistas.

4) Há casos em que o comprador tem o direito de resilir _____ e o vendedor é obrigado a restituir o preço.

5) As partes ficaram descontentes porque o juiz procrastinou _____.

6) Os participantes foram convidados a subscrever _____, antes da realização da assembleia geral.

7) Dr. Silva substabeleceu Dr. Souza nos _____ da procuração que lhe foi outorgada.

8) Recebida a denúncia, o juiz impronunciou _____.

9) Tendo em vista as provas irrefutáveis, o juiz cominou severa _____ ao réu.

10) Constitui delito sujeito a sanção vilipendiar _____.

11) É o juiz da comarca que deve saber a necessidade ou não de desaforar _____.

12) Por lei devem ser transcritas as sentenças que, nos inventários e partilhas, adjudicarem _____ em pagamento das dívidas da herança.

13) O mandato outorga ao mandatário _____ para representá-lo exclusivamente na solução desse caso.

14) Se o devedor não for encontrado, pode o oficial de justiça arrestar-lhe _____ suficientes para garantir a execução.

15) Os depoimentos das testemunhas vieram corroborar _____ dos acusados.

16) O juiz não se pode eximir de _____, sob a alegação de lacuna ou obscuridade da lei.

17) Aquele que agiu de má-fé é obrigado a ressarcir _____ causados a terceiros.

18) Enquanto vigerem as atuais _____ eles não poderão construir uma obra com essas características, naquela região.

19) Segundo a legislação, o relator, em determinados casos, pode avocar _____ em que ocorreu excesso de prazo.

20) O juiz processante citará _____ mediante precatória, quando este se achar fora do território de jurisdição daquele.

VI – Vimos que o vocabulário jurídico é composto por termos que apresentam pertinência exclusiva ao direito, isto é, termos que só têm significado no campo jurídico, além de outros tipos de termos. Os exercícios que seguem tratam de termos de pertinência exclusiva e consistem em consultar um dicionário jurídico para pesquisar o significado dos termos abaixo arrolados.

A – Pesquisar o significado dos termos abaixo:

1) Arras

2) Acórdão

3) Aresto

4) Exegese

5) Evicção

6) Hermenêutica ou exegese

7) Juntada

8) Litispendência

9) Mora

10) Malversação

11) Peculato

12) Preempção

13) Revelia

14) Supérstite

15) *Sursis*

B – Realizar o exercício abaixo da mesma forma que o anterior:

1) Anticrese

2) Caução

3) Concussão

4) Custas

5) Delito

6) Enfiteuse

7) Erário

8) Fideicomisso

9) Inadimplemento

10) Interpelação

11) Litisconsorte

12) Precatória

13) Quitação

14) Reconvenção

15) Rogatória

VII – Sabemos que todos os institutos jurídicos contêm dois sujeitos, o ativo e o passivo.

Os sufixos gramaticais nos auxiliam na formação desses sujeitos, a partir do substantivo que nomeia tais institutos. Assim, para o sujeito ativo, são comuns os sufixos: -ante, -ente, -inte; -or; por exemplo, agravo – agravante. Para o sujeito passivo, são comuns os sufixos: -ado, -ário; por exemplo, agravado.

Com base na explicação *supra*, escrever os sujeitos ativo e passivo dos institutos arrolados abaixo:

INSTITUTO JURÍDICO	SUJEITO ATIVO	SUJEITO PASSIVO
Agravo		
Alienação		
Apelação		
Arresto		
Cessão		
Comodato		
Curatela		
Depósito		
Deprecação		
Desapropriação		
Doação		
Embargos		
Evicção		
Exceção		
Execução		
Fideicomisso		
Notificação		
Nunciação		
Outorga		
Querela		
Reclamação		
Reconvenção		
Recurso		
Requerimento		
Súplica		

Capítulo 4

Significação das palavras

O **signo linguístico**, segundo a concepção semiológica de raiz saussureana, é constituído de duas partes indissolúveis: uma denominada **significante**, ou plano da expressão, perceptível, formada de sons, que podem ser representados por letras; e uma denominada **significado**, ou plano do conteúdo, inteligível, constituída de um conceito.

Ao ouvirmos ou lermos, por exemplo, a palavra "cavalo", percebemos a combinação de sons/letras – o significante – e o associamos a um conceito – o significado.

Numa língua natural, é comum a ocorrência de um significante ser suporte de mais de um significado, ou seja, o mesmo termo apresentar vários significados.

A palavra **ação**, por exemplo, apresenta vários significados registrados nos dicionários:

1) ato ou efeito de atuar; atuação, ato, feito, obra;
2) maneira como um corpo, um agente, atua sobre outro;
3) modo de proceder, comportamento, atitude;
4) sequência de gestos, movimentos e atitudes dos atores em cena;
5) capacidade de invocar o poder jurisdicional para fazer valer um direito que se julga ter;
6) meio pelo qual se pode movimentar o aparelho jurisdicional.

Quando um significante remete a vários significados, dizemos que ocorre a **polissemia**.

A polissemia, própria da maioria dos signos linguísticos, não chega a constituir problema para a clareza e objetividade da comunicação, porque, em geral, fica neutralizada pelo contexto.

Vamos entender por contexto uma unidade linguística de âmbito maior, onde se insere outra unidade de âmbito menor. Assim, a palavra se insere no contexto da frase que, por sua vez, se insere no contexto do período, que por sua vez se insere no contexto do parágrafo e assim por diante. Uma vez inserida no contexto, a palavra perde seu caráter polissêmico, isto é, deixa de admitir vários significados e ganha um significado específico no contexto.

Assim, na frase: "O advogado iniciou uma **ação** trabalhista", o significado de **ação** é específico, é um significado dado pelo contexto.

Para a compreensão de um texto, a depreensão do significado contextual é um dado importante. Num texto, tudo deve ser amarrado e coerente; a coerência do texto permite que se capte o sentido que as palavras assumem no contexto.

A relação existente entre o plano da expressão e o plano de conteúdo configura o que chamamos de **denotação**, isto é, a palavra apresenta um significado conhecido por todos, o sentido dicionarizado. Por exemplo: "Com quem está a chave da porta?" "No inverno, o chocolate, servido bem quente, aquece".

Uma palavra, além do seu significado denotativo, pode apresentar outros significados paralelos, por vir carregada de impressões, valores afetivos, negativos e positivos. Esses valores sobrepostos ao signo constituem o que se denomina **conotação**, isto é, a palavra empregada em sentido conotativo tem a propriedade de apresentar significados diferentes do seu sentido original, mantendo inalterado o significante. Por exemplo: Aí está a *chave* do problema. Esta é a *porta* do sucesso. No *inverno* da vida, seus pensamentos retornam à juventude.

Duas palavras podem ter a mesma denotação, mas conotação completamente diversa, e essa propriedade pode servir para deixar clara a diferença entre essas duas dimensões do signo linguístico. Por exemplo, as palavras **docente**, **professor** e **instrutor**, que denotam praticamente a mesma coisa: alguém que instrui alguém; as três, entretanto, são carregadas de conteúdos conotativos diversos, sobretudo no que diz respeito ao prestígio e ao grau de respeitabilidade que cada um desperta.

A constatação desses fatos leva-nos a outras questões: a primeira é a da **sinonímia lexical**. Quando duas palavras podem ser consideradas sinônimas? Respondendo de forma simples, pode-se dizer que serão sinônimas quando houver identidade de significação. Esta resposta, entretanto, não é satisfatória, haja vista o exemplo acima.

Para que duas palavras sejam sinônimas é necessário, além da discutível identidade de significação, que a sua contribuição para o significado de uma frase seja igual. A sinonímia lexical, ainda, depende do contexto em que as palavras são empregadas. Assim, muitas vezes a procura de uma "palavra certa" relaciona-se à busca de precisão; por exemplo, palavras que, num contexto informal, podem ser tomadas como sinônimas, num contexto técnico assumem sentidos específicos; é o caso de roubo e furto; e separação, desquite e divórcio, no vocabulário jurídico.

Outra questão diz respeito à **antonímia**. Segundo as definições tradicionais, são antônimas as palavras que apresentam sentidos opostos, contrários, como os pares bom/mau; abrir/fechar; nascer/morrer; feliz/infeliz.

A despeito de críticas sobre as significações contrárias das palavras, como no par nascer/morrer, que exprimem dois momentos extremos do mesmo processo de viver, e não realmente uma oposição, lexicalmente, os antônimos se formam de duas maneiras:

1) Com radicais diferentes:

agitação/calma	—	agravar/atenuar
altivez/submissão	—	ânimo/desalento
análise/síntese	—	consentir/proibir

2) Com radical igual, acrescido de prefixo negativo ou de significação contrária:

feliz/infeliz	—	agradável/desagradável
evasão/invasão	—	importação/exportação
emergir/imergir	—	ascendente/descendente

Ainda em relação à significação das palavras, temos as questões da **homonímia** e da **paronímia**.

1. **Homônimas** – dizem-se homônimas aquelas palavras que apresentam a mesma pronúncia, ou a mesma grafia, porém significados diferentes. Subdividem-se em:

    1.1 **Homônimas perfeitas** – têm a mesma grafia, o mesmo som, mas significados diferentes:

    rio (água fluvial) / rio (verbo rir)
    são (sadio) / são (santo) / são (verbo ser)
    espera (subst.) / espera (verbo)
    vão (subst.) / vão (adj.) / vão (verbo)
    sela (v. selar = pôr selo) / sela (v. selar = pôr sela no cavalo)

    1.2 **Homônimas imperfeitas** – podem ser:

    1.2.1 **Homófonas** – mesma pronúncia, grafia diferente e significado diferente:
    sela / cela (de prisão)
    censo (dados estatísticos) / senso (sentido, discernimento)
    cessão / seção / sessão
    acender (alumiar) / ascender (subir)
    caçar (apanhar animais) / cassar (anular)
    laço (nó) / lasso (frouxo, gasto)
    taxa (imposto, tributo) / tacha (pequeno prego)
    concerto (espetáculo, arrumação) / conserto (reparo)
    remição (libertação, resgate) / remissão (perdão, renúncia)
    cheque (ordem de pagamento) / xeque (soberano árabe, risco, perigo)

    1.2.2 **Homógrafas** – mesma grafia, pronúncia diferente e significado também diferente:
    tropeço (subst.) (a vogal "e" fechada) / tropeço (verbo)
    retorno (subst.) (a vogal "o" fechada) / retorno (verbo)
    almoço (subst.) (a vogal "o" fechada) / almoço (verbo)
    estrela (subst) (a vogal "e" fechada) / estrela (verbo)

2. **Parônimas** – são consideradas parônimas as palavras que têm a pronúncia seme-lhante, a grafia semelhante, mas a significação totalmente diferente:
    deferimento (concessão) / diferimento (adiamento)
    descrição (ato de descrever) / discrição (ser discreto)
    descriminar (tirar a culpa) / discriminar (distinguir)
    eminente (alto, excelente) / iminente (prestes a ocorrer)
    incerto (duvidoso) / inserto (part. de inserir)
    flagrante (evidente) / fragrante (perfumado)
    destratar (ofender) / distratar (romper o trato)
    infligir (aplicar pena) / infringir (desobedecer)
    mandado (ordem de / mandato (representação) autoridade pública)

Exercícios

I – Sinônimos – Sabemos que não há sinônimos absolutos; entretanto muitas palavras de nosso vocabulário podem ter uma semelhança semântica muito grande com outras, e, dependendo do contexto, uma delas será mais adequada ou precisa. Com essas informações, realizar o exercício, pesquisando no dicionário sinônimos para os termos arrolados abaixo:

1) Ardil
2) Anuência
3) Armistício
4) Antinomia
5) Causídico
6) Conluio
7) Desídia
8) Defeso
9) Demanda
10) Indenização
11) Írrito
12) Isenção
13) Jacente
14) Maquiavélico
15) Provento

II – Antônimos – Pesquisar no dicionário o antônimo dos termos arrolados abaixo:

1) Agravante
2) Conciso
3) Contingente
4) Dissensão
5) Dilação
6) Imanente
7) Espontâneo
8) Lesivo
9) Lato
10) Oneroso
11) Perito
12) Proibição
13) Suasório
14) Sintético
15) Tácito

III – Parônimos – Selecionar, entre os parônimos, aquele que preenche corretamente as lacunas das frases.

1) Ele foi punido por _____ as normas.

Infligir X Infringir

2) Ele _____ os privilégios de ser o presidente.

Fluir X Fruir

3) Não convém _____ aquele compromisso.

Destratar X Distratar

4) Ele errou ao não _____ o verdadeiro culpado.

Delatar X Dilatar

5) Aquela intenção ainda o deve _____ .

Obcecar X Obsecrar

6) O comportamento do filho causa-lhe grande _____ .

Consumação X Consumição

7) As medidas tomadas _____ os efeitos esperados.

Sortir X Surtir

8) O _____ de escravos é uma forma indigna de comércio.

Tráfego X Tráfico

9) O Direito, pelo poder coercitivo, é _____ da Moral.

Destinto X Distinto

10) O advogado permaneceu _____ , por isso perdeu o prazo.

Inerme X Inerte

11) O magistrado não quis _____ a audiência.

Deferir X Diferir

12) O juiz pode _____ quando não existirem provas suficientes para a condenação.

Absolver X Absorver

13) A _____ do acórdão já contém o suporte legal da decisão da colenda câmara.

Emenda X Ementa

14) O criminoso foi autuado em _____ delito.

Flagrante X Fragrante

15) Devemos nos empenhar para _____ os vícios da burocracia.

Proscrever X Prescrever

16) Pela nova legislação é crime _____ as pessoas por sua origem.

Descriminar X Discriminar

17) Ser _____ no estudo do Direito, não justifica ser _____ no conhecimento da normas da língua culta.

Incipiente X Insipiente

18) A _____ da dívida, por um dos credores não extingue a obrigação para com os outros que só a poderão exigir, uma vez descontada a quota do credor remitente.

Remição X Remissão

19) Em sua sustentação oral, o advogado tudo fez para _____ os argumentos de seu adversário.

Elidir X Ilidir

20) Tendo em vista a situação, os advogados impetraram _____ de segurança.

Mandado X Mandato

Capítulo 5

Texto e discurso

Todo falante de uma língua tem a capacidade de perceber, empiricamente, o que é um texto na sua língua materna. Independentemente do grau de escolaridade, toda pessoa é capaz de perceber se em uma narrativa oral falta uma sequência, ou se de um texto qualquer foi eliminada uma parte que torna difícil a sua compreensão. Isso ocorre porque, ao lado de capacidade linguística, isto é, a capacidade de aprender uma língua, qualquer que seja, todo ser humano é dotado de uma capacidade textual, melhor dizendo, a capacidade de reconhecer um texto, diferenciando-o de uma simples sequência de palavras.

Mas o que é um texto? Como o falante reconhece um texto?

5.1 Conceito

Texto, em sentido amplo, emprega-se para identificar toda e qualquer manifestação da capacidade textual do ser humano. Assim, chamamos de texto um poema, uma música, uma pintura, um filme, pois se referem a formas de comunicação realizadas por determinados sistemas de signos e suas regras combinatórias.

Quando utilizamos a linguagem verbal (oral e escrita), isto é, os signos linguísticos, para a comunicação, a atividade comunicativa que o falante desenvolve, numa situação de comunicação que engloba o conjunto de enunciados produzidos pelo locutor e o evento de sua enunciação, recebe o nome de **discurso**. Esta atividade manifesta-se linguisticamente por meio de textos, em sentido estrito.

Texto, em sentido estrito, pode ser entendido, então, como qualquer passagem, falada ou escrita, que forma um todo significativo, independentemente de sua extensão. É uma unidade de sentido que tem como características a **coerência** e a **coesão**, responsáveis pela tessitura do texto.

Os termos texto e discurso são usados muitas vezes como sinônimos, mas no interior de determinadas teorias linguísticas designam entidades diferentes. Uma das razões para a confusão no uso desses termos advém do fato de que, em algumas línguas, como o alemão e o holandês, só existe o termo texto, de onde surgiram as expressões "gramática de texto" e "linguística de texto", teorias que se dedicam ao estudo do texto, enquanto em inglês e nas línguas românicas, ao lado do termo texto, existe também o termo discurso.

Para as modernas teorias sociointeracionistas de linguagem, que entendem a linguagem como lugar de interação social, lugar de sujeitos ativos, empenhados em uma atividade sociocomunicativa, a construção do sentido é uma atividade que compreende, da parte do produtor do texto, um "projeto de dizer", e, da parte do intérprete (leitor/ouvinte), uma participação ativa, a partir das pistas, das marcas sinalizadas pelo produtor.

O texto pode ser comparado, metaforicamente, a um *iceberg*, isto é, na sua superfície, na sua materialidade linguística, encontra-se uma parte do sentido que se completa com aquilo que não é "visível", mas sim implícito. Nesse implícito, o contexto sociocognitivo desempenha um papel de extrema importância, englobando o conhecimento linguístico, o conhecimento da situação comunicativa e de suas "regras", o conhecimento dos vários gêneros textuais, o conhecimento dos diversos níveis de linguagem, o conhecimento de outros textos (intertextualidade).

O sentido de um texto, em qualquer situação comunicativa, não depende apenas da estrutura textual em si mesma. Uma vez que não existem textos totalmente explícitos, o produtor de um texto precisa decidir sobre o que deve ser explicitado textualmente e o que pode permanecer implícito, podendo ser recuperável pelas inferências realizadas pelo ouvinte/leitor.

Percebemos, assim, que o texto não é um agrupamento aleatório de palavras, mas é o resultado de escolhas realizadas pelo falante, com intenção comunicativa, segundo determinados mecanismos e estratégias que possibilitam a tessitura, o entrelaçamento das palavras, de forma coesa e coerente, formando um todo de significação, capaz de transmitir uma mensagem, permitindo a interação entre emissor e receptor.

5.2 Tipos de Texto

Várias são as classificações dos textos, quanto ao tipo, apresentadas pelos autores.

Uma das classificações mais tradicionais é aquela que distingue os textos em literários e não literários. Outra classificação leva em consideração as instituições no interior das quais os textos são produzidos, para nomeá-los como textos acadêmicos, eclesiásticos, judiciários, entre outros.

Mesmo com variadas classificações, os tipos textuais abrangem, normalmente, de cinco a dez categorias, sendo a **narração**, a **descrição**, a **dissertação** e a **argumentação** aquelas reconhecidas por quase todas as classificações.

O tipo textual nada mais é do que uma construção teórica, não tem uma existência real; mais do que textos concretos e completos, são designações para sequências típicas — por exemplo, em textos narrativos, se faz uso de sequências descritivas, necessárias para situar as personagens e os fatos.

5.2.1 A narração

A narração, ou texto narrativo, tem como elemento fundamental um **fato**; trata-se do relato de um fato ou de uma sequência de fatos. Talvez seja o tipo de texto mais antigo produzido pelo homem, inicialmente na oralidade e depois na forma escrita. Gramaticalmente, pela sua natureza, é um texto que faz uso de verbos de ação e apresenta os verbos nos tempos do passado.

Principais elementos
1)   O fato: O quê? – *Quid?*
2)   A(s) personagem(ns): Quem? – *Quis?*
3)   O lugar: Onde? – *Ubi?*
4)   O tempo: Quando? – *Quando?*
5)   O modo: Como? – *Quomodo?*
6)   A causa: Por quê? – *Cui?*

Estrutura
1)   Introdução: apresentação do fato
2)   Desenvolvimento: complicação – o corpo do relato, a sequência de fatos
3)   Clímax: o desencadeamento do fato central
4)   Desenlace ou desfecho

5.2.2 A descrição

A descrição é o tipo de texto com o qual são mostradas as características de um ser, de um objeto. Descrever é "pintar com palavras", ou seja, o pintor, com sua criatividade, faz uso das tintas, das cores e das formas para reproduzir a realidade que vê, como a vê. Assim, a produção de uma sequência descritiva depende do objetivo, da sensibilidade, do repertório linguístico de quem escreve.

A descrição pode, portanto, ser técnica, se o objetivo é descrever, por exemplo, uma peça de uma máquina, com precisão; pode ser literária, quando se misturam as impressões sensitivas do escritor, mostrando-se, assim, mais subjetiva. Pode, ainda, ser a descrição de pessoas, quer de seu aspecto físico, quer do psicológico.

Muito importante para a descrição são as diversas maneiras de captar a realidade, através de sensações que se efetivam pelos diferentes sentidos humanos: a visão, a audição, o olfato, o paladar e o tato. Essa a razão pela qual se usam muitos adjetivos na descrição, pois são eles os caracterizadores, ou modificadores, dos substantivos. Além disso, por ser estática, a descrição emprega verbos de estado, com preferência pelo tempo presente.

As sequências descritivas são mais frequentes em textos narrativos, pois elas funcionam como complementação da narração, para apresentar os personagens, para situar o local dos fatos, entre outras finalidades.

Estrutura
1)   Um tópico frasal, ou frase-núcleo
2)   A pormenorização dos detalhes, do geral para o particular
3)   A síntese

5.2.3 A dissertação

A dissertação é o tipo de texto próprio para a exposição de ideias a respeito de determinado tema.

Gramaticalmente, empregam-se os verbos na terceira pessoa, e são usados períodos compostos por coordenação e subordinação.

Estrutura

1) Introdução ou proposição da tese: há várias maneiras de se introduzir uma tese:
   - declaração – positiva ou negativa
   - interrogação
   - definição
   - alusão histórica
   - citação
2) Desenvolvimento: apresentação de argumentos a favor ou contra a tese apresentada na introdução
3) Conclusão

5.2.4 A argumentação[1]

A argumentação, ou texto argumentativo, assemelha-se, na forma, à dissertação, diferindo dessa, entretanto, porque, embora na dissertação a seleção das opiniões a serem reproduzidas já implique uma opção, a argumentação exige daquele que escreve uma tomada de posição, isto é, não basta apresentar os argumentos; mas é necessário fazê-lo de forma a envolver o receptor/leitor e, mais ainda, persuadi-lo da veracidade do que está sendo dito, conquistando, assim, a sua adesão.

Estrutura

1) Introdução ou proposição da tese: há várias maneiras de se introduzir uma tese:
   - declaração – positiva ou negativa
   - interrogação
   - definição
   - alusão histórica
   - citação
2) Desenvolvimento: apresentação de argumentos a favor ou contra a tese apresentada na introdução
3) Conclusão

---

[1] Pela importância do texto argumentativo, nos textos jurídicos, ele será melhor tratado no próximo capítulo.

5.3 Gêneros Textuais[2]

Diferentemente de tipo de texto que é uma construção teórica, abrangendo, em geral, de cinco a dez categorias, os gêneros textuais referem-se a uma forma textual concretamente realizada e encontrada como texto empírico. Designado também por gênero discursivo ou gênero do discurso, o gênero textual tem uma existência real que se manifesta em designações diversas, constituindo, em princípio, listagens abertas como, por exemplo, carta comercial, bilhete, reportagem jornalística, romance, requerimento, contrato, atestado, sermão, aula, etc.

São formas textuais estabilizadas, histórica e socialmente situadas. Sua definição não é linguística, mas de natureza sociocomunicativa. Pode-se dizer que os gêneros são propriedades inalienáveis dos textos empíricos, orientando tanto o produtor do texto como o receptor; no caso do texto escrito, o receptor ou leitor, uma vez reconhecido o gênero textual, está munido de elementos para a compreensão e interpretação do referido texto.

Importa ressaltar que os textos são produzidos em determinados **domínios discursivos** como, por exemplo, discurso jurídico, discurso jornalístico, discurso religioso, entre outros. O domínio discursivo indica instâncias de formação discursiva, como a área jurídica, a jornalística ou a religiosa, que não abrangem um gênero particular, mas constituem práticas discursivas mais amplas, dentro das quais podemos identificar um conjunto de gêneros textuais.

Não há como quantificar o número de gêneros textuais. Marcuschi[3] dá notícia de autores alemães que chegam a arrolar cerca de 5.000 designações para gêneros textuais. Isso pode ser explicado pelo fato de os gêneros textuais designarem textos empíricos de uso na sociedade, produzidos em diferentes domínios discursivos, com temas diversos, funções diversas, intenções diversas, estruturas diversas, o que amplia consideravelmente o número de realizações possíveis. Tomando como exemplo o gênero textual que tem uma designação usual, mas abrangente e, até certo ponto, indefinida, como o *formulário*, podemos ter, a partir daí, vários gêneros, tais como *formulário de Imposto de Renda, formulário de inscrição para o vestibular, formulário de preenchimento de cargo.* Nota-se, portanto, a dificuldade de quantificar os gêneros, pois a partir desse exemplo percebe-se que as diferenças não se referem apenas à função, mas também à estrutura, ao tipo de informações que solicita, gerando, assim, gêneros diferentes.

Em um aspecto os diversos autores concordam: toda comunicação ocorre por meio de algum gênero textual; mais ainda, é impossível não se comunicar por algum gênero textual situado em algum domínio discursivo do qual lhe advém força expressiva e adequação comunicativa. Assim, os domínios discursivos operam como um enquadramento ao qual se subordinam as práticas sociodiscursivas orais e escritas que resultam nos gêneros que circulam nesses domínios.

---

[2] Tema desenvolvido, no Brasil, entre outros autores, pelo Prof. Dr. Luiz Antônio Marcuschi, da Universidade Federal de Recife.

[3] MARCUSCHI, L. A. *Gêneros textuais:* o que são e como se constituem (no prelo).

Muitos gêneros são comuns a vários domínios, uma vez que circulam em todos eles, como é o caso dos formulários. Mas pode-se levantar os gêneros textuais praticados nos vários domínios, sem pretender abranger a sua totalidade. Assim, ao **domínio jurídico** pertencem, na modalidade escrita, os seguintes principais gêneros: leis, regimentos, estatutos, certidões, atestados, certificados, pareceres, procurações *ad judicia*, contratos, petições, contestações, sentenças, acórdãos, boletins de ocorrência, autos de penhora, autos de avaliação, autorizações de funcionamento, entre inúmeros outros; e na modalidade oral: tomadas de depoimento, arguições, declarações, sustentações orais, entre tantos outros.

Pelo âmbito deste trabalho, não seria possível analisar todos os gêneros textuais pertencentes ao domínio jurídico. Vamos nos deter em alguns apenas, a fim de apontar suas características.

5.3.1 A lei

Os textos de lei, em primeiro lugar, constituem um gênero próprio do domínio jurídico. Caracterizam-se pela forma peculiar; é o único gênero textual em que se usam *artigos*, *parágrafos*, *incisos*, *alíneas* e *itens* para expor a mensagem contida no texto legal. Na nossa cultura, tais são produzidos sempre na modalidade escrita da língua; seus emissores/produtores são os legisladores das várias esferas: municipal, estadual e federal; seus receptores/leitores são os cidadãos; o conteúdo da mensagem é bastante diversificado, versando sobre todos os aspectos da vida em sociedade, além de ser impositivo.

Quanto aos *artigos* que compõem os textos de lei, são usados os numerais ordinais até o artigo de número 9. Assim: art. 1º (artigo primeiro), art. 2º (artigo segundo), art. 9º (artigo nono); de 10 em diante, empregam-se os cardinais; por exemplo: art. 10 (artigo dez), art. 11 (artigo onze) e assim por diante.

Os artigos podem ser seguidos de *parágrafos*, que especificam ou esclarecem o conteúdo dos artigos. Se for apenas um parágrafo, escreve-se *parágrafo único*; no caso de vários parágrafos, será usado o sinal **§**, seguido de numeral ordinal até o 9 e, de 10 em diante, dos numerais cardinais.

Os *incisos* completam o conteúdo dos artigos ou dos parágrafos, depois de dois-pontos, e são representados por algarismos romanos; por exemplo, I, II, III, LX, etc.

As *alíneas* são empregadas depois dos incisos, em continuação da matéria e são representadas por letras minúsculas em ordem alfabética: a, b, c, etc.

Os *itens* são usados depois de parágrafos e representados por algarismos arábicos: 1, 2, 3, etc.

A título de exemplificação, apresentaremos alguns artigos de lei.

CONSTITUIÇÃO DA REPÚBLICA FEDERATIVA DO BRASIL
(Publicada no Diário Oficial da União n. 191-A, de 5-10-1988)

Título I
DOS PRINCÍPIOS FUNDAMENTAIS

Art. 1º A República Federativa do Brasil, formada pela união indissolúvel dos Estados e Municípios e do Distrito Federal, constitui-se em Estado Democrático de Direito e tem como fundamentos:

I – a soberania;

II – a cidadania;

III – a dignidade da pessoa humana;

IV – os valores sociais do trabalho e da livre iniciativa;

V – o pluralismo político.

Parágrafo único. Todo o poder emana do povo, que o exerce por meio de representantes eleitos ou diretamente, nos termos desta Constituição.

Art. 2º São Poderes da União, independentes e harmônicos entre si, o Legislativo, o Executivo e o Judiciário.

Art. 3º Constituem objetivos fundamentais da República Federativa do Brasil:

I – construir uma sociedade livre, justa e solidária;

II – garantir o desenvolvimento nacional;

III – erradicar a pobreza e a marginalização e reduzir as desigualdades sociais e regionais;

IV – promover o bem de todos, sem preconceitos de origem, raça, sexo, cor, idade e quaisquer outras formas de discriminação. (...)

Título II

DOS DIREITOS E GARANTIAS FUNDAMENTAIS

Capítulo I

DOS DIREITOS E DEVERES INDIVIDUAIS E COLETIVOS

Art. 5º Todos são iguais perante a lei, sem distinção de qualquer natureza, garantindo-se aos brasileiros e aos estrangeiros residentes no País a inviolabilidade do direito à vida, à liberdade, à igualdade, à segurança e à propriedade, nos termos seguintes: (...)

XLVI – a lei regulará a individualização da pena e adotará, entre outras, as seguintes:

a) privação ou restrição da liberdade;

b) perda de bens;

c) multa;

d) prestação social alternativa;

e) suspensão ou interdição de direitos;

XLVII – não haverá penas:

a) de morte, salvo em caso de guerra declarada, nos termos do art. 84, XIX;

b) de caráter perpétuo;

c) de trabalhos forçados;

d) de banimento;

e) cruéis;

(...)

5.3.2 A procuração

A *procuração* é também um dos gêneros textuais produzidos no domínio jurídico, mormente a procuração *ad judicia*.

Trata-se do gênero de texto por meio do qual alguém, nomeado mandante, delega poderes a outra pessoa, denominada mandatário, para a realização de certos atos. De Plácido e Silva[4] assim conceitua procuração:

> "Do latim *procuratio*, de *procurare* (cuidar, tratar de negócio alheio, administrar coisa de outrem, ser procurador de alguém), na linguagem técnica do Direito, designa propriamente o instrumento do mandato, ou seja, *o escrito* ou o *documento* em que se outorga o *mandato escrito*, no qual se expressam os *poderes conferidos*.
>
> A procuração, pois, é a escritura do mandato, embora, por extensão, sirva para designar o próprio mandato que, por lei, se confere.
>
> Desse modo, pode ser definida como o documento ou o título, mediante o qual uma pessoa, o mandante, por escrito particular ou por escritura pública, dá a outrem, o mandatário, poderes para em seu nome e por sua conta, praticar atos ou administrar interesses e negócios".

O novo Código Civil brasileiro — Lei n. 10.406, de 10 de janeiro de 2002 — trata do Mandato, no Capítulo X, e, nas Disposições Gerais do referido capítulo, dispõe: "Art. 653. Opera-se o mandato quando alguém recebe de outrem poderes para, em seu nome, praticar atos ou administrar interesses. A procuração é o instrumento do mandato".

Nos artigos subsequentes desse capítulo, a lei civil trata das formalidades para a validade da procuração, referentes à matéria de fundo e de forma, estabelecendo também as obrigações do mandante e do mandatário, e, ainda, trata da extinção do mandato. Na última seção, versando sobre o mandato judicial, diz o art. 692: "O mandato judicial fica subordinado às normas que lhe dizem respeito, constantes da legislação processual, e, supletivamente, às estabelecidas neste Código".

Na linguagem do Direito, a procuração pode ter denominações variadas de acordo com os poderes que são conferidos, ou para esclarecer o modo pelo qual foi outorgada. Assim, a procuração pode ser, entre outras:

a) *pública*, aquela realizada por serventuário público, a pedido do interessado;
b) *por instrumento particular*, isto é, escrito particular, assinado pelo outorgante, ou mandante, que terá validade perante terceiros, desde que reconhecida a firma do outorgante por tabelião;
c) *especial*, quando confere poderes especiais;
d) *extrajudicial*, também chamada *ad negotia*, em que se outorgam poderes para a realização de atos fora do Judiciário;
e) *judicial* ou *ad judicia*, aquela que confere poderes para o mandatário representar o mandante perante a justiça.

---

[4] SILVA, De Plácido e. *Vocabulário jurídico*. Atual. Nagib Slaibi Filho e Gláucia Carvalho. Rio de Janeiro: Forense, 2004, p. 1103.

Quanto às exigências formais, a procuração deve conter: o lugar em que foi instrumentalizada em texto a outorga de poderes; a data; nome do outorgante, com as características de sua identificação: nacionalidade, profissão, estado civil e residência; nome do mandatário ou procurador, com as características de sua identificação; a discriminação dos poderes, expostos com clareza, e, por fim, a assinatura do mandante ou outorgante.

A título de exemplificação, para indicar a ordem das informações constantes em uma procuração, segue não um modelo, mas um exemplo de procuração *ad judicia*, pois cada caso requer do advogado a redação de uma procuração adequada, determinando os poderes que serão conferidos.

PROCURAÇÃO *AD JUDICIA*

Pelo presente instrumento particular de mandato, (nome do mandante) ...., (nacionalidade) ...., (estado civil) ...., (profissão)............................., portador da cédula de identidade RG ...., inscrito no Cadastro das Pessoas Físicas do MF, sob n. ...., domiciliado em (nome da cidade) .... e residente na rua ...., número........., CEP..., nomeia e constitui seu bastante procurador o Dr. (nome do advogado) .. .., (nacionalidade) ...., (estado civil). ...., inscrito na OAB – (nome da cidade) sob n. ...., domiciliado em (nome da cidade) ...., onde tem escritório na rua ...., n. ...., telefone............., *e-mail* ...., para o fim especial de, com todos os poderes da cláusula *ad judicia et extra* e mais os de substabelecer, receber e dar quitação, firmar acordos e compromissos, transigir e desistir, promover a defesa de seus interesses em face de (nome do terceiro que é a outra parte na ação que vai ser interposta) ...., propondo ação de despejo, perante o Foro de (nome da cidade) ...., referente ao imóvel sito na rua ...., n. ...., podendo para tanto praticar todos os atos que se fizerem necessários ao bom e fiel desempenho deste mandato.

(nome da cidade), ..., dia .... mês .... ano ....

....

(assinatura do outorgante)

5.3.3 A petição inicial

Do ponto de vista linguístico, a *petição inicial* pertence ao gênero textual do requerimento, mas é um tipo especial de requerimento. Produzida no domínio jurídico, tem uma forma textual estabilizada, de natureza sociocomunicativa, de prática habitual na sociedade. É um gênero de texto, assim como a *contestação*, que faz uso de todos os recursos da argumentação.

Tem por função solicitar a tutela jurisdicional do Estado a fim de atender a um direito ameaçado ou violado. Independentemente do objeto da demanda, as petições iniciais guardam certas semelhanças formais.

É a peça fundamental para o início de um processo legal, daí sua denominação de *inicial*, preferível às variações como: peça *exordial, preambular, vestibular*, ou, ainda, a pior possível, *peça ovo*. Muitos advogados e juízes da atualidade estão conscientes de que para a clareza e a objetividade textuais não há que se inventar; o menos é sempre mais, isto é, o uso de palavras técnicas, na medida necessária para a precisão das informações.

É no Novo Código de Processo Civil, Lei n. 13.105 de 16 de março de 2015, nos artigos 319 a 321, que encontramos os requisitos necessários à Petição Inicial, *in verbis*:

"Art. 319. A petição inicial indicará:

I – o juízo, a que é dirigida;

II – os nomes, os prenomes, o estado civil, a existência de união estável, a profissão, o número de inscrição no Cadastro de Pessoas Físicas ou no Cadastro Nacional da Pessoa Jurídica, o endereço eletrônico, o domicílio e a residência do autor e do réu;

III – o fato e os fundamentos jurídicos do pedido;

IV – o pedido, com as suas especificações;

V – o valor da causa;

VI – as provas com que o autor pretende demonstrar a verdade dos fatos alegados;

VII – a opção do autor pela realização ou não de audiência de conciliação ou de mediação.

§ 1º Caso não disponha das informações previstas no inciso II, poderá o autor, na petição inicial, requerer ao juiz diligências necessárias a sua obtenção.

§ 2º A petição inicial não será indeferida se, a despeito da falta de informações a que se refere o inciso II, for possível a citação do réu.

§ 3º A petição inicial não será indeferida pelo não atendimento ao disposto no inciso II deste artigo se a obtenção de tais informações tornar impossível ou excessivamente oneroso o acesso à justiça.

Art. 320. A petição inicial será instruída com os documentos indispensáveis à propositura da ação.

Art. 321. O juiz, ao verificar que a petição inicial não preenche os requisitos dos arts. 319 e 320 ou o que apresenta defeitos e irregularidades capazes de dificultar o julgamento de mérito, determinará que o autor, no prazo de 15 (quinze) dias, a emende ou a complete, indicando com precisão o que deve ser corrigido ou completado.

Parágrafo único. Se o autor não cumprir a diligência, o juiz indeferirá a petição inicial.

Ao redigir uma petição inicial, não basta ao advogado iniciante seguir um modelo preestabelecido. Alguns requisitos são necessários, como o perfeito domínio da norma culta da língua, um razoável conhecimento jurídico e interesse e dedicação em pesquisar para produzir a melhor peça para cada caso.

Uma vez aceito patrocinar determinada causa, a elaboração da peça vai seguir determinadas etapas, que podem, assim, ser observadas:

1) pela análise dos fatos e pela consulta à legislação, perceber a espécie de ação adequada;
2) pela consulta às leis processuais, fixar o procedimento apropriado;
3) fixar a competência, isto é, saber o foro competente, juiz ou tribunal ao qual deve dirigir o pedido;

4) exposição dos fatos que motivaram a ação, esclarecendo o relacionamento jurídico entre o autor e o réu e, ainda, indicando a lesão que está sendo praticada contra o direito do autor. É nesta etapa que a narrativa, que é um tipo de texto, é utilizada, percebendo-se a presença de todos os seus elementos: os personagens – autor e réu; o fato – a lesão a um direito do autor; o local – onde se passaram os fatos; o tempo – quando ocorreram; as causas e consequências – o que pode ter motivado os fatos e os danos provocados;
5) fundamentação jurídico-legal, isto é, a indicação do dispositivo legal que ampara o pedido, assim como das normas contratuais violadas pelo réu. Em muitos casos essa etapa se funde com a anterior; assim, a exposição dos fatos pode já ser acompanhada dos dispositivos legais que fundamentam o pedido;
6) fundamentação doutrinária e jurisprudencial. Quando a causa comporta, pode-se citar trechos de lições doutrinárias, ou precedentes jurisprudenciais que servirão como argumentos a favor da causa;
7) formulação clara do pedido;
8) requerimento de citação do réu;
9) declaração dos meios de prova;
10) valor da causa.

Formalmente, a petição é composta pelo cabeçalho, pela identificação das partes, pelo tipo de ação, pela exposição dos fatos, pela fundamentação jurídica, pela formulação do pedido e pelo fechamento ou conclusão.

Quanto ao cabeçalho, usa-se tratar os julgadores com o superlativo EXCELENTÍSSIMO, por extenso, em qualquer requerimento judicial. O cabeçalho será, então, assim redigido:

EXCELENTÍSSIMO SENHOR DOUTOR JUIZ DE DIREITO
DA .... VARA .... DA COMARCA ....

A seguir, após um espaço de aproximadamente oito centímetros, necessário para carimbos e despachos, inicia-se a identificação das partes, seguindo a mesma ordem da procuração, isto é, nome e sobrenome do autor, nacionalidade, estado civil, profissão, residência, seguindo-se depois do tipo de ação, a identificação do réu.

Em seguida, expõem-se os fatos. É comum a exposição dos fatos vir antecedida pelo título "DOS FATOS", assim como a fundamentação jurídica do pedido vir antecedida da expressão "DO DIREITO".

Do fechamento ou conclusão constam: o protesto por todas as provas permitidas em Juízo, a citação do réu, o valor da causa, seguido pela fórmula: "Termos em que pede deferimento", ou "Nestes termos pede deferimento", e, ainda, a assinatura do advogado e seu número de inscrição na OAB[5].

---

[5] Não serão apresentados modelos de petição inicial. Com as orientações acima expostas, o mestre poderá propor aos alunos exercícios de redação de petições a partir de um caso, a sua escolha.

5.3.4 Resumo[6]

Definição – A Norma NBR 6020 da ABNT define resumo como "apresentação concisa dos pontos relevantes de um texto".

Conceituação – Resumo é a apresentação sintética e seletiva das ideias de um texto, ressaltando a progressão e a articulação delas. Nele devem aparecer as principais ideias do autor do texto.

É uma síntese das ideias, e não das palavras do texto.

Não é uma "miniaturização" do texto.

Elaborado com as próprias palavras, mantém-se fiel às ideias do autor.

É uma técnica que auxilia a reter as informações básicas de um texto, facilitando o estudo.

Objetivo – Apresentar com fidelidade ideias ou fatos essenciais contidos num texto ou em qualquer outra forma de comunicação de maneira a orientar o leitor na localização de temas, na elaboração de trabalhos, na escolha de leituras e no estudo.

Tipos – A Norma da ABNT classifica os resumos em:

Indicativo – sumário narrativo que elimina dados qualitativos e quantitativos, mas não dispensa a leitura do original.

Informativo – também conhecido como analítico, pode dispensar a leitura do texto original. Deve salientar o objetivo da obra, métodos e técnicas empregadas, resultados e conclusões. Deve-se evitar comentários pessoais e juízos de valor.

Crítico – também denominado **recensão** ou **resenha**, é redigido por especialistas e compreende análise e interpretação de um texto.

Técnicas para elaboração:

1) Ler o texto do começo ao fim para saber do que trata, isto é, o assunto ou referente (ou referência).

2) Ler uma segunda vez, decodificando as frases complexas, recorrendo ao dicionário, se necessário, para o vocabulário. Sublinhar as palavras-chave, que marcam as ideias fundamentais.

3) Atentar para as palavras de ligação que estabelecem a estrutura lógica dos raciocínios (mas, embora, ainda, assim sendo, além do mais, pois, porque, etc.).

4) Compreender a estrutura dos parágrafos:

   – encontrar o tópico frasal ou ideia principal;

   – eliminar as ideias que não sejam essenciais;

   – eliminar as paráfrases, isto é, as explicações.

5) Segmentar o texto, dividindo-o em blocos temáticos, de ideias de significação (situação inicial, informação nova, justificativas e conclusões).

---

[6] Por razões didáticas, incluímos o resumo e o seminário, por se tratar de dois gêneros de texto bastante utilizados nos cursos universitários, para a realização de trabalhos e apresentações.

6) Redigir com as próprias palavras, condensando, mas mantendo a progressão das ideias do texto e estabelecendo as relações entre os segmentos.
7) Após o resumo de cada parágrafo ou de cada bloco, reler.
O resumo (quando para publicação) deve conter ainda os elementos bibliográficos do texto:

– sobrenome e nome do autor;

– título da obra;

– local de publicação do texto;

– editora;

– ano;

– páginas.

Dificuldades na elaboração – grau de dificuldade para resumir um texto advém de dois fatores:
1) complexidade do próprio texto (vocabulário, estruturação sintático-semântica, relações lógicas, referente, etc.);
2) competência do leitor (grau de amadurecimento intelectual, repertório de informações que possui, familiaridade com o tema, etc.).

Recomendações para a execução do resumo informativo:
1) A primeira leitura do texto que será objeto do resumo deve ser uma leitura ativa que permita responder às seguintes questões:
   a) o que eu conheço sobre o autor, sua época, sua obra?
   b) de que tipo de texto se trata? (biografia; prefácio; artigo de divulgação científica; artigo de jornal, apresentando um fato político, cultural, sociológico; uma crítica)
   c) qual o tema principal? Corresponde ao título?
   d) quais os objetivos do autor? (expor fatos; analisar fatos; persuadir; julgar; criticar)
   e) qual é o tom do texto? (científico; humorístico; irônico; neutro; polêmico)
2) O resumo deve destacar:
   – o assunto ou referente
   – a tematização ou o enfoque
   – as conclusões do autor da obra resumida
3) Deve ser redigido em linguagem objetiva, frases concisas, evitando-se enumerar tópicos.
4) Mais curto que o texto, o resumo não deve deformar as ideias nem expor sobre elas um julgamento pessoal; no resumo, toma-se o lugar do autor, mas ele deve ser redigido com as próprias palavras e no próprio estilo.
5) Ser inteligível por si só (dispensar consulta ao original).
6) Evitar a repetição de frases inteiras do original. O resumo não é um quebra-cabeças, uma justaposição de trechos do texto. Pode-se usar palavras e expressões-chave quando forem indispensáveis à clareza e compreensão do resumo.

7) Respeitar a ordem em que as ideias ou fatos são apresentados, a ordem lógica escolhida pelo autor do texto, prestando muita atenção às palavras de ligação e às ligações lógicas entre as ideias do texto.

8) Deve ser escrito preferencialmente na terceira pessoa do singular e com verbos na voz ativa.

5.3.5 Seminário

Conceito – Seminário é uma técnica de estudo que inclui pesquisa, discussão e debate. Em geral é empregada nos cursos de graduação e pós-graduação.

Finalidade – A finalidade do seminário é "pesquisar e ensinar a pesquisar". Essa técnica desenvolve não só a capacidade de pesquisa, de análise sistemática de fatos, mas também o hábito do raciocínio, da reflexão, possibilitando ao estudante a elaboração clara e objetiva de trabalhos científicos. Visa mais à formação do que à informação.

Objetivos – A mais completa abordagem sobre os objetivos do seminário é apresentada por Nérici (1973):

a) ensinar pesquisando;

b) revelar tendências e aptidões para a pesquisa;

c) levar a dominar a metodologia científica de uma disciplina;

d) conferir espírito científico;

e) ensinar a utilização de instrumentos lógicos de trabalho intelectual;

f) ensinar a coletar material para análise e interpretação, colocando a objetividade acima da subjetividade;

g) introduzir no estudo interpretação e crítica de trabalhos mais avançados em determinado setor de conhecimento;

h) ensinar a trabalhar em grupo e desenvolver o sentimento de comunidade intelectual entre os educandos e entre estes e os professores;

i) ensinar a sistematizar fatos observados e a refletir sobre eles;

j) levar a assumir atitude de honestidade e exatidão nos trabalhos efetuados;

k) dominar a metodologia científica geral.

Componentes – Em seminário trabalha-se em grupos que variam de 5 a 12 integrantes; quando o grupo é muito grande convém dividi-lo em subgrupos.

O grupo é formado pelo diretor (organizador, coordenador), relator, secretário e demais participantes. Esporadicamente pode aparecer um comentador.

Duração – O seminário, em geral, tem lugar no horário comum de aulas. Pode ter a duração de um ou vários dias, dependendo da extensão, profundidade dos estudos e disponibilidade do tempo.

As sessões, todavia, devem durar de duas a três horas no máximo, para melhor aproveitamento.

As pesquisas e os estudos de um tema, para serem apresentados em seminário, requerem várias reuniões prévias do grupo expositor.

Temas – Os temas dos seminários são o mais variados possível, pois essa técnica de estudo pode ser aplicada em qualquer setor do conhecimento.

Algumas fontes:

a) temas constantes de um programa disciplinar, mas que necessitam de conhecimentos mais aprofundados;

b) temas complementares a um programa disciplinar;

c) temas novos, divulgados em periódicos especializados, referentes à disciplina em questão;

d) temas atuais, de interesse geral, com ideias renovadoras.

Modalidades – O seminário, na sua estrutura e funcionamento, apresenta três modalidades:

1) Clássico – ou individual: é aquele em que os estudos e a exposição ficam a cargo apenas de um estudante;

2) Clássico em grupo: os estudos são realizados por um pequeno grupo (cinco ou seis elementos). A exposição do tema pode ser apresentada por um dos membros, escolhido pelo grupo, ou repartida entre eles, cada um apresentando uma parte;

3) Em grupo: nesse caso, todos os elementos da classe devem participar, havendo tantos grupos quantos forem os subtítulos do tema. Primeiramente, estuda-se o tema geral, para uma visão global; depois, cada grupo aprofunda a parte escolhida.

Roteiro do seminário – A técnica do seminário obedece ao seguinte roteiro:

a) O diretor ou coordenador propõe um determinado estudo, indica a bibliografia mínima e estabelece um cronograma de atividades. Cada grupo escolhe o relator e o secretário.

b) Formado o grupo, inicia-se o trabalho de pesquisa, de procura de informações através de bibliografias, documentos, entrevistas com especialistas, observações, etc. Depois, o grupo se reúne para discutir o material coletado, confrontar pontos de vista, formular conclusões e organizar o material, sempre assessorado pelo diretor ou coordenador.

c) Etapas:

    1) determinação do tema central, que, como um fio condutor, estabelece a ordenação do material;

    2) divisão do tema central em tópicos;

    3) análise do material coletado, procurando subsídios para os diferentes tópicos, sem perder de vista objetivos derivados do tema central;

    4) síntese das ideias dos diferentes autores analisados e resumo das contribuições, visando à **exposição** que deve apresentar:

        a) **introdução** – breve exposição do tema central (proposição), dos objetivos e da bibliografia utilizada;

        b) **desenvolvimento** dos tópicos numa sequência organizada: explicação, discussão e demonstração;

        c) **conclusão** – síntese de toda a reflexão, com as contribuições do grupo para o tema;

5) concluídos os estudos, a classe se reúne, sob a orientação do coordenador;
6) o relator, em plenário, apresenta os resultados dos estudos, obedecendo a uma sequência lógica e ordenada;
7) o comentador, após a exposição, intervém com objeções ou subsídios;
8) a classe, a seguir, participa das discussões e debates, solicitando esclarecimentos, refutando afirmações ou reforçando argumentos;
9) ao final, o diretor do seminário faz uma síntese do trabalho apresentado. Se o achar incompleto, pode recomendar outros estudos.

Procedimento técnico na elaboração do roteiro:

1) **Plano:**
    — deve expressar através das unidades (com títulos, subdivisões) as palavras-chave adequadamente escolhidas;
    — provar que leu com espírito crítico, revelar habilidade intelectual, não confundindo o pensamento do autor com os fatos por ele trabalhados;
    — estabelecer correlações para os aspectos comuns ou para que os assuntos interligados (espacial e temporalmente) sejam apresentados dentro de uma mesma unidade ou divisão;
    — dar preferência à indicação das circunstâncias que revelam mudanças na evolução conjuntural do processo.

2) **Conteúdo:**
    — deve ser apresentado dividido em unidades, com linguagem objetiva e concisa; não se deter em pormenores;
    — transcrever trechos (apenas quando necessário);
    — evitar reproduzir títulos e subtítulos da obra consultada.

3) **Conclusão:**
    — interpretação pessoal;
    — linguagem objetiva e concisa.

4) **Introdução:**
    — pessoal;
    — linguagem objetiva e concisa.

5) **Bibliografia:**
    — indicação completa, nos termos das normas vigentes.

6) **Participantes do grupo:**

7) **Data:**

Avaliação:

A — Sobre o procedimento na elaboração do roteiro:
    a) exatidão da matéria

b) planejamento
- unidade e equilíbrio do plano
- sequência no desenvolvimento
c) adequação da matéria
- à classe
- ao tempo disponível
d) seleção da matéria
- qualidade
- quantidade

B – Sobre a exposição oral:
a) qualidade da exposição
- controle de si
- voz e vocabulário
- relacionamento com a classe
b) seleção e uso do material didático
- uso do quadro-negro
- uso de ilustrações, textos, etc.
- outros recursos didáticos empregados.

Capítulo 6

Coesão e coerência textuais

6.1 Coesão Textual

Entre os mecanismos que têm por função estabelecer relações textuais estão os recursos de **coesão textual**. A coesão ocorre quando a interpretação de algum elemento do texto é dependente da interpretação de outro (não pode ser decodificado, a não ser recorrendo ao outro). Há formas de coesão realizadas pela gramática e pelo léxico.

Existem dois grandes tipos de coesão: a **coesão referencial** e a **coesão sequencial**.

6.1.1 Coesão referencial

Ocorre quando um componente da superfície do texto faz remissão, ou remete, a outro(s) elemento(s) do texto. O elemento que faz a remissão se chama **forma referencial ou remissiva**, enquanto aquele que é tomado como referência se chama **elemento de referência** ou **referente textual**[1].

A remissão ou referência pode se dar tanto para trás como para a frente no texto, constituindo uma anáfora (para trás) ou uma catáfora (para a frente).

Funcionam no texto como formas referenciais: os artigos definidos e indefinidos; os pronomes substantivos e adjetivos: *este, meu, ele, isso, cujo, todo*, etc.; os numerais; os advérbios, como: *lá, aí, aqui*, etc.; as expressões adverbiais do tipo: *acima, abaixo, assim, desse modo*; as nominalizações; as expressões sinônimas ou quase sinônimas; as expressões nominais definidas, entre outras.

A coesão referencial é obtida por meio de dois mecanismos básicos:

a) **substituição:** ocorre quando um componente da superfície textual é retomado (anáfora) ou precedido (catáfora) por uma forma referencial (pronomes, advérbios, etc.);

b) **reiteração:** que se dá pelo uso de sinônimos, de hiperônimos, de nomes genéricos, de expressões nominais definidas, de nominalizações.

---

[1] KOCH, I. G. V. *A coesão textual*. São Paulo: Contexto, 1989, p. 30.

Vejamos alguns exemplos:

1) "Ainda não é tudo: <u>a obrigação solidária, interessando vários titulares, há de figurar necessariamente no patrimônio de cada um</u>. **Tal circunstância** atesta o respectivo desdobramento, pois não seria curial incluí-la no patrimônio de um e excluí-la do patrimônio de outro. Por todos esses motivos, sentimo-nos autorizados a afirmar que a tese da pluralidade das obrigações é a que melhor se afeiçoa à estrutura orgânica da solidariedade ao nosso direito"[2].

2) "Vimos que a vontade <u>deve ser externada</u> para dar vida ao negócio jurídico. Tal **externação** pode ocorrer pela palavra escrita, ou simplesmente verbal, ou mesmo só por meio de gestos. O próprio silêncio, sob determinadas condições, pode ser apto a criar negócio jurídico"[3].

3) "A lei processual é falha quando diz que o terceiro assumirá posição de litisconsorte, porque não se pode esquecer que na denunciação da lide há, pelo menos, <u>duas relações processuais</u>: **a principal**, que se dá entre Autor contra Réu; e **a relação secundária** (denunciação), formada entre réu ou autor, a depender de quem faça a litisdenunciação, e o terceiro"[4].

4) "Desses elementos que acabam de ser expostos, resultam <u>os cinco princípios</u> fundamentais, a cuja sombra se estrutura o direito contratual: a) **o princípio da autonomia da vontade**: b) **o princípio da supremacia da ordem pública**; c) **o princípio da obrigatoriedade da convenção**, limitado, tão somente, pela escusa do caso fortuito ou força maior; d) **o princípio da função social do contrato**; e) **o princípio da probidade e boa-fé**.

   Mercê do primeiro, têm os contratantes ampla liberdade para estipular o que lhes convenha, fazendo assim do contrato verdadeira norma jurídica, já que o mesmo faz lei entre as partes"[5].

5) "Nesse contrato, duas personagens intervêm obrigatoriamente: <u>o comodante</u> e <u>o comodatário</u>. **O primeiro** é o dono da coisa, aquele que a empresta; **o segundo** é o que a recebe para usar, a título de empréstimo. Hoje, como outrora, a fisionomia do contrato é a mesma com a qual surgiu na origem das instituições jurídicas"[6].

6) O advogado <u>crê</u> na vitória de seu cliente. Sua **crença** está baseada nas provas irrefutáveis que ele apresentou.

7) O Estado é regido por leis. **Algumas** <u>leis</u> são constitutivas do próprio Estado, formando, assim, a <u>Constituição</u>. **Desta** decorrem **todas as outras** <u>leis</u>.

8) O juiz <u>decidirá</u> sobre a questão. A **decisão** do juiz será acatada pelas partes.

9) O <u>professor</u> de Filosofia é muito respeitado pelos <u>alunos</u>; basta o **mestre** começar a falar que todos os **discípulos** se calam.

---

[2] MONTEIRO, Washington de Barros. *Curso de direito civil*. 28. ed. atual. São Paulo: Saraiva, 1995, v. 4, p. 151.

[3] VENOSA, Sílvio de Salvo. *Direito civil:* parte geral. 4. ed. São Paulo: Atlas, 2004, p. 421 (Coleção Direito Civil, v. 1).

[4] PIMENTEL, Alexandre Freire. Evicção e denunciação da lide no novo Código Civil. In: DELGADO, Mário Luiz; ALVES, Jones Figueiredo (Coord.). *Questões controvertidas no novo Código Civil*. São Paulo: Método, 2003, p. 159 (Série Grandes Temas de Direito Privado, v. 1).

[5] MONTEIRO, Washington de Barros. *Curso de direito civil:* direito das obrigações. 34. ed. rev. e atual. São Paulo: Saraiva, 2003, v. 5, p. 9.

[6] MONTEIRO, Washington de Barros. Op. cit., p. 197.

10) <u>Paris</u> na primavera é deslumbrante! Apesar dos problemas sociais gerados pela imigração, **a cidade-luz** continua maravilhosa.

Obs.: Os termos sublinhados são os elementos de referência ou referentes textuais, e os termos em negrito são as formas referenciais ou remissivas.

6.1.2 Coesão sequencial

Refere-se aos procedimentos linguísticos por meio dos quais se estabelecem, entre partes do texto (enunciados, partes de enunciados, parágrafos ou sequências maiores), vários tipos de relações semânticas e/ou pragmáticas, que fazem o texto progredir.

Entre esses procedimentos linguísticos podemos destacar: a repetição (ou recorrência) de termos; o uso de paralelismo sintático; o uso de paráfrase, introduzida por expressões como: *isto é, ou seja, quer dizer, ou melhor, em outras palavras, em síntese, em resumo*, etc.; o encadeamento das frases por meio de conectivos como: *se... então, e, bem como, também, quando, ainda que, no entanto, pois, sejam... sejam, ou, porque, por isso, nem bem, logo que, logo, portanto, por conseguinte, embora, apesar de, mas*, etc.; marcadores de situação no tempo e/ou espaço: *primeiramente, em primeiro lugar, depois, a seguir, em seguida, por fim, finalmente, por último, para terminar.*

A coesão sequencial ocorre através de dois procedimentos:

a) **a recorrência** (ou sequenciação por recorrência), obtida pelos seguintes mecanismos: recorrência de termos, de estruturas (paralelismo), de conteúdos semânticos (paráfrase), etc.;

b) **a progressão** (ou coesão sequencial por progressão), feita por mecanismos que possibilitam a manutenção temática, com o uso de termos de um mesmo campo lexical, e que possibilitam os encadeamentos por justaposição e por conexão, feitos através do emprego de conjunções que estabelecem relações entre as frases, como conjunção, oposição, explicação, justificação, conclusão, etc.

Vejamos alguns exemplos:

1) "**Portanto**, o nome de família tem a finalidade de identificá-la socialmente, independentemente de seus membros, que serão individualizados, dentro dela, pelos prenomes. Trata-se de uma transmissão familiar, **ou seja**, o bem de família estende-se aos filhos, não ensejando qualquer discussão sobre sucessão ou hereditariedade"[7].

2) "**Entretanto**, é preciso reconhecer a influência da premissa por trás deste conceito, **por assim dizer**, material de discricionariedade, de que a dinâmica da Administração é distinta da dinâmica do legislador. Aquele que faz a lei não teria condições de prever tudo, todos os atos necessários à realização de determinado fim. Isso competiria ao administrador. **No entanto, se** é correto que a legislação não deve descer aos pormenores da atuação administrativa, **também** é certo que esse enfoque reforça exatamente a perspectiva de uma ação legislativa desarticulada da Administração"[8].

---

[7] AMORIM, José R. N. *Direito ao nome da pessoa física*. São Paulo: Saraiva, 2003, p. 11.

[8] BUCCI, Maria Paula Dallari. *Direito administrativo e políticas públicas*. São Paulo: Saraiva, 2002, p. 15.

3) "O contrato, como todo **e** qualquer negócio jurídico, cumpre seu ciclo existencial. Nasce do mútuo consenso, sofre as vicissitudes de sua carreira, **e** termina normalmente com o adimplemento da prestação, sendo executado pelas partes contratantes em todas as suas cláusulas. A execução é, **pois**, o modo normal de extinção do vínculo contratual, não suscitando, **por isso**, quaisquer problemas quanto à forma e aos efeitos, **já que**, uma vez executado o contrato, extinguir-se-ão todos os direitos e obrigações que originou"[9].

4) "O que, **todavia**, não pode ocorrer é que, com o lazer que as publicações proporcionam, haja, de qualquer forma, alusão a bebidas alcoólicas, tabacos, armas e munições. **Além do mais**, os valores éticos e sociais da pessoa e da família devem ser respeitados"[10].

5) "Interessa, isto sim, o 'o conteúdo' da decisão, **ou seja**, o momento em que o juiz julga, efetivamente, o pedido formulado, considerando-o procedente ou não. **Por exemplo**, no caso de pedidos alternativos, como o juiz deverá julgar procedente apenas um deles, a rejeição do outro pedido, **quer** conste na motivação, **quer** conste na parte dispositiva da sentença, constituirá sempre um capítulo de sentença"[11].

6.2 Coerência Textual

Pode-se dizer que a **coerência textual** remete à "boa formação" de um texto, não quanto às regras gramaticais, mas quanto à capacidade comunicativa. Explicando melhor, a coerência se estabelece na interação, na situação comunicativa entre dois usuários. É ela que faz com que o texto faça sentido para os usuários, podendo, assim, ser vista como um **princípio de interpretabilidade do texto**. Numa situação de comunicação qualquer, é a coerência que ligada à inteligibilidade do texto, torna possível ao receptor perceber o seu sentido. Ela permite estabelecer uma forma de unidade de sentido no texto todo, o que caracteriza a coerência como global.

A coerência é responsável, também, pela continuidade de sentidos que se percebem num texto, produzindo uma conexão de conceitos entre os elementos do texto. Essa conexão não depende apenas de relações lógicas, mas pode ser vista como o resultado de processos de conhecimento que ocorrem entre os usuários, como: fatores interpessoais, formas de influência do falante na situação de fala, as intenções comunicativas dos interlocutores, entre outros.

A coesão e a coerência estão intimamente relacionadas ao processo de produção e compreensão do texto. Segundo alguns autores, a coesão contribui para estabelecer a coerência, mas não garante a sua obtenção.

A coesão, conforme já vimos, é revelada por marcas linguísticas na estrutura da sequência superficial do texto, tendo, portanto, um caráter linear. A coerência, por sua vez, é a organização reticulada ou tentacular do texto, não linear; é o resultado de processos cognitivos operantes

---

[9] DINIZ, Maria Helena. *Curso de direito civil brasileiro*. 21. ed. rev. e atual. São Paulo: Saraiva, 2005. v. 3: teoria das obrigações contratuais e extracontratuais, p. 161.

[10] ELIAS, Roberto João. *Comentários ao Estatuto da Criança e do Adolescente*. 2. ed. São Paulo: Saraiva, 2004, p. 73.

[11] BONÍCIO, Marcelo José Magalhães. *Capítulos de sentença e efeitos dos recursos*. São Paulo: RCS, 2006, p. 17.

entre os usuários dos textos, envolvendo os fatores que estabelecem relações causais, pressuposições, implicações de alcance suprafrasal e o nível argumentativo. A coerência é, pois, como um princípio de interpretabilidade do texto, num processo cooperativo entre produtor e receptor. Disso decorre a correlação entre os fenômenos da coerência e da compreensão; ocorrendo, na interação, a construção de um sentido, haverá compreensão.

A coerência depende de uma intrincada rede de fatores de ordem linguística, semântica, cognitiva, pragmática e interacional, tais como: conhecimento linguístico, conhecimento de mundo, conhecimento partilhado, inferências, situacionalidade, aceitabilidade, intertextualidade, entre outros, que funcionam em conjunto na construção do sentido do texto.

Segundo as novas pesquisas, não existe o texto incoerente em si, mas ele pode ser incoerente em/para determinada situação comunicativa. Assim, um texto será considerado bom quando o produtor souber adequá-lo à situação, levando em consideração a intenção comunicativa, os objetivos, os destinatários, o uso dos recursos linguísticos, etc. A coerência, por fim, não está apenas no texto nem só nos usuários, mas no processo que coloca texto e usuário em relação, numa situação dada.

6.2.1 Fatores de coerência

Constituem fatores de coerência:

Conhecimento de mundo – o nosso conhecimento de mundo é importante para a coerência de um texto, pois se este se referir a algo que absolutamente não dominamos, será difícil atribuirmos a ele algum sentido.

Esse conhecimento é adquirido naturalmente, à medida que tomamos contato com o mundo que nos cerca. Ele é armazenado na memória em blocos, denominados *modelos cognitivos*. São reconhecidos vários tipos de modelos cognitivos, tais como:

- "*frames*" – são conjuntos de conhecimentos armazenados na memória, como se estivessem sob um "rótulo", sem ordenação entre os elementos. Por exemplo, quando lemos ou ouvimos o termo *Natal*, imediatamente vem a nossa memória uma sequência desordenada de elementos, tais como: ceia, presentes, árvore, Papai Noel, etc.;

- *esquemas* – são conjuntos de conhecimentos armazenados em sequência temporal ou causal, por exemplo: colocar um aparelho em funcionamento; um dia no escritório, etc.;

- *planos* – constituem conjuntos de conhecimentos sobre como agir para atingir determinado objetivo, por exemplo: como vencer uma partida de xadrez;

- "*scripts*" – são conjuntos de conhecimentos sobre modos de agir estereotipados, variáveis segundo o grupo cultural, por exemplo: os rituais religiosos, como batismo, casamento, missa, além das fórmulas de cortesia e das praxes jurídicas;

- *superestruturas ou esquemas textuais* – são conjuntos de conhecimentos sobre os diversos tipos de textos, que vamos adquirindo à proporção que temos contato com os variados tipos e estabelecemos comparações entre eles.

Conhecimento partilhado – cada pessoa vai armazenando os conhecimentos na memória a partir de suas experiências pessoais; assim, é impossível que duas pessoas partilhem exatamente o mesmo conhecimento de mundo. Quando da interação entre produtor e receptor, através de um texto, é necessário que ambos possuam ao menos uma boa parcela de conhecimentos comuns. Quanto maior for a parcela de conhecimentos partilhados, menor será a necessidade de explicitude do texto, uma vez que o receptor será capaz de suprir as lacunas deixadas pelo produtor.

Há elementos no texto que remetem ao conhecimento partilhado entre os interlocutores; tais elementos textuais constituem a informação *dada*, ou seja, já conhecida pelos interlocutores. Aquilo que for introduzido no texto a partir da informação já conhecida constituirá a informação *nova*.

Inferência – trata-se da operação pela qual, fazendo uso do seu conhecimento de mundo e de seu conhecimento partilhado, qualquer receptor de um texto (ouvinte/leitor) consegue estabelecer uma relação, não explícita, entre dois elementos, frases ou trechos do texto que ele busca compreender e interpretar.

Já vimos que nenhum texto traz todas as informações necessárias a sua compreensão; ele apresenta lacunas que devem ser preenchidas pelo leitor (ou ouvinte). Compete, portanto, ao receptor, ser capaz de atingir os diversos níveis de implícito, para alcançar a compreensão mais profunda do texto que ouve ou lê.

Fatores de contextualização – são marcas que "ancoram" o texto em uma situação comunicativa determinada. Compreendem a data, o local de publicação, a assinatura, os elementos gráficos, que ajudam a situar o texto e, portanto, a estabelecer-lhe a coerência.

EXERCÍCIOS

I – Identificar os elementos coesivos nos seguintes fragmentos de texto:

1) "O nível de dificuldades na prova escrita não provém apenas de um conhecimento mais consistente. Ela avaliará também o **vernáculo** do candidato. As atuais gerações, submetidas a assíduo consumo televisivo, desafeiçoadas da leitura, vivenciando uma era quase exclusivamente gestual, encontram óbice enorme em ultrapassar esta fase.

O manejo do idioma não reside exclusivamente na correção da linguagem escrita. O Português é uma língua difícil. Grafia, acentuação, pontuação, concordância, tempos e modos verbais, tudo é suscetível de avaliação nessa prova. Reclama-se ainda elegância de estilo. E concisão. Pois hoje as dissertações não podem estender-se por inúmeras folhas, sendo limitadas a poucas páginas"[12].

2) "No âmbito da sociologia de origem norte-americana a expressão controle social é familiar desde o início do século XX, com o advento de alguns artigos escritos por Edward A. Ross. Toda sociedade (ou grupo social), desde que Max Weber introduziu a ideia de 'monopólio da força legítima', necessita de mecanismos disciplinares que assegurem a convivência interna de seus membros, razão pela qual se vê obrigada a criar uma gama de instrumentos que garantam a conformidade dos objetivos eleitos no plano social. Este

---

[12] NALINI, José Renato. A formação do juiz brasileiro. In: NALINI, José Renato (Coord.). *Formação jurídica*. 2. ed. rev. e ampl. São Paulo: Revista dos Tribunais, 1999, p. 135.

processo irá pautar as condutas humanas, orientando posturas pessoais e sociais. Dentro desse contexto, podemos definir o controle social como o conjunto de mecanismos e sanções sociais que pretendem submeter o indivíduo aos modelos e normas comunitários"[13].

3) "A relação jurídica contratual, em sua definição clássica, sempre levou em consideração apenas a prestação principal (dar, fazer e não fazer). Neste sentido o contrato sempre foi analisado pela ótica das prestações a cargo das partes.

A doutrina tradicional sempre se preocupou com a análise meticulosa dos direitos e deveres de cada um dos contratantes, das obrigações oriundas do pacto, reduzindo o contrato ao mero aspecto de cumprimento ou descumprimento da prestação principal.

Todavia, a moderna doutrina não mais se contenta com a análise da relação contratual apenas sob a tradicional ótica da *obligatio*.

Reconhece-se que, ao lado dos deveres de prestação, existem outros deveres envolvendo as partes na relação negocial.

Nesse sentido afirma-se que a relação jurídica é complexa, dotada de vários deveres, e não simplesmente unitária, composta apenas dos deveres de prestação (dar, fazer, não fazer)"[14].

4) "Com o novo milênio surge a esperança de encontrar soluções adequadas aos problemas surgidos na seara do direito de família, marcados por grandes mudanças e inovações, provocadas pela perigosa inversão de valores, pela liberação sexual. Pela conquista do poder *(empowerment)* pela mulher, assumindo papel decisivo em vários setores sociais, escolhendo seu próprio caminho; pela proteção aos conviventes. Pela alteração dos padrões de conduta social; pela desbiologização da paternidade. Pela rápida desvinculação dos filhos do poder familiar etc. Tais alterações foram acolhidas, de modo a atender à preservação da coesão familiar e dos valores culturais, acompanhando a evolução dos costumes, dando-se à família moderna um tratamento legal mais consentâneo à realidade social, atendendo-se às necessidades da prole e de diálogo entre os cônjuges ou companheiros"[15].

II – Discutir os fatores de coerência dos textos acima.

---

[13] SHECAIRA, Sérgio Salomão. *Criminologia.* São Paulo: Revista dos Tribunais, 2004, p. 55.

[14] GARCIA, Enéas Costa. *Responsabilidade pré e pós-contratual à luz da boa-fé.* São Paulo: Juarez de Oliveira, 2003, p. 98.

[15] DINIZ, Maria Helena. *Curso de direito civil brasileiro.* 20. ed. rev. e atual. São Paulo: Saraiva, 2005. v. 5: direito de família. p. 17.

Capítulo 7

Argumentação

A argumentação, como já visto no capítulo anterior, é um tipo de texto e, como tal, pode fazer-se presente nos mais variados gêneros de texto. Assim, podemos ter argumentação nos gêneros textuais, tanto orais como escritos, por exemplo, em artigos acadêmicos, em editoriais de jornal, em textos publicitários, em debates, em pareceres processuais, em petições iniciais, entre tantos outros.

Segundo Ducrot[1], a utilização argumentativa da língua não lhe é sobreposta; ao contrário, está inscrita nela, é prevista na sua organização interna. A argumentatividade é subjacente ao uso da língua.

A função argumentativa da língua tem marcas na estrutura do enunciado. Assim, o valor argumentativo de uma frase não é devido apenas às informações que ela contém, mas à presença de determinadas expressões ou termos que, além de seu conteúdo informativo, têm a função de mostrar a orientação argumentativa do enunciado, conduzindo o receptor/leitor a determinada direção.

Corrobora essa visão o conceito de argumentação formulado por Perelman[2], a partir da retórica de Aristóteles: "Argumentação é o conjunto de técnicas discursivas que permitem provocar ou aumentar a adesão dos espíritos às teses que são apresentadas ao seu assentimento". Assim, percebe-se que a argumentação é produzida fazendo uso das técnicas discursivas, isto é, fazendo uso de elementos que, na língua, têm o propósito de orientar para certos tipos de conclusão, excluindo as demais, indicando os possíveis encadeamentos do discurso.

Dentro da visão pragmática da língua, que a entende como atividade, como lugar de interação[3], Perelman acrescenta que "a argumentação solicitando uma adesão é antes de tudo uma ação: ação de um indivíduo que se pode chamar, de modo muito geral, orador, sobre um indivíduo, que se pode chamar, de forma mais geral ainda, auditório, e isto tendo em vista o desencadeamento de uma outra ação".

Dentre as expressões ou termos que representam verdadeiras marcas linguísticas no uso da língua, destinadas a obter a adesão do receptor/leitor, ressaltam as **modalidades discursivas** ou modalizadores, os **operadores argumentativos**, os **índices de pressuposição**, entre outros.

---

[1] DUCROT, Oswald. *Provar e dizer.* São Paulo: Global Universitária, 1981.
[2] PERELMAN, Chaïm. *Tratado da argumentação:* a nova retórica. São Paulo: Martins Fontes, 1996.
[3] Cf. Capítulo 1.

Com a finalidade de esclarecer a origem das modalidades discursivas, sua conceituação e seu uso na língua, passaremos, a largos passos, pelos princípios da lógica formal, sem a pretensão filosófica de esgotar o assunto, mas tão somente naquilo que interessa para a compreensão das modalidades discursivas.

7.1 Princípios da Lógica Formal

Para compreendermos o papel das modalidades discursivas é necessário que alguns conceitos da lógica sejam conhecidos. Pretendemos aqui fornecer apenas os rudimentos indispensáveis para a compreensão de que, não apenas o que se fala, mas também o modo como se fala, ou escreve, funciona como mais um elemento de convencimento, de persuasão.

Segundo a tradição, a lógica é uma parte da filosofia. Atribui-se a Aristóteles (384-322 a.C.), nascido na cidade de Estagira, na Trácia, a criação da Lógica. De suas obras sobre o tema, algumas se perderam ao longo do tempo.

Relata a história que Diógenes Laércio, discípulo de Aristóteles, reuniu alguns trabalhos dispersos do mestre sobre lógica, intitulando-os de *Organon*, que significa instrumento.

Não há muitas divergências entre os autores ao conceituar a lógica. São unânimes em considerar a lógica como a ciência que ensina o modo correto de usar a razão, o raciocínio para alcançar a verdade, ou então a ciência das leis do pensamento correto.

A lógica, tradicionalmente, é dividida em duas partes:

1) Lógica formal, também chamada de lógica geral ou pura – é a parte da lógica destinada à formação das regras para que se realizem corretamente as operações mentais que levam ao raciocínio correto.

2) Lógica material, também chamada de particular ou aplicada – é a parte que se destina a aplicar as operações do raciocínio à finalidade de cada ciência em particular.

O objetivo da lógica formal é estudar a coerência do pensamento em si mesmo, o uso que o homem faz de sua inteligência. A ela interessa a estrutura do pensamento em atividade, o caminho da inteligência em busca do raciocínio correto.

Como sabemos, Aristóteles conceituava a língua como expressão do pensamento.

Logo, para se saber como os homens pensam, nada mais razoável do que investigar a língua que eles usam.

Assim, diz ele que os homens, ao pensar, realizam três operações fundamentais:

1ª) a apreensão de uma ideia (termo);

2ª) a relação entre duas ideias (juízo – proposição);

3ª) a relação entre duas ou mais proposições (raciocínio – argumentação).

Ideia, noção ou **conceito** – é a representação intelectual do objeto. A expressão verbal da ideia é o **termo**, o qual aproxima-se da palavra, mas não é sinônimo dela. Há termos que se exprimem por uma ou mais palavras.

Proposição é a relação entre dois termos: o primeiro termo é o sujeito, elemento sobre o qual se declara ou nega alguma coisa; e o segundo termo é o predicado, ou seja, aquilo que se afirma ou nega do sujeito. É o enunciado verbal do juízo.

Raciocínio é a relação entre duas ou mais proposições, das quais decorre uma conclusão lógica. É a mais complexa das operações mentais, chamada também de conhecimento discursivo, pois dá origem aos textos. Ao raciocinar se extrai de duas ou mais proposições uma outra proposição que, de certa forma, já se encontra implícita nas anteriores.

Segundo os lógicos, essas operações são presididas por três princípios formais que independem do material de que o pensamento se constitua: podem ser coisas físicas, entidades fictícias, ou noções matemáticas e simbólicas. Esses princípios são evidentes por si mesmos, apresentando-se como universais e necessários, decorrendo deles quaisquer outros princípios ou leis de menor extensão.

São esses os princípios:
1) Princípio de identidade: "Uma coisa é uma coisa, outra coisa é outra coisa".
2) Princípio da contradição: "Uma coisa não pode, ao mesmo tempo, ser e não ser".
3) Princípio do terceiro (meio) excluído: "Tudo deve ser ou não ser".

O primeiro princípio indica a impossibilidade de a razão humana conceber uma noção dissociada de seus caracteres essenciais; uma coisa é sempre ela mesma. O segundo princípio traduz que, se certa qualidade pertence a determinada noção, não é possível que essa noção continue a mesma se lhe for negada aquela qualidade. O terceiro princípio indica não ser possível a coexistência de noções contraditórias quanto ao mesmo objeto, isto é, inexiste meio-termo entre afirmação e negação.

As ideias e termos possuem duas propriedades que lhes são intrínsecas: extensão e compreensão.

Extensão significa o conjunto dos seres designados pelo termo, ou seja, todos os seres que podem ser abrangidos pelo termo.

Compreensão significa o conjunto de qualidades dos seres abrangidos pelo termo.

A extensão e a compreensão de um termo são sempre inversamente proporcionais, isto é, aumentando-se a extensão, diminui-se a compreensão; aumentando-se a compreensão, diminui-se a extensão. Por exemplo, ao enunciar o termo "cavalo", a extensão é máxima, mas a compreensão é mínima, enquanto ao enunciar "o cavalo branco de Napoleão", a compreensão do termo "cavalo" é máxima, mas a extensão é mínima.

Tendo em vista essas propriedades do termo e a possibilidade de se negar ou afirmar alguma coisa sobre um determinado ser, as proposições podem ser classificadas quanto à quantidade e quanto à qualidade.

Quanto à quantidade, as proposições podem ser:
1) **Universais** – quando o primeiro termo (sujeito) é considerado na sua extensão máxima. Ex.: Todos os homens são mortais.
2) **Particulares** – quando o primeiro termo (sujeito) é considerado em parte de sua extensão, ou em sua extensão mínima. Ex.: Alguns estudantes são dedicados. José é inteligente.

Quanto à qualidade, as proposições podem ser:

1) **Afirmativas** – quando a ideia contida no segundo termo (predicado) convém à ideia contida no primeiro termo (sujeito), ou melhor, quando se pode atribuir a ideia contida no segundo termo à ideia contida no primeiro termo. Ex.: Os homens são mortais.

2) **Negativas** – quando a ideia contida no segundo termo (predicado) não está contida no primeiro termo (sujeito), isto é, quando não se pode atribuir a ideia contida no segundo termo à ideia contida no primeiro termo. Ex.: Os homens não são imortais.

Da combinação entre a quantidade e a qualidade surgem quatro tipos de proposições, designadas, tradicionalmente, pelas vogais **A** e **I** (as primeiras vogais do verbo latino AfIrmo) e **E** e **O** (extraídas do verbo latino nEgO). São elas:

A - Universal afirmativa – o primeiro termo é tomado em sua máxima extensão, e a ideia contida no segundo termo pode ser atribuída ao primeiro;

E - Universal negativa – o primeiro termo é tomado em sua máxima extensão, e a ideia contida no segundo termo não pode ser atribuída ao primeiro;

I - Particular afirmativa – o primeiro termo não é tomado em sua máxima extensão, e a ideia contida no segundo termo pode ser atribuída ao primeiro;

O - Particular negativa – o primeiro termo não é tomado em sua máxima extensão e a ideia contida no segundo termo não pode ser atribuída ao primeiro.

Entre as quatro proposições acima classificadas existem relações recíprocas e bem determinadas. Assim, a relação que existe entre as duas universais, afirmativa e negativa (**A** e **E**), é uma relação de contrariedade; elas são *contrárias*. A relação que existe entre as duas particulares, afirmativa e negativa (**I** e **O**), é uma relação de subcontrariedade; elas são *subcontrárias*. A relação existente entre uma universal afirmativa e uma particular negativa (**A** e **O**), assim como entre uma universal negativa e uma particular afirmativa (**E** e **I**), é uma relação de contraditoriedade, isto é, elas são *contraditórias*. A relação que existe entre uma universal afirmativa e uma particular afirmativa (**A** e **I**), assim como entre uma universal negativa e uma particular negativa (**E** e **O**), é uma relação de subalternidade; as universais são *subalternantes* e as particulares *subalternas*.

Nota-se, pois, que as proposições contrárias e as subcontrárias têm a mesma quantidade, mas diferem quanto à qualidade; as proposições contraditórias diferem quanto à qualidade e quanto à quantidade, enquanto as subalternas têm a mesma qualidade, mas diferem quanto à quantidade.

Dessas relações resultam algumas inferências. Assim, quanto às proposições contrárias, por terem ambas o primeiro termo (sujeito) na sua extensão máxima e uma – a afirmativa – atribuir o conceito contido no segundo termo (predicado) ao conceito contido no primeiro termo (sujeito), e a outra – a negativa – negar essa relação, elas não podem ser verdadeiras ao mesmo tempo.

Quanto às proposições subcontrárias, como o primeiro termo é tomado particularmente, não na sua máxima extensão, ambas podem ser falsas ou verdadeiras.

Já as proposições contraditórias, por diferirem quanto à qualidade e quanto à quantidade são incompatíveis, o que significa dizer que se uma for verdadeira, a outra é falsa e vice-versa.

Em relação às subalternas, pode-se dizer que da verdade da universal decorre a verdade da particular, mas da verdade da particular não é possível deduzir a verdade da universal, pois na particular o predicado (segundo termo) é afirmado ou negado apenas de uma parte do sujeito (primeiro termo).

Como vimos acima, o raciocínio é a operação mental segundo a qual, a partir de duas ou mais proposições, chega-se a uma conclusão válida. A expressão verbal do raciocínio é o argumento, a argumentação. Raciocinar é inferir, isto é, extrair uma proposição de outras nas quais se encontra implicitamente contida.

As *inferências* podem ser *imediatas*, quando realizadas sem elementos intermediários, por exemplo, é imediata a inferência de que uma proposição universal afirmativa e uma universal negativa se opõem, são contrárias; *mediatas*, quando feitas por meio de um elemento intermediário.

As inferências *mediatas* ocorrem pela utilização de um termo médio. Tais inferências se efetuam pelos dois processos conhecidos como *indução e dedução*, as duas formas de raciocínio que operam por meio do *silogismo*.

A *indução* é o raciocínio que a partir de fatos particulares conclui um fato geral. É raciocinar *a posteriori*, isto é, a partir da experiência, do efeito para a causa, da consequência para o princípio.

Já a *dedução* é o raciocínio que parte de um fato geral para concluir um fato particular. É raciocinar *a priori*, sem vinculação com a experiência, da causa para o efeito, do princípio para a consequência. Uma vez admitidas como válidas as premissas, delas decorre necessariamente a conclusão.

O *silogismo*, tipo clássico de raciocínio dedutivo, é o encadeamento lógico de três proposições, de forma que das duas primeiras, denominadas premissa maior e premissa menor, resulta necessariamente uma terceira, a conclusão. É a relação entre dois termos, obtida por meio de um terceiro.

É atribuído a Aristóteles o modelo tradicional de silogismo:

Todo homem é mortal.

Ora, Sócrates é homem.

Logo, Sócrates é mortal.

A primeira proposição é a premissa maior; a segunda é a premissa menor; e a terceira é a conclusão. Quanto aos termos, o termo maior (T) é o predicado na premissa maior e na conclusão — mortal, o termo menor (t) é o sujeito na premissa menor e na conclusão — Sócrates; e o termo médio (M), que é sujeito na premissa maior e predicado na premissa menor, não pode aparecer na conclusão.

Essas noções básicas da lógica clássica se fazem necessárias para a compreensão do quadrado lógico de Aristóteles, do qual decorrem modos de dizer alguma coisa, isto é, as modalidades, que são elementos indicativos do modo como o locutor se expressa, isto é, ele não só diz alguma coisa, mas o faz de um determinado modo.

73

7.2 Modalidades

Os estudos sobre a linguagem evoluíram muito no último século. A preocupação inicial dos estudiosos da língua era a palavra, tomada isoladamente. A seguir, evoluiu-se para o estudo da frase, até que, nas últimas décadas, é o texto e/ou o discurso que constituem o objeto de estudo dos linguistas.

Assim, no processo de comunicação é necessário considerar-se não só aquilo que se diz, ou se escreve, mas também a intenção do locutor, ao produzir um enunciado.

O estudo das **modalidades** vem contribuir para o conhecimento da intenção do locutor ao produzir seu enunciado. Elas expressam um julgamento do locutor sobre aquilo que ele diz, são reveladoras da atitude do locutor perante o enunciado que produz.

Em razão da importância das modalidades, elas têm sido objeto de estudo de teóricos de três disciplinas distintas: a lógica, a linguística e a semiótica. Enquanto a lógica procura apresentar a organização formal dos conceitos modais, evitando o quanto possível os problemas acarretados pelo emprego da linguagem natural, a linguística, por sua vez, não podendo furtar-se a esses problemas, busca dar conta dos signos empregados para exprimir as várias modalidades numa língua natural e, às voltas com os inevitáveis problemas de ambiguidade e polissemia, verificar as diversas possibilidades de lexicalização.

Foi a lógica o primeiro campo de reflexão sobre as modalidades. Vem de Aristóteles a constatação de que um predicado é atribuído a um ser de maneira simples ou de maneira necessária ou, ainda, possível.

Assim, podemos produzir os seguintes enunciados:

A Terra é redonda.

Necessariamente a Terra é redonda.

Possivelmente a Terra é redonda.

Pelos comentadores de Aristóteles, as duas últimas formas de predicação foram chamadas **modos**, e as proposições necessárias e possíveis foram chamadas **modais**.

Desse modo, ficou conhecido o quadrado lógico das modalidades ditas **aristotélicas**, **ontológicas** ou **aléticas**, que se referem à existência dos seres, compreendendo o possível/impossível e o necessário/contingente.

Necessário A < ...contrários...> E Impossível

Possível I <...subcontrários...> O Contingente

Além das modalidades aristotélicas, são tradicionalmente reconhecidas, também, as modalidades **epistêmicas**, que se referem ao eixo da crença, reportando-se ao conhecimento que temos de um estado de coisas, compreendendo a certeza e a probabilidade.

Certo A <...contrários...> E Excluído

Plausível I <...subcontrários...> O Contestável

E, por fim, as modalidades **deônticas**, que se referem ao eixo da conduta, do dever, isto é, à linguagem das normas, àquilo que se deve fazer.

Obrigatório A <...contrários...> E Proibido

Permitido I <...subcontrários...> O Facultativo

Estes três tipos de modalidades são conhecidos por modalidades clássicas.

O quadrado lógico tem sido objeto de reformulações e críticas por vários autores. Quase todos os autores concordam com as dificuldades de se estabelecer uma classificação para as modalidades. E, hoje, é ideia partilhada por muitos a de que é quase impossível, no domínio das modalidades, imaginar-se uma solução monodisciplinar.

As modalidades podem manifestar-se de quatro formas básicas:
1) Em enunciados com construções do tipo: é necessário que... é preciso que... é provável que... (predicados cristalizados).
2) Em enunciados com construções do tipo: é necessário + infinitivo – p. ex.: É necessário viajar.
3) Em enunciados com construções do tipo: é necessário + substantivo – p. ex.: É necessária sua viagem.
4) Em enunciados com verbos modais, como: Ele precisa viajar.

A mesma modalidade pode manifestar-se de formas diferentes. Por exemplo, a modalidade de necessidade pode ser expressa de formas diferentes, como: É necessário que eu faça. Eu preciso fazer.

Ou então podemos ter a mesma expressão para modalidades diferentes: Ex.: Ele pode fazer o trabalho – que pode ser parafraseada com:

a) É possível que ele faça o trabalho.
b) Eu permito que ele faça o trabalho.
c) É permitido que ele faça o trabalho.

As modalidades podem ser lexicalizadas de várias formas, conforme se pode visualizar no quadro abaixo:

MODALIDADES ALÉTICAS	MODALIDADES EPISTÊMICAS	MODALIDADES DEÔNTICAS
A – NECESSÁRIO	A – CERTEZA	A – OBRIGAÇÃO
1. É necessário que ele venha	1. É certo que ele virá	1. É obrigatório que ele venha
2. É necessário vir	2. É certo vir (certo = correto)	2. Eu obrigo a que você venha
3. É necessária sua vinda	3. É certa sua vinda	3. É obrigatório vir
4. Ele precisa vir (Ele tem a necessidade de vir)		4. Eu te obrigo a vir
5. Ele tem de vir (Eu considero necessária a sua vinda)		5. É obrigatória sua vinda (dele)
6. Ele deve vir: a) É necessário que ele venha b) Ele tem obrigação de vir c) É possível que ele venha d) É provável que ele venha e) É certo que ele venha		6. É obrigatória sua vinda (você/sua)
B – POSSÍVEL	B – PROVÁVEL	B – PERMISSÃO
1. É possível que ele venha	1. É provável que ele venha	1. É permitido que ele venha
2. É possível vir	2. É provável vir	2. Eu permito que você venha
3. É possível sua vinda	3. É provável sua vinda	3. Eu permito que ele venha

4. Ele pode vir a) É possível que ele venha b) Ele tem capacidade para vir		4. É permitido vir
		5. Eu te permito vir
		6. É permitida sua vinda (dele)
		7. É permitida sua vinda (você/sua)

Além destas formas básicas, as modalidades podem vir expressas por:

1) Verbos performativos explícitos: eu ordeno, eu proíbo, eu permito, etc.
2) Verbos auxiliares modais: dever, querer, precisar.
3) Advérbios modalizados do enunciado e/ou da enunciação: provavelmente, certamente, necessariamente, etc.
4) Verbos de atitude proposicional: eu creio, eu sei, eu duvido.

EXERCÍCIOS

Vamos observar e identificar os usos das modalidades nos fragmentos de textos abaixo:

1) "A *saúde* é concebida como direito de todos e dever do Estado, que a deve garantir mediante políticas sociais e econômicas que visem à redução do risco de doença e de outros agravos"[4].

2) "E se as relações paterno-filiais são importantes — ao menos nos países de origem romanista, onde sempre predominou a axiologia patriarcal — certamente a questão da filiação e da paternidade assumem uma dimensão incomensurável"[5].

3) CC, art. 180. "O menor, entre 16 (dezesseis) e 18 (dezoito) anos, não pode, para eximir-se de uma obrigação, invocar a sua idade se dolosamente a ocultou quando inquirido pela outra parte, ou se, no ato de obrigar-se, declarou-se maior."

4) CC, art. 1.521. "Não podem casar:

I — os ascendentes com os descendentes, seja o parentesco natural ou civil;

II — os afins em linha reta;

III — o adotante com quem foi cônjuge do adotado e o adotado com quem o foi do adotante;

IV — os irmãos, unilaterais ou bilaterais, e demais colaterais, até o terceiro grau inclusive;

V — o adotado com o filho do adotante;

---

[4] SILVA, José Afonso da. *Curso de direito constitucional positivo.* 28. ed. rev. e atual. São Paulo: Malheiros, 2007, p. 831.

[5] LEITE, Eduardo de Oliveira. Exame de DNA, ou, o limite entre o genitor e o pai. In: LEITE, Eduardo Oliveira (Coord.). *Grandes temas da atualidade:* DNA como meio de prova de filiação. Rio de Janeiro: Forense, 2000, p. 63.

VI – as pessoas casadas;

VII – o cônjuge sobrevivente com o condenado por homicídio ou tentativa de homicídio contra o seu consorte."

5) CC, art. 1.565. "Pelo casamento, homem e mulher assumem mutuamente a condição de consortes, companheiros e responsáveis pelos encargos da família.

§ 1º Qualquer dos nubentes, querendo, poderá acrescer ao seu os sobrenome do outro."

6) CF, art. 8º "É livre a associação profissional ou sindical, observado o seguinte:

I – a lei não poderá exigir autorização do Estado para a fundação de sindicato, ressalvado o registro no órgão competente, vedadas ao Poder Público a interferência e a intervenção na organização sindical;

II – é vedada a criação de mais de uma organização sindical, em qualquer grau, representativa de categoria profissional ou econômica, na mesma base territorial, que será definida pelos trabalhadores ou empregadores interessados, não podendo ser inferior à área de um Município";

7) CF, art. 207. "As universidades gozam de autonomia didáticocientífica, administrativa e de gestão financeira e patrimonial, e obedecerão ao princípio de indissociabilidade entre ensino, pesquisa e extensão.

§ 1º É facultado às universidades admitir professores, técnicos e cientistas estrangeiros, na forma da lei."

8) "É necessário o estudo de cada um desses característicos:

A lei é uma *regra geral*, não se dirige a todos os casos que se colocam em sua tipicidade. Contudo, o domínio de alcance da lei pode ser maior ou menor, sem que isso descaracterize a generalidade. O comando que emana de um poder dirigido a uma única pessoa não pode ser caracterizado, de acordo com o que aqui foi afirmado, como lei propriamente dita"[6].

9) "Considerando essas argumentações, torna-se possível afirmar que:

a) Deve-se garantir aos indivíduos e aos grupos, ou coletividades, oportunidades que lhes permitam adquirir capacidades efetivas de minimização de danos, privações ou sofrimentos graves e, assim, ampliar essa potencialidade de atividade criativa e interativa, cuja precondição é a autonomia"[7].

10) Na verdade, este trabalho não se propôs a solucionar o problema que entendemos ser bastante complexo e, provavelmente, até inconciliável.

7.3 Operadores Argumentativos

Já salientamos que a argumentatividade está inscrita na própria língua. Ao produzirmos determinados enunciados, eles apresentam como traço constitutivo o fato de serem empregados com o propósito de orientar o receptor/leitor para certos tipos de conclusão, excluindo as demais, indicando encadeamentos possíveis com outros enunciados, na produção do texto argumentativo. A descrição de tais enunciados torna possível determinar sua orientação discursiva, ou seja, para quais conclusões eles podem servir de argumento.

Na gramática de qualquer língua há vários termos empregados para realizar, entre enunciados, a relação "ser argumento para", orientando o discurso para determinadas conclusões. São chamados de operadores argumentativos ou discursivos, classificados pela gramática tradicional

---

[6] VENOSA, Sílvio de Salvo. *Direito civil:* parte geral. 4. ed. São Paulo: Atlas, 2004, p. 37 (Coleção Direito civil, v. 1).

[7] GUSTIN, Miracy B. Souza; DIAS, Maia Tereza Fonseca. *(Re)pensando a pesquisa jurídica:* teoria e prática. 2. ed. rev. ampl. e atual. Belo Horizonte: Del Rey, 2006, p. 15.

como simples conectivos, alguns não se enquadrando em nenhuma das dez classes gramaticais estabelecidas pela Nomenclatura Gramatical Brasileira (NGB)[8].

Os principais operadores argumentativos são:
1) Conectivos: mas, porém, embora, já que, pois, não só... mas também, etc.
2) Advérbios: ainda, quase, pouco, etc.
3) Denotadores de inclusão: até, mesmo, também, inclusive, etc.
4) Denotadores de exclusão: só, somente, apenas, senão, etc.
5) Denotadores de retificação: aliás, ou melhor, isto é, etc.

Quando vários enunciados contêm argumentos diversos, tendentes a levar o receptor/leitor a uma determinada conclusão, dizemos que esses argumentos pertencem à mesma **escala argumentativa**. Por exemplo, se na produção de um texto argumentativo a pretensão do produtor é fazer acreditar que determinado infrator de trânsito, que provocou lesões corporais leves em uma vítima, agiu sem dolo, ele poderá encadear enunciados que contêm uma escala de argumentos, usando para tanto um operador argumentativo:

Após a ocorrência do acidente, o Sr. Silva desceu de seu veículo, prestou socorro à vítima, chamou o resgate e **até** acompanhou a vítima ao hospital, onde ela foi atendida, para certificar-se de que ela estava bem.

Esquematizando:

A conclusão a que se espera que o receptor/leitor chegue:

O Sr. Silva não agiu com dolo.

Ele
até – acompanhou a vítima ao hospital
– chamou o resgate
– prestou socorro à vítima
– desceu do seu veículo

Alguns operadores estabelecem a hierarquia dos elementos, em determinada escala, assinalando o argumento mais forte para a conclusão, como no exemplo acima. Outros operadores que têm a mesma função: **mesmo, até mesmo, inclusive**. Outros operadores argumentativos indicam o argumento mais fraco, como: **ao menos, pelo menos, no mínimo**.

O conectivo **e**, que é uma conjunção coordenativa aditiva, pode funcionar somando duas escalas orientadas para a mesma conclusão, mas muito mais argumentativo, com a mesma finalidade, é o operador argumentativo **não só... mas também**, que também é uma conjunção coordenativa aditiva, na forma de locução.

---

[8] Cf. CUNHA, Celso; CINTRA, L. F. L. *Nova gramática do português contemporâneo*. Rio de Janeiro: Nova Fronteira, 1985, p. 376.

O operador argumentativo **ainda** pode servir como marcador de excesso temporal, ou não, ou como introdutor de mais um argumento a favor de determinada conclusão. Por exemplo: Ele **ainda** não se considera realizado. Convém observar **ainda** que o réu deixou transcorrer *in albis* o prazo, não se manifestando a respeito da decisão.

Os operadores argumentativos **aliás** e **além do mais** introduzem um argumento definitivo, um golpe final, mas com a aparência de algo a mais, quase desnecessário.

Mas, porém, contudo, embora, além de outros do mesmo tipo, são considerados marcadores argumentativos de oposição. O **mas** é considerado por Ducrot[9] o operador argumentativo por excelência. Ele faz a relação entre dois argumentos contrários para a mesma conclusão, prevalecendo o argumento que está na parte do enunciado iniciada pelo próprio **mas**. Por exemplo: Ele é desatento, **mas** é inteligente. Tal enunciado aponta para a conclusão que privilegia a inteligência do indivíduo em questão, encadeando o discurso nesse sentido.

Já a conjunção subordinativa concessiva **embora** permite duas estratégias discursivas diferentes: a antecipação e o suspense. Assim, se escrevermos **embora B, A**, estamos antecipando um argumento possível para uma determinada conclusão que será anulado por outro argumento, este sim decisivo, a favor da conclusão oposta. Entretanto, se usarmos a forma **A, embora B**, essa antecipação não ocorre, uma vez que o primeiro argumento apresentado é o que deverá prevalecer, pois o operador **embora** nega argumentativamente o enunciado em que aparece. Assim, por exemplo, retomando o enunciado anterior, teremos: **Embora** ele seja desatento, é inteligente, quando antecipamos o argumento que será anulado e o discurso seguirá o argumento da inteligência; ou, então: Ele é desatento, **embora** seja inteligente, quando o primeiro argumento é que prevalece, encadeando o discurso nesse rumo, uma vez que o **embora** nega argumentativamente o enunciado que inicia.

Quando se quer encadear os enunciados no sentido de uma afirmação plena ou de uma negação plena, os operadores indicados para isso são **quase** e **apenas**. Por exemplo:

Muitos empresários estão descontentes com os rumos da economia: **quase** 80%. Ou então:

Poucos empresários estão descontentes com os rumos da economia: **apenas** 20%.

O mesmo papel desempenham as expressões **pouco** e **um pouco**. A primeira orienta no sentido da negação, enquanto a segunda, no sentido da afirmação. Por exemplo:

A tarefa é **um pouco** espinhosa, não sei se ele conseguirá realizá-la. Ou então: A tarefa é **pouco** espinhosa, ele conseguirá realizá-la.

Outro operador argumentativo é a conjunção alternativa **ou**, que pode ser reduplicada, como de resto todas as conjunções alternativas. O emprego dessa conjunção, que representa uma *disjunção*, exige certo cuidado pelo fato de possuir dois significados diferentes, embora relacionados: o **ou** inclusivo e o **ou** exclusivo.

---

[9] DUCROT, O. *Provar e dizer*. São Paulo: Global Universitária, 1981; KOCK, I. G. V. *A inter-ação pela linguagem*. São Paulo: Contexto, 1982.

O **ou** inclusivo (do latim *vel*) significa um ou outro, possivelmente ambos — é o que se costuma explicitar com a expressão e/ou. Por exemplo: Os empregados podem apresentar-se de uniforme **ou** portando crachá. Percebe-se que nada impede que se apresentem de uma forma, de outra, ou das duas.

O **ou** exclusivo, que corresponde ao latim *aut*, aponta para duas direções, sendo verdadeira somente uma, nunca ambas. Por exemplo: Ele pretende passar as férias no litoral **ou** no campo. Impossível ambas as alternativas serem verdadeiras.

O discurso jurídico, que, por suas próprias características, é um discurso altamente argumentativo, faz uso, em larga escala, dos operadores argumentativos para indicar a orientação discursiva em direção a determinada conclusão almejada pelo produtor do texto.

7.4 Índices de Pressuposição

Pressupor alguma coisa não significa dizer o que o receptor/leitor sabe ou aquilo que se pensa que ele sabe ou deveria saber; é mais do que isso, é situar o discurso na hipótese de que ele já soubesse.

Alguns operadores argumentativos desempenham essa função, como, por exemplo, o **ainda** e o **já**. Por exemplo, no enunciado: O candidato **já** não tem esperanças de ser o vencedor, o **pressuposto** colocado é que "ele já teve essa esperança", e o **posto** é que ele está sem esperanças de vitória. Outro exemplo: Ele **ainda** trabalha na mesma vara, deixa claro o pressuposto de que ele já trabalha nessa vara, e o posto de que ele lá trabalha.

A pressuposição pode também ser utilizada a partir de construções, não mais usando operadores argumentativos, mas simplesmente verbos que têm a propriedade de indicar não só o pressuposto, como também o posto, nos enunciados: os verbos como continuar, manter, deixar de, entre outros. Exemplificando, um enunciado como José **continua** a roubar proporciona duas informações: uma considerada o **posto**, isto é, José rouba atualmente, e outra considerada o **pressuposto**, isto é, José já roubava.

É interessante observar que a negativa de tais enunciados pode negar o posto, mas não nega o pressuposto. Por exemplo, José **já** não fuma mais — aquilo que é posto é negativo, isto é, José não fuma na atualidade, mas o pressuposto não pode ser negado, isto é, ele fumava outrora.

7.5 Considerações sobre a Argumentação Jurídica

Como vimos, o texto argumentativo pode estar presente em vários gêneros textuais. Alguns gêneros são mais argumentativos que outros e exigem um maior empenho na arregimentação de argumentos capazes de levar o receptor/leitor a aderir às teses apresentadas.

Não há, todavia, fórmulas mágicas para a produção de um texto argumentativo. Alguns requisitos são indispensáveis para alcançar a finalidade de persuadir o receptor/leitor a respeito das ideias apresentadas no texto.

Entre esses requisitos, ressaltam:

1) **O conhecimento mais amplo possível do assunto tratado no texto**

É muito difícil conseguir persuadir alguém a alguma coisa quando não se tem um bom conhecimento a respeito do assunto. Para isso, a pesquisa é altamente recomendável. Nesse ponto, o texto científico e o texto jurídico se aproximam, pois para sustentar uma tese científica há necessidade de uma pesquisa consistente; assim também quanto à produção de um texto jurídico. Uma petição inicial ou uma contestação exigem não só o conhecimento dos fatos trazidos pelo cliente, como também o conhecimento da legislação a respeito do assunto, da jurisprudência produzida e da melhor doutrina a respeito do tema.

2) **O conhecimento mais amplo possível dos recursos da linguagem**

O primeiro argumento de um texto persuasivo é a sua correção gramatical, a clareza e a concisão na apresentação das ideias.

O estudo constante da língua, não apenas do ponto de vista gramatical, como também pragmático, que inclui o domínio dos recursos capazes de tornar o texto mais argumentativo, é altamente desejável para aqueles que pretendem fazer da argumentação jurídica um instrumento de trabalho na defesa daquilo que é justo.

3) **O conhecimento mais amplo possível do receptor/leitor**

Segundo a retórica de Aristóteles e a nova retórica de Perelman, o elemento mais importante na produção de um discurso argumentativo é o conhecimento de seu auditório, isto é, para quem vamos escrever/falar. Não há, evidentemente, a necessidade de sabermos o nome e o sobrenome, o endereço e demais identificações do receptor/leitor, mas há, sim, a necessidade de sabermos para quem estamos produzindo o texto argumentativo, quais são suas características: trata-se de um público jovem, adulto, letrado, iletrado? São várias pessoas ou uma pessoa apenas? Todos esses elementos influirão na escolha dos argumentos que serão utilizados, assim como no tipo de vocabulário escolhido.

Na área do Direito, os operadores normalmente escrevem para o juiz ou juízes a fim de persuadi-los da veracidade de seus argumentos e conquistar-lhes a adesão. Daí a advertência de jamais perder de vista para quem se está escrevendo, a fim de produzir um texto correto, em que as solicitações sejam expressas com clareza e a argumentação seja solidamente construída.

4) **A seleção dos argumentos**

Perelman[10] nos diz que a argumentação é seletiva, isto é, dependendo de todos esses fatores, serão escolhidos determinados argumentos em detrimento de outros, não porque estes não sejam importantes, mas porque não seriam adequados à obtenção da persuasão, em razão das diferenças entre os vários auditórios. Ele afirma que: "Um argumento não é correto e coercivo ou incorreto e sem valor, mas relevante ou irrelevante, forte ou fraco, consoante razões que lhe justificam o emprego no caso. É por

---

[10] PERELMAN, Chaïm. *Ética e direito.* São Paulo: Martins Fontes, 1996.

isso que o estudo dos argumentos, que nem o direito nem as ciências humanas nem a filosofia podem dispensar, não se prende a uma teoria da demonstração rigorosa, concebida a exemplo de um cálculo mecanizável, mas a uma teoria da argumentação".

Para se ter a dimensão da complexidade da argumentação jurídica, não se pode esquecer que ela não se preocupa com a verdade, mas com a verossimilhança. Isto não significa que a verdade é excluída de suas preocupações, mas o que surge como fundamental é a versão da verdade. Em outros termos, os argumentos jurídicos não são o resultado de um cálculo lógico-formal, mas de interpretações e avaliações que partem de uma mesma situação factual; são fruto não apenas dos interesses específicos das partes, mas também das circunstâncias históricas, sociais e culturais do próprio fato. A argumentação jurídica, portanto, não se nivela a uma demonstração formal; o que se diz dos fatos é o resultado de interpretações que, pressionadas pela natureza da linguagem, serão diferenciadas, o que explica, inclusive, o fato de o Direito constituir o contraditório como uma presunção fundamental e como garantia da promoção da justiça.

Nas decisões judiciais, o dispositivo da sentença, isto é, a parte que contém a decisão do juiz, é precedido pelos considerandos, ou seja, as razões que motivaram a decisão, demonstrando que o raciocínio desenvolvido pelos juízes busca justificar sua escolha, mostrando que ela está pautada na lei e não é nem arbitrária, nem injusta. A decisão jurídica, portanto, embora apoiada em elementos produzidos e apresentados no embate argumentativo, vai depender da equidade do juiz, isto é, do reconhecimento de que a decisão está de acordo com os fatos estabelecidos e com as normas vigentes.

Essa orientação para a justificação obrigatória parece não apresentar nenhum problema, mas as dificuldades para se explicar a especificidade da argumentação jurídica tornam-se mais nítidas se se considerar que o Direito examina não só os fatos, mas as versões dele, uma vez que as interpretações são forçosamente diferenciadas, produzindo versões diferentes e conflitantes. Esta fragilidade e multiplicidade dos sentidos instituem a argumentação como processo inerente à prática jurídica e à produção da justiça.

Além do mais, não podemos nos esquecer de que as normas jurídicas, cuja função é orientar a produção das versões, também são verbalizações, e como tal suportam a ideia de diferentes interpretações possíveis.

Em vista de todo o exposto, endossamos as palavras do Prof. Tércio Sampaio Ferraz Jr.[11], quando afirma ser a argumentação jurídica um tipo peculiar de interação discursiva, tomando a linguagem como um importante objeto de observação[12].

---

[11] FERRAZ, JR. Tércio Sampaio. *Direito, lógica e comunicação*. São Paulo: Saraiva, 1997.

[12] Nota da autora: Não apresentamos exercícios para argumentação, mas sugerimos aos mestres que iniciem com assuntos polêmicos da atualidade, por exemplo, o aborto do feto anencefálico, a descriminação do uso da maconha, as experiências com células embrionárias, entre outros, orientando os estudantes a pesquisar, ler a respeito dos assuntos para depois tomar uma posição e sustentar os argumentos. Em seguida, podem ser propostos exercícios condizentes com demandas judiciais próprias da sociedade atual.

Capítulo 8

Questões de ortografia

A ideia principal que devemos reter é que a nossa língua escrita não é fonética, isto é, não escrevemos exatamente como falamos. A nossa escrita é etimológica. Isto quer dizer que escrevemos as palavras de acordo com a sua origem, geralmente latina, e conforme as transformações que essas palavras foram sofrendo ao longo dos séculos.

Se a nossa escrita fosse fonética, as frases abaixo estariam corretas, pois, de acordo com os sons que produzimos, elas poderiam ser escritas assim:

"O aparecimento dessas **organisações** constitui uma **esseção** à **consepção** neoliberal."

"As grandes **emprezas** na área de **servissos**, em virtude da **espanção** da informática, tendem à **mobilisação** na **defeza** de seus direitos."

Sabemos, contudo, que a grafia correta é:

"O aparecimento dessas **organizações** constitui uma **exceção** à **concepção** neoliberal."

"As grandes **empresas** na área de **serviços**, em virtude da **expansão** da informática, tendem à **mobilização** na **defesa** de seus direitos."

Esses problemas na grafia surgem, principalmente, porque determinados sons podem ser representados por letras diferentes na língua escrita.

Na nossa língua, é o fonema /S/ (pronuncia-se "cê") aquele que gera mais problemas na representação escrita.

Observe com quantas letras podemos representar esse fonema:

FONEMA (SOM)	LETRAS
	S – misto, posto
	SS – cessão, opressão
	C – célula, acionar
/S/	Ç – extinção, adoção
	SC – nascer, obsceno
	XC – exceção, exceto
	X – texto, expor

Embora não haja regras precisas sobre a forma de grafar o fonema /S/, algumas observações nos orientam para o emprego das diversas letras.

1) **Usos da letra "S"**

1.1 Todas as formas dos verbos **pôr** e **querer** são grafadas com a letra "**S**", mesmo que o som seja /**Z**/.

Exemplos:

Ele **pôs** – Eu **pus** – pusemos – Se ele puser

Ele quis – Eles quiseram – Quando ele quiser

1.2 Nos verbos derivados de substantivos em cujo radical já exista a letra "S" (embora tenha o som de /Z/).

Exemplos:

análise	>	analisar
paralisia	>	paralisar
aviso	>	avisar
piso	>	pisar

1.3 Nos sufixos:

–ense

Exemplos:

paranaense, rio-grandense

–oso (com som de /**Z**/)

Exemplos:

teimoso, prazeroso

–ês –esa (que formam adjetivos com ideia de participação, além de muitos adjetivos pátrios). No sufixo **–esa** a letra "S" tem som de /**Z**/.

Exemplos:

burguês, burguesa, camponês, camponesa

–esa (com som de /**Z**/), que entra na formação do feminino de vários substantivos.

Exemplos:

príncipe – princesa; barão – baronesa; duque – duquesa

–isa (com som de /**Z**/), que também entra na formação do feminino.

Exemplos:

sacerdote – sacerdotisa; poeta – poetisa

1.4 Nos sufixos de origem grega: **–ase, ese, ise, ose** (som de /**Z**/).

Exemplos:

catequese, ênclise, osmose, metamorfose

1.5 No final de sílabas iniciais ou interiores das palavras, quando não for precedido da vogal E.

Exemplos:

misto, mistura, justaposição

1.6 Nos substantivos derivados de verbos que têm terminação em **–der –dir –ter –tir** ocorre o seguinte: o verbo perde essa terminação e aqueles que têm **R** ou **S** antes da terminação mantêm essas consoantes.

Exemplos:

pren**der**	>	pre	+	esa	>	pr**esa**
defen**der**	>	defe	+	esa	>	def**esa**
preten**der**	>	preten	+	são	>	preten**são**
compreen**der**	>	compreen	+	são	>	compreen**são**
disten**der**	>	disten	+	são	>	disten**são**
esten**der**	>	exten	+	são	>	exten**são**
(do latim *extendere*)						
ascen**der**	>	ascen	+	são	>	ascen**são**
preten**der**	>	preten	+	são	>	preten**são**
inver**ter**	>	inver	+	são	>	inver**são**
expan**dir**	>	expan	+	são	>	expan**são**
conver**ter**	>	conver	+	são	>	conver**são**
rever**ter**	>	rever	+	são	>	rever**são**
suspen**der**	>	suspen	+	são	>	suspen**são**
repreen**der**	>	repreen	+	são	>	repreen**são**
alu**dir**	>	alu	+	são	>	alu**são**
perver**ter**	>	perver	+	são	>	perver**são**
diver**tir**	>	diver	+	são	>	diver**são**
deci**dir**	>	deci	+	são	>	deci**são**

1.7 Nos substantivos derivados de verbos que têm terminação em **–gir**.

Exemplos:

asper**gir**	>	asper	+	são	>	asper**são**
imer**gir**	>	imer	+	são	>	imer**são**
espar**gir**	>	espar	+	so	>	espar**so** (adjetivo)
submer**gir**	>	submer	+	so	>	submer**so** (adjetivo)
conver**gir**	>	conver	+	são	>	conver**são**

1.8 Nos substantivos derivados de verbos que têm na sua formação o conjunto **-pel**, há a correlação com a forma **-puls**.

Exemplos:

im**pel**ir	>	im**puls**o, im**puls**ivo
ex**pel**ir	>	ex**puls**ão, ex**puls**o
re**pel**ir	>	re**puls**ão, re**puls**ivo

1.9 Nos substantivos derivados de verbos na correlação **corr** > **curs**.

Exemplos:

correr	>	**curs**o, **curs**ivo, ex**curs**ão
in**corr**er	>	in**curs**ão

1.10 Nos substantivos derivados de verbos na correlação **sent** > **sens**.

Exemplos:

sentir	>	**sens**o, **sens**ível
con**sent**ir	>	con**sens**o
dis**sent**ir	>	dis**sens**ão

2) **Usos do dígrafo "SS"** (duas letras que têm um só som, /S/)

2.1 Nos substantivos derivados de verbos terminados em: **-der, -dir -ter, -tir, -mir**, essas terminações desaparecem e usa-se SS.

Exemplos:

ace**der**	>	ace**ss**ível
admi**tir**	>	admi**ss**ível
agre**dir**	>	agre**ss**ão
ce**der**	>	ce**ss**ão
conce**der**	>	conce**ss**ão
compri**mir**	>	compre**ss**ão
discu**tir**	>	discu**ss**ão
exce**der**	>	exce**ss**ivo
suce**der**	>	suce**ss**ão
impri**mir**	>	impre**ss**ão
interce**der**	>	interce**ss**ão
opri**mir**	>	opre**ss**ão
progre**dir**	>	progre**ss**ão, progre**ss**o
permi**tir**	>	permi**ss**ão
repercu**tir**	>	repercu**ss**ão
repri**mir**	>	repre**ss**ão

subme**ter**	>	submi**ss**ão				
re**mir**	>	remi	+	ção	>	remi**ç**ão*

*REMIÇÃO vem do latim *redimere*, que significa resgatar, liberar, sendo usado em várias expressões, no Direito Civil e no Direito Penal. Não confundir com a homófona (isto é, uma palavra que tem o mesmo som, mas a grafia e o significado diferentes). REMISSÃO, que vem do latim *remissio*, significando desistência, indulgência, usada no Direito Civil.

2.2   Nos vocábulos formados por prefixos terminados em vogal (com exceção dos casos de hífen) acrescidos a palavras iniciadas pela letra "S".

Exemplos:

re	+	**s**urgir	>	re**ss**urgir
pre	+	**s**entir	>	pre**ss**entir
a	+	**s**ossegar	>	a**ss**ossegar

2.3   No sufixo **-íssimo** indicativo do grau superlativo dos adjetivos.

Exemplos:

caro	+	íssimo	>	car**íssimo**
digno	+	íssimo	>	dign**íssimo**
excelente	+	íssimo	>	excelent**íssimo**

3)   **Usos das letras "C" e "Ç"**

3.1   Nos substantivos derivados de verbos que têm a terminação -**der**, -**dir**, -**ter** -**guir**, ocorre o seguinte: a terminação permanece, com exceção da consoante **R**, e em muitos casos há o acréscimo da consoante **N** antes do **Ç**.

Exemplos:

abs**ter**	>	absten	+ ção >	absten**ç**ão
a**ter**	>	aten	+ ção >	aten**ç**ão
con**ter**	>	conten	+ ção >	conten**ç**ão
de**ter**	>	deten	+ ção >	deten**ç**ão
extin**guir**	>	extin	+ ção >	extin**ç**ão
ob**ter**	>	obten	+ ção >	obten**ç**ão
ren**der**	>	rendi	+ ção >	rendi**ç**ão
re**ter**	>	reten	+ ção >	reten**ç**ão

3.2   Nos substantivos formados de verbos terminados em -ar, na correlação **ar > -ção**.

Exemplos:

fal**ar**	>	fala**ç**ão
reput**ar**	>	reputa**ç**ão

objetiv**ar**	>	objetiva**ção**
import**ar**	>	importa**ção**
divulg**ar**	>	divulga**ção**
adot**ar**	>	ado**ção**

3.3 Nos vocábulos de origem tupi, ou africana.
Exemplos:

pa**ç**oca, ca**ç**ula, mi**ç**anga, ara**ç**á, igua**ç**u

3.4 Nos vocábulos de origem árabe.
Exemplos:

a**ç**afrão, a**ç**úcar, a**ç**ucena, mu**ç**ulmano

3.5 Nos sufixos nominais: **-aça, -aço, -iça, -uça, -uço, -nça**.
Exemplos:

barc**aça**, ric**aço**, arm**ação**, sum**iço**, fi**ança**, convalesc**ença**

3.6 Na formação de palavras, na correlação -T > Ç ou C.
Exemplos:

absorto	>	absor**ç**ão
alto	>	al**ç**ar, real**ç**ar
ato	>	a**ç**ão, a**c**ionar
canto	>	can**ç**ão
executar	>	execu**ç**ão
torto	>	tor**ç**ão, distor**ç**ão, contor**ç**ão (mas **extorsão**)

4) **Usos do dígrafo "SC"** (duas letras que têm um só som, /S/)
   4.1 O dígrafo "**SC**" é usado na nossa língua em termos eruditos, enquanto a letra "**C**" é usada nas formas populares herdadas e nas formações vernáculas.
Exemplos:

São formas populares herdadas: **conhecer, falecer, parecer, umedecer**, etc.
São formações vernáculas: a + maduro + cer > **amadurecer**.
São formas eruditas: **intumescer, proscênio, rescindir**.
Assim, grafam-se com o dígrafo "**SC**":

ab**sc**esso	acre**sc**entar	adole**sc**ência
a**sc**ensor	acré**sc**imo	a**sc**ensão
a**sc**endente	a**sc**ender	a**sc**ese
a**sc**etismo	con**sc**iência	con**sc**iente

cônscio	crescer	descendência
descer	descerrar	discernir
discípulo	fascículo	fascismo
fascista	imprescindível	irascível
miscigenação	nascer	nascituro
néscio	obsceno	oscilar
plebiscito	prescindir	recrudescer
remanescer	renascença	reminiscência
rescindir	rescisão	rescisório
seiscentos	suscitar	transcender

5) **Usos da letra "X"**

Se o fonema /S/ pode ser representado graficamente por letras diferentes, o que acontece com a letra "X" é o inverso, isto é, vários sons diferentes serão representados graficamente pela mesma letra. Assim, a letra "X", além de representar graficamente o som /S/, representa outros sons, como veremos a seguir.

5.1 Com som do fonema /S/ ("**cê**").
Exemplos:

aproximar	auxílio	contexto
expectativa	expensas	explanar
experto (sabedor)	expiar (pagar)	explicar
expor	extensão	extrato
inexperiência	têxtil	trouxe

5.2 Com o som do fonema /**Z**/.
Exemplos:

exagero	exegese	exame	exarar
exato	exausto	exaurir	execução
executar	exemplo	exequível	exímio
exibição	exigir	exíguo	
exonerar	exorbitar	exortar	
exumar	inexato	inexorável	
inexistente	exótico	êxodo	

5.3 Com som de /**KS**/.
Exemplos:

anexo	asfixiar	axiologia
complexo	conexo	crucifixo

dislexia	fixar	léxico
flexão	fluxo	marxismo
nexo	paradoxo	perplexo
prolixo	reflexo	táxi
tóxico	intoxicação	profilaxia
maxilar	uxório	tóxico

5.4 Com som de "**CH**".
Exemplos:

caixa	desleixado	elixir	enxergar
enxugar	enxertar	lixo	luxúria
mexer	paixão	praxe	taxa
taxativo	relaxar	rixa	vexame

5.5 Embora grafado, no dígrafo "**XC**" o **X** não soa, o que se pronuncia é apenas o fonema /**S**/.
Exemplos:

exceção	excedente	excelência
excelente	excelso	excelentíssimo
excêntrico	excepcional	excessivo
exceto	excetuar	excipiente
excitação	excerto	inexcedível

6) **Usos da letra "Z"**

O fonema /**Z**/, na língua escrita, pode ser representado pela letra "**Z**", pela letra "**S**", como já vimos no início dessa aula, e pela letra "**X**", como vimos acima, no item 5.2. A letra "**Z**" será usada:

6.1 Nos sufixos **-ez**, **-eza**, quando a partir de adjetivos se formam substantivos abstratos.
Exemplos:

altivo	>	altiv**ez**	macio	>	maci**ez**
belo	>	bel**eza**	rico	>	riqu**eza**
surdo	>	surd**ez**	singelo	>	singel**eza**

6.2 Nos sufixos **-izar -ização**, de origem grega, quando na formação de verbos e substantivos.
Exemplos:

fiscal**izar**, fiscal**ização**
organ**izar**, organ**ização**

colonizar, colonização

humanizar, humanização

valorizar, valorização

Observação:

Quando não há o sufixo **-izar**, só a etimologia explica, por exemplo: pesquisar, avisar — mas ajuizar, cicatrizar, abalizar.

6.3 Nas terminações **-az, -ez, -iz, -oz, -uz**, correspondentes às terminações latinas *-acem, -ecem, -icem, -ocem* e *-ucem*.

Exemplos:

capaz, faz, traz, feliz, atriz, feroz, foz, luz

6.4 Nos diminutivos e derivados que apresentam consoante de ligação.

Exemplos:

pai + inho > paizinho

rei + inho > reizinho

café + al > cafezal

Observação:

Quando a palavra-base termina em **-S**, essa letra se mantém. Por exemplo: lapisinho, chinesinho, sisudo, mesinha, mesada, etc.

6.5 Nas palavras que em latim se escreviam com uma consoante "C" intervocálica, na correlação **C (G) ou T > Z**.

Exemplos:

6.6 Na terminação **-triz**.

Exemplos:

atriz, dire**triz**, embaixa**triz**, ma**triz**

6.7 Nas palavras de origem árabe.

Exemplos:

azar, azeite, chafariz, xadrez, algoz

6.8 Nos vocábulos derivados cuja palavra-base se escreve com a letra "Z", esta se mantém.

Exemplos:

| baliza | > | balizado | | razão | > | arrazoar |
| raiz | > | enraizar | | jazer | > | jazigo |

6.9 Alguns vocábulos que são grafados com a letra "Z":

Abalizar	Acidez	Agilizar	Ajuizar	Algazarra
Algoz	Amenizar	Amizade	Aprazível	Anarquizar
Arrazoado	Aspereza	Atemorizar	Atroz	Avalizar
Avareza	Avidez	Baixeza	Banalizar	Bel-prazer
Capaz	Capitalizar	Certeza	Clareza	Caracterizar
Civilizar	Coalizão	Condizer	Colonizar	Contradizer
Cotizar	Contumaz	Conduzir	Conscientizar	Deduzir
Democratizar	Deslize	Desprezar	Destreza	Desautorizar
Dezesseis	Dezessete	Diretriz	Dureza	Dogmatizar
Enfatizar	Escassez	Esvaziar	Especializar	Exteriorizar
Fineza	Franqueza	Fugaz	Honradez	Harmonizar
Idealizar	Imunizar	Indenizar	Insipidez	Invalidez
Ironizar	Jaez	Jazer	Legalizar	Loquaz
Malvadez	Mendaz	Moleza	Noz	Menosprezar
Mesquinhez	Narcotizar	Nazismo	Ojeriza	Perspicaz
Pertinaz	Polidez	Prazeroso	Prazo	Prejuízo
Proeza	Regozijo	Primazia	Satirizar	Seduzir
Simpatizar	Simbolizar	Sintetizar	Sisudez	Sistematizar
Socializar	Soez	Sagaz	Talvez	Tez
Timidez	Totalizar	Triz	Urbanizar	Utilizar
Universalizar	Vagareza	Valorizar	Vazar	Vazio
Veloz	Veraz	Verbalizar	Vez(es)	Vezo
Vileza	Vivaz	Voraz	Voz(es)	Viuvez
Verniz	Vulgarizar	Xadrez	Xerez	Ziguezague

7) **Usos da letra "J"**

Duas letras que podem também gerar alguma dúvida na escrita são o "J" e o "G", pois, quando a letra "G" é seguida das vogais E e I, representa um mesmo som.

Assim, a letra "J" será usada nos seguintes casos:

7.1 Em palavras de origem latina.

Exemplos:

jeito, majestade, hoje, cerejeira

7.2 Em palavras de origem tupi-guarani, africana ou árabe.
Exemplos:

jiboia, jirau, alfanje, alforje

7.3 Nas formas derivadas de outras que já têm a letra "J".
Exemplos:

lisonjear, lojista, pegajoso, rijeza

7.4 Nas terminações **-aje**.
Exemplos:

l**aje**, tr**aje**, ultr**aje**

7.5 Palavras que são grafadas com a letra "**J**":
Exemplos:

adjetivo	ajeitar	berinjela	cafajeste
gorjeta	hoje	injeção	jiboia
majestade	manjerona	objetivo	ojeriza
pajé	projeção	projétil	rejeição
rijo	rijeza	sujeira	trejeito
varejo	viajar	viajem (verbo)	

8) **Usos da letra** "**G**"

8.1 Em palavras de origem latina ou grega.
Exemplos:

a**g**ir, falan**g**e, fri**g**ir, **g**esto, ti**g**ela

8.2 Em palavras de origem árabe.
Exemplos:

ál**g**ebra, **g**inete, **g**irafa, **g**iz

8.3 Nas terminações **-agem**, **-igem**, **-ugem**, **-ege**, **-oge**.
Exemplos:

malandr**agem**, vert**igem**, ferr**ugem**, her**ege** (mas laje)

8.4 Nas terminações **-ágio**, **-égio**, **-ígio**, **-ógio**, **-úgio**
Exemplos:

est**ágio**, egr**égio**, rel**ógio**, ref**úgio**

8.5 Nos verbos terminados em **-ger** e **-gir**.
Exemplos:

ele**ger**, prote**ger**, fin**gir**, fu**gir**, submer**gir**

8.6 Em geral, depois da letra "**R**".
Exemplos:

aspe**rg**ir, dive**rg**ir, u**rg**ente (exceções: alforje e os derivados com a letra "**J**" no radical)

8.7 Em palavras derivadas de outras que se grafam com a letra "**G**".
Exemplos:

fu**g**ir	>	afu**g**entar
ferru**g**em	>	ferru**g**ento
(mas: rijo	>	rí**g**ido, ri**g**idez)

8.8 Depois da letra "A" inicial de palavra.
Exemplos:

ágil, **ag**ente, **ág**io, **ag**itar

8.9 Exemplos de palavras que são grafadas com a letra "G".

aborí**g**ene	ar**g**ila	adá**g**io	a**g**enda	á**g**io
al**g**ema	ál**g**ido	apaná**g**io	apo**g**eu	ara**g**em
atin**g**ir	au**g**e	contá**g**io	cora**g**em	di**g**erir
di**g**ital	efí**g**ie	é**g**ide	e**g**ípcio	esfin**g**e
estraté**g**ia	ele**g**er	exi**g**ir	fu**g**ir	**g**esto
estran**g**eiro	**g**íria	here**g**e	impin**g**ir	plá**g**io
in**g**ênuo	li**g**eiro	ori**g**em	ri**g**idez	su**g**erir
in**g**estão	va**g**em	verti**g**em	via**g**em	tan**g**ível

9) **Usos da letra "H"**
A letra "H" não representa fonema; seu uso é explicado pela etimologia.
Assim, usa-se nos seguintes casos:

9.1 No início de palavras, se há justificativa etimológica.
Exemplos:

haver, **h**erói, **h**ipótese, **h**omem, **h**umano

9.2   No início ou no final de interjeições.
Exemplos:

hã! hem! hein! ah! eh! oh! bah!

9.3   No interior das palavras, integrando os dígrafos **CH**, **LH**, **NH**.
Exemplos:

acha, chuva, filho, banha

9.4   Exemplos de palavras que são grafadas com a letra "H" inicial.

há (verbo)	hálito	halo	hangar
harmonia	haste	haurir	hebreu
hediondo	hectare	hedonismo	hélice
hemeroteca	hemisfério	hepático	herança
herbáceo	herdar	heresia	hérnia
herói	hesitar	hiato	híbrido
hipérbole	hipocrisia	hipoteca	histeria
hombridade	homicida	homologar	honesto
honorários	horror	hóspede	humor
homenagem	hermenêutica		

EXERCÍCIOS

I –   Assinale a alternativa correta quanto à grafia das palavras:
   (A) O marido infringiu severa surra à mulher e, porisso responde por crime de lezões corporais.
   (B) O ladrão lijeiro furtou um relógio na festa beneficente.
   (C) Tantas exceções constituem um privilégio inadmissível.
   (D) A empresa em acensão pretende expandir suas vendas.
   (E) A incursão do escritor pelo tema é assecível ao leitores comuns.

II –   Assinale a alternativa <u>incorreta</u> quanto à grafia das palavras:
   (A) O quadro normativo prefigura a superação dos obstáculos, explicitando as devidas e imprescindíveis enfatizações.
   (B) A Comissão Revisora do Projeto, ao regeitar emendas que pretendiam tornar sem efeito a interrupção da prescrissão se estinto o processo sem julgamento do mérito, observou que o efeito interruptivo não se dá em atensão à sentença, mas decorre da sitação.
   (C) A posição do projeto do governo tinha em mira harmonizar os textos da legislação anterior, para uma aprovação sucessiva.
   (D) O dispositivo sob análise não contempla a hipótese de divórcio, que é causa mais forte do que a mera separação judicial, pois ocasiona a extinção do próprio vínculo matrimonial.
   (E) Várias outras inovações foram apresentadas, destacando-se a possibilidade de suprir, de ofício, a alegação de prescrição, quando favorecer a absolutamente incapaz.

III – Leia os fragmentos abaixo e assinale aquele que não apresenta incorreções ortográficas:

(A) "... em nome de uma consepção legal que despreza intricicamente, as determinações políticas de suas categorias e preceitos, tal sistema de exeção é autolimitado pela abstensão dos eleitores, que precindem da interceção nos conflitos jurídicos, a partir da extinção encejadora dos progetos de concecução..."

(B) "... em nome de uma concepção legal que despreza intrinsecamente as determinações políticas de suas categorias e preceitos, tal sistema de exceção é autolimitado pela abstenção dos eleitores, que prescindem da intercessão nos conflitos jurídicos, a partir da extinção ensejadora dos projetos de consecução..."

IV – Leia os fragmentos abaixo e assinale aquele que contém incorreções ortográficas:

(A) "... nesse processo de racionalisação, é imprecindível a diversificação interna das estruturas, sendo excusável recrudecer o caráter assimétrico e fragmentário da sociedade, com concição ezequível dos princípios e sucetível de estigmatisar o sentido do sistema legal..."

(B) "... nesse processo de racionalização, é imprescindível a diversificação interna das estruturas, sendo escusável recrudescer o caráter assimétrico e fragmentário da sociedade, com concisão exequível dos princípios e suscetível de estigmatizar o sentido do sistema legal..."

V – Assinale a alternativa na qual todas as palavras estão grafadas corretamente:

(A) Excesso   –   Excessão   –   Conciência   –   Farsa

(B) Dissenção   –   Alcançar   –   Acensão   –   Ocilação

(C) Secessão   –   Excursão   –   Consecução   –   Excepcional

(D) Assersão   –   Displisência –   Obsessão   –   Repreção

Capítulo 9

Revisão gramatical

Uma das grandes exigências feitas aos profissionais do Direito é o perfeito domínio das normas da língua culta padrão, que deve ser usada em todos os textos jurídicos, quer na modalidade oral, quer na modalidade escrita da língua.

Para tanto, iniciaremos com as regras de acentuação gráfica.

Não procede a desculpa dada por alguns estudantes de que não é necessário o conhecimento das regras de acentuação, uma vez que o corretor ortográfico dos computadores faz esse trabalho. Esquecem-se, contudo, de que, em provas e concursos, quem deve saber acentuar, para escrever corretamente, é o candidato. Além disso, muitas serão as ocasiões, ao longo da vida, em que os profissionais terão de manuscrever algum texto, sem o auxílio do computador.

Evidenciamos, assim, a necessidade de conhecer tais regras. Vamos a elas.

9.1 Acentuação das Palavras

Todas as palavras da língua portuguesa podem ser divididas em **sílabas**, que significam o conjunto de sons que nós produzimos em cada emissão de voz.

Assim, na palavra **DIREITO**, temos três sílabas: **DI-REI-TO**.

Quanto ao número de sílabas, as palavras da nossa língua podem ser classificadas em:

1) **MONOSSÍLABAS** – palavras de uma só sílaba.

Exemplos:

> fé, réu, com, de.

2) **DISSÍLABAS** – palavras com duas sílabas.

Exemplos:

> refém, juiz, toga, dever.

3) **TRISSÍLABAS** – palavras com três sílabas.

Exemplos:

> Tribunal, acórdão, salário, direito.

4) **POLISSÍLABAS** – palavras com quatro sílabas ou mais.

Exemplos:

> Constituição, autoridade, comunidades, autorização.

Dentre as sílabas que compõem as palavras de nossa língua, uma delas terá sempre uma intensidade maior; é a chamada **sílaba tônica** – as demais são chamadas **átonas**.

Assim, por exemplo, na palavra **TRIBUNAL**, composta por três sílabas:

TRI-BU-**NAL**, as duas primeiras são átonas e a última é tônica – aquela que falamos com maior intensidade.

A sílaba tônica de uma palavra, não importa o número de sílabas que a compõe, só pode recair em uma das três últimas.

Desse modo, de acordo com a posição da sílaba tônica, as palavras podem ser classificadas em:

1) **OXÍTONAS** – quando a sílaba tônica recai na última sílaba.
   Exemplos:
   Tribunal, juiz, civil, legislação, petição, porém.

2) **PAROXÍTONAS** – quando a sílaba tônica recai na penúltima sílaba.
   Exemplos:
   Direito, acórdão, família, previdência, júri.

3) **PROPAROXÍTONAS** – quando a sílaba tônica recai na antepenúltima sílaba.
   Exemplos:
   Código, jurídico, econômico etc.

Como podemos notar, todas as palavras têm uma sílaba que é tônica, mas nem todas as sílabas tônicas recebem um **acento gráfico**, isto é, um sinal sobre a vogal da sílaba tônica.

Os acentos gráficos usados para marcar as sílabas tônicas são:

1) O acento **agudo** – por exemplo, na palavra **CÓDIGO**, o acento sobre a vogal da antepenúltima sílaba: **CÓ**.

2) O acento **grave** – aquele com o qual marcamos a crase. Ex.: O promotor fez referência **À** reação demonstrada pelo acusado.

3) O acento **circunflexo** – com o qual marcamos a sílaba tônica fechada, como na palavra **TÔNICA** – o acento sobre a vogal da antepenúltima sílaba: **TÔ**.

Para orientar os falantes da língua na pronúncia das palavras e, quando escritas, para orientar o leitor, existem as regras de acentuação gráfica, que veremos a seguir.

9.1.1 Regras de acentuação gráfica

MONOSSÍLABAS – são acentuadas quando terminadas em:

1) **A, E, O** – seguidas ou não de S. Ex.: pá, chá, pé, pó, nó.
   Observação:
   Existem algumas palavras monossílabas que são consideradas átonas, portanto nunca são acentuadas. São elas: os artigos: o, a, o, as, um, uns; os pronomes: o, a, lhe, se, me, que; as preposições: a, de, com, em, sob; as conjunções: e, nem, que, se.

100

2) Ditongos abertos: **ÉU, ÉI, ÓI** – seguidos ou não de S. Ex.: réu, réis, dói.

Observação:

Segundo o Acordo Ortográfico de 1990, aprovado, no Brasil, pelo Decreto Legislativo n. 54, de 18-4-1995, e promulgado pelo Decreto n. 6.583, de 29-9-2008, esses ditongos **não** serão mais acentuados em palavras **paroxítonas**. Assim, escreve-se agora: **ideia, colmeia, celuloide, boia, assembleia** etc.

PROPAROXÍTONAS – **TODAS** são acentuadas

Exemplos:

código, tráfico, ilícito, hipótese, cônjuge.

OXÍTONAS – são acentuadas quando terminadas em:

1) **A, E, O** – seguidas ou não de S. Ex.: você, café, Pará, dó.

Observação:

As formas verbais terminadas em A, E, O também são acentuadas. Ex.: dê, dá, cantá-lo, fá-lo-á, devolvê-lo-ia.

2) **EM, ENS** – em palavras com duas ou mais sílabas. Ex.: porém, também, desdém, vinténs.

Observações:

1: Logo, as palavras **monossílabas** terminadas em: EM, ENS **não** levam acento gráfico; por exemplo: sem, bem, trem, nem.

2: Assim também, as **paroxítonas** terminadas em: EM, ENS, **não** são acentuadas; por exemplo: jovem, item, nuvem.

PAROXÍTONAS – são acentuadas quando terminadas em:

1) **I, IS, US, UM, UNS** – Ex.: júri, júris, álbum, bônus, etc.
2) **Ã, ÃO,** seguidos ou não de S. – Ex.: imã, órfão, órgãos.
3) **L, N, R, X** – Ex.: ágil, automóvel, míssil, caráter, tórax, fênix.
4) **PS** – Ex.: fórceps, bíceps.
5) **DITONGOS** (duas vogais que são pronunciadas na mesma sílaba).

– Ex.: série, história, glória, tênue, mútuo, ímpio.

9.1.2 Casos especiais

1) São acentuados os ditongos abertos **ÉU, ÉI, ÓI** somente quando estiverem na última sílaba, isto é, quando as palavras forem oxítonas.

Exemplos:

chapéu, troféu, herói, constrói.

2) São acentuadas as letras **I** e **U** tônicas nos **hiatos** (duas vogais que são pronunciadas em sílabas separadas) quando:

2.1 não forem seguidas de NH.

Exemplos:

Tatuí, jesuíta, ruído, ruína, saída.

Não são, pois, acentuadas palavras como rainha e bainha.

2.2 seguidas das consoantes **L, M, N, R, Z** não formarem sílaba com elas.

Exemplos:

juízes (ju-**í-ze**s) (já a palavra **juiz** não tem acento):

raízes (ra-**í-ze**s) (já a palavra **raiz** não tem acento);

ruína (ru-**í-na**) (já a palavra **ruim** não tem acento).

Observação:

Segundo o Acordo Ortográfico, as vogais I e U, nas palavras paroxítonas, não serão mais acentuadas se vierem depois de um ditongo, por exemplo: baiuca, bocaiuva, feiura, maoista.

Se, entretanto, a palavra for oxítona, mesmo com o ditongo, se o I ou U estiverem no final da palavra, haverá acento, por exemplo: Piauí, tuiuiú, teiú.

3) Segundo o Acordo Ortográfico, não se acentua mais a primeira vogal O do grupo ÔO, nem o primeiro E do grupo EE.

Exemplos:

enjoo, voo, abençoo, coo, leem, creem, veem, deem.

4) Não são acentuados os prefixos paroxítonos terminados em R e I.

Exemplos:

super, semi, hemi, anti, arqui, hiper, inter.

5) Observe a acentuação das formas verbais: os verbos TER e VIR e seus compostos acentuam-se do seguinte modo:

Ele TEM	–	Eles TÊM
Ele CONTÉM	–	Eles CONTÊM
Ele VEM	–	Eles VÊM
Ele INTERVÉM	–	Eles INTERVÊM

6) O **TREMA** (¨). Em conformidade com o Acordo Ortográfico, o trema deixa de ser usado. Assim, passa-se a grafar as palavras da seguinte forma: sequência, consequência, tranquilo, cinquenta etc.

7) O acento diferencial só será usado nos seguintes casos:

PÔDE,	para diferenciar-se de	**PODE**
(3ª pess. do sing. do pret. perf. do indic.)		(presente do indic.)
PÔR		**POR**
(infinitivo do verbo)		(preposição)

EXERCÍCIOS

I – Assinale a alternativa na qual todas as palavras estão acentuadas corretamente:

(A) O contribuinte não tem saida: ou paga seus impostos ou vai a juizo.

(B) Eu contribuí com dez reais para a Campanha da saúde.

(C) O velho moinho está em ruinas; era uma atração turística.

(D) A ferrugem corroi a lataria do carro.

(E) Com elegancia britanica cumprimentou o inimigo.

II – Assinale a alternativa em que todas as palavras são acentuadas em razão da mesma regra gramatical:

(A) porém – quartéis – afável – quinquênio – bênção

(B) cônsul – véu – miosótis – lâmina – ilhéu

(C) gerúndio – éter – faróis – amável – potássio

(D) harém – Vênus – órfão – aimoré – símbolo

(E) gaúcho – Havaí – roído – reúne – faísca

III – Assinale a alternativa que preenche as lacunas da frase abaixo com as formas corretas dos verbos *ter* e *ver*:
A vida _____ percalços que _____ sem ninguém esperar; quando um deles _____ ,
todos _____ de enfrentá-los com decisão.

(A) tem, vêm, vem, têm

(B) têm, vem, vêm, tem

(C) têm, vêm, vem, tem

(D) tem, vem, vêm, têm

(E) têm, vêm, vêm, têm

IV – Assinale a única série de palavras corretamente acentuadas:

(A) rubi, Luis, querê-la, chuchu

(B) baú, jovem, partí-la, César

(C) tabu, facil, através, Nélson

(D) possui, pô-la, Eugênio, bíceps

(E) álbum, incoerência, gráu, bênção

V – Aponte o único conjunto em que há erro de acentuação:

(A) tu deténs – ela detém – pô-lo-íamos – hifens

(B) eloquência – sozinho – Bauru – hebreia

(C) influíram – Sérgio – atraí-lo – dizíamos

(D) pântano – ibero – rubrica – fóssil

(E) constrói – véu – fluor – bisturi

VI – Assinale a alternativa em que todas as palavras estão corretamente acentuadas:

(A) aziago, refém, xenômano, pudico

(B) gárrulo, estalidos, datilográfas (verbo), Damócles

(C) antonimia, alopata, aerolito, morfinômano

(D) nitrido, interim, monólito, polissíndeto

(E) antonomasia, gratuito, textil, rubiácea

VII – Indique a alternativa em que aparece uma palavra que não deve ser acentuada graficamente:

(A) graudo – nucleo – flebil – paraiso – invio

(B) etiope – cadaver – lepido – estrategia – pindaiba

(C) refem – pubere – covado – apoteose – chavena

(D) rutilo – pensil – helice – azafama – bilis

(E) nenhuma das anteriores

VIII – Nas frases abaixo, foram retirados os acentos das palavras proparoxítonas. Identifique-as e reescreva-as, acentuando-as corretamente:

(A) As mudanças no mercado passaram a exigir dos advogados um grau maior de especialização funcional e tecnica em sua formação profissional.

(B) A preocupação central é explicar como as formas juridicas influenciam e, ao mesmo tempo, são influenciadas pela organização de um determinado tipo de relações de produção economica e politica.

(C) A questão basica com que se defronta essa visão do direito é, assim, a explicitação do poder social das significações juridicas.

(D) Alguns tecnicos em computação alertavam para o fato de que a informatica não se instala com neutralidade no tecido social.

IX – Dos pares de palavras abaixo, reescreva apenas as paroxítonas que devem ser acentuadas:

1. saci – taxi
2. orfãs – irmãs
3. carater – temer
4. orgão – solução
5. nobel – incrivel
6. futil – sutil
7. nuvem – hifen
8. tupis – gratis
9. medium – algum
10. urubus – Venus

9.2 Crase

Inicialmente, vamos fazer algumas observações gerais que nos ajudarão a compreender o fenômeno da crase e facilitarão o seu emprego.

1) Crase é a fusão ou contração de dois sons idênticos (**A** + **A**) em um só fonema **A**;

2) O fenômeno da crase é indicado graficamente pelo acento grave (`).

3) Assim, em uma frase como: Vou **A A** Universidade, não precisamos pronunciar os dois **As**; pronunciamos apenas um e, na escrita, marcamos com o acento grave: Vou **À** Universidade.

4) Crase, pois, não é o nome do acento, mas do fenômeno de fusão dos dois sons iguais.

Exigências para o uso da crase:

1) Existência de um termo regente que exige complemento regido pela preposição **A**.

2) Termo regido feminino que admita o artigo definido feminino singular ou plural (**A e As**).
Exemplos:

Iremos	A	A	**cidade.**
	(preposição)	**(artigo definido)**	
Iremos		À	**cidade.**

Formas práticas para identificar a presença da crase:

1) Com um substantivo comum feminino, substitui-se por um masculino, aparecendo a preposição **A** e o artigo masculino **O**. Isso significa que, diante da palavra feminina, existe a crase.

Exemplos:

Vou **À** cidade.

Vou **AO** centro.

Vou **AO** fórum.

2) Com substantivo próprio feminino, coloca-se a preposição PARA; se aparecer PARA A, há crase.

Exemplos:

Vou **À** Itália.	=	Vou **PARA A** Itália.
Vou **À** Bahia.	=	Vou **PARA A** Bahia.
Vou **A** Brasília.	=	Vou **PARA X** Brasília.

Quando se tratar do verbo IR (vou), podemos fazer o movimento inverso, usando o verbo VOLTAR; se aparecer **VOLTO DA**, existe a crase, mas, se aparecer **VOLTO DE**, não há crase, pois não há artigo.

Assim:

Volto **DA** Itália.

Volto **DA** Bahia.

Volto **DE** Brasília.

É bom lembrar que, mesmo os nomes próprios femininos que não aceitam artigo, quando estiverem acompanhados de adjuntos adnominais, isto é, adjetivos ou locuções adjetivas, serão precedidos da crase se houver a presença da preposição **A**.

Exemplo:

Vou **À majestosa** Brasília.

9.2.1 Usos da crase

1) A rigor, só há crase com palavras femininas, mas pode-se dar com palavras masculinas, quando estiver subentendido: **à maneira de; à moda de.**

Pode ocorrer também a presença da crase diante de nome masculino, quando estiverem subentendidas as palavras **faculdade, universidade**.

Exemplos:

Escreve À Graciliano Ramos (**à maneira de** Graciliano Ramos).

Vestir-se À Pierre Cardin (**à moda de** Pierre Cardin).

Enviou o atestado À Cândido Mendes (**à Universidade** Cândido Mendes).

2) Com os pronomes demonstrativos **AQUELE, AQUELA, AQUILO, AQUELOUTRO**, no singular ou no plural, usa-se a crase, mesmo com os masculinos, pois se iniciam com a vogal A, e a crase é a fusão de dois sons iguais.

Exemplo:

Darei o prêmio **ÀQUELE** aluno que obtiver melhor nota.

3) São marcadas com o acento grave, indicativo da crase, as:

3.1 **Locuções adverbiais femininas** (duas ou mais palavras que têm o mesmo valor de um advérbio), por exemplo:

à direita – à esquerda

à disposição

à tarde – à noite

à parte

à toa

à vista

às claras – às escondidas

às escuras

às ordens – às pressas

às vezes

3.2 **Locuções prepositivas** (duas ou mais palavras que têm o mesmo valor de uma preposição), por exemplo:

à beira de

à custa de

à espera de

à frente de

à mercê de

à procura de

3.3 **Locuções conjuntivas** (duas ou mais palavras que têm o mesmo valor de uma conjunção), por exemplo:

à medida que

à proporção que

Observação:

Com locuções formadas por palavras masculinas, portanto, não se usa a marca da crase. Por exemplo: andar **A pé**, máquina **A vapor**, vendas **A prazo**, dinheiro **A rodo**.

9.2.2 Casos em que <u>não</u> se usa a crase

1) Antes de **verbos**:

   Exemplos:

   > Demorou **A** chegar – Aprender **A** ler – Caso **A** estudar
   >
   > Condições **A** combinar – Mercadorias **A** transportar

2) Antes do artigo indefinido **UMA** e dos pronomes que não admitem o artigo **A: pronomes pessoais, de tratamento** (exceção: senhora e senhorita), **indefinidos, demonstrativos, relativos: que, quem, cuja** (exceção: a qual e as quais).

   Exemplos:

   > Não me submeto **A** uma exigência dessas.
   >
   > Ele se referiu **A** mim.
   >
   > Peço **A** V.Ex . que...
   >
   > **A** essa hora o comércio já fechou.
   >
   > Assisti penalizado **A** toda essa cena.
   >
   > **A** ela – **A** si – **A** V.S . – **A** V. Ex . – **A** nenhuma parte
   >
   > **A** cada uma – **A** qualquer hora – **A** uma hora qualquer
   >
   > **A** ninguém – **A** nada – **A** certa hora – **A** essa hora
   >
   > **A** quem respeito – **A** cuja autoridade me submeto
   >
   > **A** que me refiro

3) Antes de **numerais**.

   Exemplos:

   > De 1939 **A** 1945 – De 11 **A** 20

   3.1 Quando o numeral se refere **a hora determinada**, formando locução adverbial feminina, **usa-se** a marca da crase.

   Exemplos:

   > Veio **ÀS** três horas.
   >
   > Estarei lá das 15 h **ÀS** 18 h.

4) Entre **substantivos iguais**.

   Exemplos:

   > face **A** face – gota **A** gota – de parte **A** parte – corpo **A** corpo

5) Quando a vogal **A (preposição)** está diante de palavras no plural, tomadas em sentido genérico.

   Exemplos:

   > Não damos ouvidos **A** reclamações.
   >
   > Não me refiro **A** mulheres, mas **A** meninas.
   >
   > **A** obras – **A** matérias difíceis – **A** pessoas ilustres
   >
   > **A** considerações variadas – **A** conclusões favoráveis – **A** forças ocultas.

6) Depois de preposições, como: **ante, após, com, conforme, contra desde, durante, entre, mediante, para perante, sob, sobre, segundo.**

Exemplos:

ante **A** evidência – após **As** aulas – conforme **A** ocasião

desde **A** véspera – durante **A** aula – entre **As** árvores

mediante **A** força – para **A** paz – perante **A** sociedade

sob **A** fiscalização – sobre **A** questão – segundo **A** lei

7) Quando, antes de substantivo feminino, subentende-se o artigo indefinido **UMA**, o que indica que a palavra está sendo tomada de forma indeterminada.

Exemplos:

Estava entregue **A** terrível depressão.

Procedeu-se **A** minuciosa busca.

9.2.3 Casos especiais

1) Com a palavra **CASA**:

1.1 Quando significar **lar**, isto é, a casa onde moramos, não é determinada, e, portanto, não aceita artigo. Logo, não há crase.

Exemplos:

Irei agora **A** casa. Ou Irei agora **PARA** casa.

1.2 Quando modificada por adjetivo ou locução adjetiva, há a marca da crase.

Exemplos:

Vou **À** casa de Pedro.

Refere-se **ÀS** Casas Pernambucanas.

2) Com a palavra **TERRA**:

2.1 Quando oposta a mar, não está determinada, logo não se usa a crase.

Exemplos:

O navio já regressou **A** terra.

2.2 Quando modificada por adjetivo ou locução adjetiva, há a marca da crase.

Exemplos:

Foi **À** terra natal.

Os aviões se dirigiam **ÀS** terras iraquianas.

3) Com a palavra **DISTÂNCIA**:

3.1 Quando indeterminada, não ocorre a crase.

Exemplo:

Os observadores ficaram **A** distância.

3.2 Quando determinada, ocorre a crase.

Exemplo:

Os observadores ficaram **À** distância de duzentos metros.

4) Com os pronomes relativos **A QUAL, AS QUAIS**. Embora com os pronomes não ocorra a crase, como esses são iniciados com a vogal **A**, pode dar-se a fusão dos sons iguais, se antes deles houver a preposição **A**.

Exemplo:

Não conheço a cidade **À** qual ele se referiu.

5) Com os pronomes demonstrativos **A** (= aquela) e **AS** (= aquelas), ocorre também a crase, se precedidos da preposição **A**.

Exemplos:

É uma situação semelhante **À** que enfrentamos ontem.

É uma situação semelhante **ÀQUELA** que enfrentamos ontem.

Vejamos um exemplo com o masculino:

É um fato semelhante **AO** que observamos ontem.

É um fato semelhante **ÀQUELE** que observamos ontem.

9.2.4 Casos em que o uso é facultativo

1) Antes de pronomes possessivos femininos.

Exemplos:

Aos meus alunos e **ÀS** (ou **AS**) minhas alunas desejo boa sorte.

Cada um deve dirigir-se **À** (ou **A**) sua sala.

2) Antes de nomes de mulheres. Se a pessoa for íntima de quem fala, usa-se o artigo definido e, portanto, pode ocorrer a crase; caso contrário não ocorre.

Exemplos:

Declarou-se **À** Joana.

Referia-se **A** Selma, a nova diretora.

EXERCÍCIOS

A – Leia com atenção:

I – Isto me levou a uma solução imediata.

II – Fazia críticas aquilo que eu dizia.

III – Cheguei muito tarde a casa e logo fui dormir.

IV – Promovemos sessões à partir da meia-noite.

Quanto ao emprego da crase, podemos dizer que:

(A) são corretas apenas as frases I e II

(B) são corretas apenas as frases II e IV

(C) são corretas as frases I, II e III

(D) são corretas apenas as frases I e III

(E) todas são corretas

B – Leia com atenção:

I – Obedeça ...... sinalização, é o que dizem as placas nas rodovias.

II – Fui ...... Londres, ou melhor, ... velha Londres.

III – Alguém fez uma alusão irônica ...... mim.

IV – Chegaremos ...... 3 horas.

Assinale a alternativa que completa corretamente as lacunas:

(A) à – a – a – à – as

(B) a – à – à – a – à

(C) à – à – a – às

(D) a – à – a – à – as

(E) a – a – a – a – as

C – Leia com atenção:

Nunca disseram ... V.Sa. toda a verdade, pois falar ... qualquer pessoa as razões que encobrem a verdade custa. É uma campanha digna, ... cuja disposição me ponho. Se a instituição resistiu ... uma devassa como essa é porque nada tem de condenável.

(A) Todas as lacunas são preenchidas com A marcado pelo acento indicativo da crase. Justificar cada uma.

(B) Todas as lacunas são preenchidas por A sem marca de crase. Justificar cada uma.

D – Leia com atenção:

Muitas pessoas não gostam de ir **a** São Paulo, onde os bandeirantes andaram rumo a regiões ignoradas, pois encontram-se face **a** face com a violência urbana. Os turistas ficam pouco tempo **a** contemplar as paisagens do centro e, sem demora, encaminham-se **a** lugares mais seguros, sem fazer nenhuma alusão **a** nada.

(A) O segmento de texto está incorreto, pois algum **a** deve ser marcado pelo acento indicativo da crase. Justificar.

(B) O segmento de texto está correto, pois nenhum **a** deve ser marcado pelo acento indicativo da crase. Justificar.

E – Identifique a alternativa correta quanto ao uso da crase:

(A) O juiz deverá chegar amanhã cedo à Brasília.

(B) Fez à pé todo o caminho de São Tiago.

(C) As inscrições para o concurso estarão abertas à partir do dia 16.

(D) É uma paisagem semelhante à da sua terra natal.

(E) O progresso chegou inesperadamente aquela cidade.

F – Indique a oração na qual <u>não</u> é correto o uso da marca da crase:

(A) Às oito horas chegamos ao local.

(B) Encontrei o funcionário à quem procuravas.

(C) Vestia-se à moda da prima dona.

(D) Esta é a solenidade à qual me referi.

(E) Ele, às vezes, comporta-se como um delinquente.

9.3 Pronomes

A fim de esclarecermos bem o que significa a classe dos pronomes, vamos recordar que todas as palavras de nossa língua pertencem a uma das dez classes de palavras que formam todo o nosso léxico, isto é, todo o vocabulário da nossa língua. Algumas são variáveis, quer dizer, sofrem modificações de gênero, número, pessoa, etc.: são elas: o substantivo, o adjetivo, o artigo, o verbo, o numeral e o pronome. Outras são invariáveis: o advérbio, a preposição, a conjunção e a interjeição.

O pronome é aquela palavra que substitui ou acompanha o substantivo; dizendo de outra forma, é a palavra que representa um ser ou a ele se refere, indicando-o como pessoa do discurso.

Os pronomes classificam-se em: pessoais, de tratamento, possessivos, demonstrativos, indefinidos, interrogativos e relativos.

Os pronomes pessoais são aqueles que designam as três pessoas do discurso:

a)   a 1ª pessoa – aquela que fala: **eu** (no singular), **nós** (no plural);
b)   a 2ª pessoa – aquela com quem se fala: **tu** (no singular), **vós** (no plural);
c)   a 3ª pessoa – aquela de quem se fala: **ele**, **ela** (no singular), **eles**, **elas** (no plural).

Os pronomes eu, tu, ele, ela, nós, vós, eles, elas são os do caso reto e, na oração, em geral, têm a função de sujeito.

A esses pronomes do caso reto correspondem os pronomes do caso oblíquo, que funcionam como complemento, isto é, como objeto. Podem apresentar-se sob a forma tônica ou átona.

São pronomes oblíquos átonos: me, te, se, lhe, o, a, nos, vos, se, lhes, os, as. São pronomes oblíquos tônicos: mim, comigo, ti, contigo, si, consigo, conosco, convosco.

Os pronomes átonos formam com o verbo um todo fonético. Sua posição, geralmente, na oração, é após a forma verbal, o que se denomina **ênclise**; muitas vezes eles são colocados antes do verbo, o que se chama **próclise** e, mais raramente, aparecem no meio do verbo, que é a **mesóclise**.

No momento em que estamos escrevendo, surgem as dúvidas sobre a melhor posição dos pronomes oblíquos, em relação ao verbo. Por exemplo, como escrever:

"Pelo contrário, **lhe** compete absorver o prejuízo..." ou é melhor: "Pelo contrário, compete-**lhe** absorver o prejuízo..."; "... o consentimento no contrato de seguro **se** firma nas declarações ...." ou é melhor: "... o consentimento de seguro firma-**se** nas declarações...".

9.3.1 Emprego dos pronomes pessoais oblíquos

Gramaticalmente, usa-se a expressão **topologia pronominal** para referir-se ao lugar, à colocação adequada dos pronomes pessoais oblíquos, na frase.

Algumas regras práticas existem para orientar a colocação dos pronomes átonos, em relação ao verbo.

1) **ÊNCLISE** – posição do pronome átono depois do verbo. Ocorre nos seguintes casos:
No início de oração – embora na linguagem coloquial, isto é, aquela que usamos no dia a dia, possamos iniciar a oração com o pronome oblíquo átono, como no exemplo: "**Me** dá um café", na linguagem culta não se admite o pronome oblíquo iniciando a oração.
Exemplos:

> Verifica-**se**, no primeiro parágrafo, a preocupação com a função social da propriedade.
>
> Parece-**me** que a eliminação desse parágrafo evitaria a ambiguidade apontada pelo doutrinador.
>
> Segui-**o** por muito tempo, observei-o, mas nada pude apurar.

Com as formas verbais do infinitivo impessoal, do imperativo e do gerúndio, deve-se usar a ênclise.
Exemplos:

> Cumpre ajustar-**se** as diretrizes, tendo em vista alcançar os objetivos propostos. (infinitivo impessoal)
>
> Cala-**te**, ou sofrerás as consequências de tuas palavras! (imperativo)
>
> Entendendo-**se** que o princípio da função social do contrato traz a possibilidade de revisão contratual... (gerúndio)

2) **PRÓCLISE** – posição do pronome átono antes do verbo. Deve-se colocar o pronome átono antes do verbo, como regra geral, quando antes dele houver uma palavra pertencente a um dos seguintes grupos:
Palavras ou expressões negativas: não, nunca, nem, nenhum, ninguém, de modo algum, em hipótese alguma, etc.
Exemplos:

> "As partes <u>não</u> **se** obrigam a atuar de modo que as suas declarações. ...."
>
> <u>Nunca</u> **se** saberá se era essa mesma a intenção do autor.

Pronomes indefinidos: alguém, quem, algum, diversos, qualquer, cada qual, algum outro, quem quer que, etc.
Exemplos:

> Muitos **se** desencantaram com as condições oferecidas e preferiram desistir do negócio.
>
> Alguns, entretanto, **se** propuseram a levar em frente as propostas.

Pronomes interrogativos: quem?, qual?, onde?
Exemplo:

> Quem **se** responsabilizará por tais danos?

Pronomes relativos: quem, qual, que, cujo, onde, quanto.
Exemplos:

> "O direito à própria imagem dota-se de plena autonomia, porque seus componentes, <u>que</u> **se** conformam por meio das projeções mecânicas...."

"A posse espelhará o modo por <u>que</u> **se** exerce o direito de propriedade."

Advérbios: talvez, ontem, aqui, ali, agora, pouco a pouco, de vez em quando, de súbito, etc.

Exemplos:

"<u>Daí</u> **se** infere que, independentemente da situação em que se estiver, os fornecedores de produtos..."

<u>De modo algum</u> **nos** afastaremos, na interpretação, dos princípios que regem a legislação sobre o tema.

Conjunções subordinativas: quando, se, como, porque, que, enquanto, embora, logo que, etc.

Exemplos:

"<u>Quando</u> **se** refere à responsabilidade pelo fato do produto ou serviço, o legislador está focalizando..."

O prenome é indispensável a todos os cidadãos <u>a fim de que</u> **se** diferenciem dos demais.

Frases optativas:

Exemplos:

Bons ventos **o** levem!

Deus **o** proteja!

— Preposição EM + gerúndio

Exemplo:

"<u>Em</u> **se** <u>tratando</u> da alteração compulsória de prenome, a jurisprudência tem entendido ......"

Obs.: Quando antes do infinitivo impessoal houver uma das palavras ou expressões mencionadas acima, o pronome átono pode ser colocado antes ou depois do infinitivo, indiferentemente. Ex.: Nada lhe contamos para não **o** aborrecer (ou para não aborrecê-**lo**).

3) **MESÓCLISE** — o pronome átono é colocado no meio da forma verbal quando esta estiver no futuro simples do presente ou no futuro simples do pretérito do indicativo.

Exemplo:

"Diante da noção de incorporação imobiliária, cabe frisar que, na maior parte dos casos relativos a este contrato especificamente, **estar-se-á** diante de uma relação de consumo...."

Obs.: Se antes do futuro simples do presente ou do futuro simples do pretérito do indicativo houver uma das palavras ou expressões que provocam a próclise, então não se colocará o pronome na posição mesoclítica, e sim na proclítica. Ex. Nada **lhe** direi, embora me obrigues. É o que **lhe** diríamos, se pudéssemos.

4) **PRONOMES ÁTONOS EM LOCUÇÕES VERBAIS**

Em locuções de infinitivo e de gerúndio, na forma afirmativa, o pronome pode ser colocado antes dos dois verbos, entre eles ou depois deles.

113

Exemplos:

Nós **lhe** devemos dizer a verdade (infinitivo).

Devemos-**lhe** dizer a verdade.

Devemos dizer-**lhe** a verdade.

As palavras **se** vão acumulando (gerúndio).

As palavras vão-**se** acumulando.

As palavras vão acumulando-**se**.

Nas locuções com particípio — os tempos compostos, formados de um verbo auxiliar (ter ou haver) mais o particípio do verbo principal —, na forma afirmativa, o pronome é colocado antes dos dois verbos ou entre eles.

Exemplos:

Ele **nos** tem ajudado muito.

Ele tem-**nos** ajudado muito.

Obs.: Se as locuções verbais são precedidas de palavra negativa, que exige a próclise, só duas posições são possíveis com as locuções de infinitivo e de gerúndio: o pronome antes dos dois verbos, ou depois deles. No caso do particípio, apenas uma posição é admitida: antes dos dois verbos.

Exemplos:

Não **o** pude prender (infinitivo).

Não pude prendê-**lo**.

Não **me** estás ajudando (gerúndio).

Não estás ajudando-**me**.

Ele não **nos** tem ajudado (particípio).

5) **FORMAS "O", "LO" e "NO" DO PRONOME OBLÍQUO**

5.1 Quando o pronome oblíquo da 3ª pessoa, que funciona como objeto direto, vem antes do verbo, apresenta-se sempre com as formas O – A – OS – AS.

Exemplos:

Não **o** ver para mim é doloroso.

Nunca **a** encontramos aqui.

5 .2 Quando o pronome está colocado depois do verbo e se liga a ela por hífen, o caso de ênclise, a sua forma depende da terminação do verbo. Assim:

5.2.1 Se a forma verbal termina em vogal ou ditongo oral, o pronome mantém a sua forma, isto é: O, A, OS, AS.

Exemplos:

Louvo-o, Louvei-os, Louvava-a, Louvou-a.

5.2.2 Se a forma verbal termina em **-R**, **-S** ou **-Z**, suprimem-se essas conso-antes e o pronome assume as formas **LO**, **LA**, **LOS**, **LAS**.

Exemplos:

Vê-**lo** para mim é difícil. (Ver + **o** > Vê-**lo**)

Encontramo-**la** na rua. (Encontramo**s** + **a** > encontramo-**la**).

5.2.3   Se a forma verbal termina em ditongo nasal, o pronome assume as formas **NO, NA, NOS, NAS.**

Exemplos:

    Dão-**no** – Tem-**no** – Trouxeram-**na** – Põem-**na**

Obs.: A terminação verbal -MOS, característica dos verbos na 1ª pessoa do plural, perde o S final, antes dos pronomes NOS e VOS.

Exemplos:

    Damos + nos > **Damo-nos** – Propusemos + nos > **Propusemo-nos**

Essa alteração **não** ocorre com os pronomes te, lhe e lhes. Ex.:

Fizemos-lhe; Propusemos-te.

Com as outras pessoas verbais e com os pronomes oblíquos, exceção feita aos enumerados acima, não há alterações. Ex.: Pedistes-me – Diz-lhe – Faz-lhe – Pusestes-vos – Feriras-te.

6)   ALGUNS LEMBRETES

Como sabemos, o sujeito de qualquer oração **não** pode vir precedido de preposição. Assim, os pronomes pessoais do caso reto, na função de sujeito, também não podem ser precedidos de preposição. Na função de objeto verbal, os pronomes pessoais do caso reto podem vir precedidos de preposição, por exemplo: Dei um livro **a ele**. Enviaram um *e-mail* **para nós**.

Constituem exceção, entretanto, os pronomes **EU** e **TU**, diante dos quais não se admite preposição, mesmo na função de complemento verbal. Devem ser empregados, então, respectivamente, os pronomes tônicos **MIM** e **TI**.

Exemplos:

    Entre mim e **ele** não há divergências (e não: entre eu e ele...).

    Entre mim e **ti** não há divergências (e não: entre eu e tu...).

    Sem você e **mim** eles não conseguirão (e não: sem você e eu).

    Perante mim e **vós** todos falarão (e não: perante eu e vós...).

    Sobre mim e **V. Sa.** não há dúvidas (e não: sobre eu e V.Sa....).

Os pronomes EU e TU podem ser empregados como sujeitos de um verbo no infinitivo, embora antes deles exista a preposição.

Exemplo:

    Não combine nada **sem eu** mandar.

Ao desdobrarmos a oração reduzida: "eu mandar", teremos: "que eu mande". Percebemos, assim, que o pronome **eu** está funcionando como sujeito do verbo "mandar". A diferença é aquela notada nas seguintes frases: Isso é **para mim**, na qual **mim** é complemento, e: Isso é para **eu** fazer, na qual **eu** é sujeito do verbo "fazer".

Os pronomes oblíquos de terceira pessoa **LHE** e **LHES**, gramaticalmente, são formas do **objeto indireto**. Ligam-se, portanto, a verbos que exigem preposição e substituem **a ele, a eles, a você e a vocês**, respondendo a pergunta "a quem".

Exemplos:

    Enviei-**lhe** o livro. (= Enviei o livro **a ele**.)

    Tudo isso **lhes** diz respeito. (= Tudo isso diz respeito **a eles, a vocês**.)

São, pois, incorretas as formas: Não "lhe" convidamos. Nunca "lhe" vi. Nesses casos, não há possibilidade de substituição por a ela, a ele, etc., nem se responde a pergunta "a quem", mas, simplesmente "quem"; trata-se de objeto direto e a forma correta é: Não **o** convidamos. Nunca **o** vi.

Alguns verbos transitivos indiretos não admitem emprego dos pronomes LHE ou LHES como seu objeto indireto. Devemos substituir o LHE, LHES por a ele, a você, a alguma coisa, etc. São os verbos: **assistir** (no sentido de presenciar), **ajudar, aspirar, presidir e recorrer**. Exemplos:

> Assistirei à sessão de hoje. Assistirei **a ela**.
>
> Ajudam sempre aos necessitados. Ajudam sempre **a eles** (e não: ajudam-lhes).
>
> Aspirava ao cargo. Aspirava **a ele** (e não: aspirava-lhe).

O pronome pessoal oblíquo **SI** deve ser empregado em frases reflexivas, isto é, em frases em que a pessoa do sujeito pratica e ao mesmo tempo recebe a ação verbal. Exemplos:

> Ele queria todos os seus pertences junto de **si** (a pessoa do sujeito pratica e ao mesmo tempo recebe a ação verbal).
>
> Espero que você tenha trazido os documentos **consigo** (com + si).

É incorreta, portanto, a frase: "Ofereço este livro a si", pois o sujeito da ação é um e o ser sobre o qual a ação verbal recai é outro; não há reflexibilidade. A forma correta é: "Ofereço este livro a você."

EXERCÍCIOS

I – Assinale a alternativa correta quanto ao uso dos pronomes:

(A) No local do crime, tudo encontrava-se como no instante do evento.

(B) O réu atirou-se aos pés do magistrado, pedindo-lhe clemência.

(C) A informação que vem-nos por sua iniciativa é suficiente para solucionar a questão.

(D) Teria-me lembrado, se me houvesse explicado.

(E) Em tratando-se de contrato, ele é especialista.

II – Assinale a alternativa cuja frase está correta:

(A) Isto é para mim fazer?

(B) Aspiro o sucesso de meus companheiros.

(C) Cheguei na escola às duas horas.

(D) Entre mim e você há uma grande compreensão.

(E) Fazem dois anos que não lhe vejo.

III – Assinale a alternativa que completa corretamente as lacunas das frases:

1) De presente, deu-lhe um livro para _____ ler.

2) De presente, deu um livro para _____.

3) Nada mais há entre _____ e você.

4) Sempre houve entendimento entre _____ e ti.
5) José, espere, vou _____.
   (A) ele; mim; eu; eu; consigo
   (B) ela; eu; mim; eu; consigo
   (C) ela; mim; mim; mim; com você
   (D) ela; mim; eu; eu; consigo
   (E) ela; mim; eu; mim; consigo

IV – Assinale a alternativa que <u>não</u> pode ser completada com o pronome indicado entre parênteses:
   (A) Levem- _____ daqui. (no)
   (B) Põe- _____ no lugar próprio. (nas)
   (C) Perdoei- ____ imediatamente. (lhe)
   (D) Tem- _____ contigo? (no)
   (E) Vi- _____ na cidade, há dias. (lhe)

V – Assinale a alternativa <u>incorreta</u> quanto ao uso dos pronomes:
   (A) Pode-se dizer que não remanesce qualquer ressentimento entre ti e mim.
   (B) Para mim, fazer audiência é a parte mais difícil da função de um juiz.
   (C) Caro colega, quero trocar uma ideia consigo a respeito de um caso insólito que me chegou para sentença.
   (D) Constantemente, nós nos surpreendemos com nós mesmos.
   (E) Para eu comemorar essa vitória ainda tenho que trabalhar muito.

VI – Assinale a alternativa em que o pronome está incorretamente colocado:
   (A) Jamais exponhas-te ao perigo com tanta imprudência.
   (B) Eis o que me falaram aqueles que te acusam.
   (C) Nunca me ergas tanto a voz.
   (D) O que te pedi peço que me entregues o quanto antes.
   (E) Os livros de que te falei já chegaram da Europa.

VII – Assinale a frase <u>incorreta</u> quanto à posição do pronome:
   (A) Quando lhe ofereceram o cargo, por que você não o aceitou?
   (B) Seria preciso que excluísse-se aquele mau elemento.
   (C) Se te afastares do posto, perdê-lo-ás.
   (D) Faça-o como te ordenaram.
   (E) Se pudesse, contar-vos-ia o que nos aconteceu.

9.3.2 Emprego dos pronomes de tratamento

Denominam-se pronomes de tratamento certas palavras e locuções, empregadas no trato com as pessoas, familiar ou respeitosamente, por exemplo, *você, vocês,* para o trato familiar; o *Senhor (Sr.),* a *Senhora (Sra.),* no tratamento respeitoso.

Embora tais pronomes designem a pessoa a quem se fala, isto é, a segunda pessoa, eles levam o verbo para a terceira pessoa, por exemplo: Vossa Excelência permite a intromissão?

As formas de tratamento podem ser abreviadas; nas formas cerimoniosas, a abreviatura é sempre maiúscula. Por exemplo, Vossa Excelência – V.Exa.; Vossa Senhoria – V.Sa.; Sua Senhoria – S.Sa.

As formas de tratamento com *Vossa* designam a pessoa a quem se fala, isto é, a pessoa que fala está se dirigindo à outra, num diálogo. Por exemplo: Tenho muita estima por Vossa Excelência. Já as formas com *Sua* indicam a pessoa de quem se fala, geralmente não presentes no momento em que se fala. Por exemplo: Enquanto auxiliar de *Sua* Excelência, quero saber se as providências já foram tomadas.

Nas abreviaturas, quando houver uso de plural, apenas o segundo elemento se flexiona. Por exemplo: V.Exas., V.Sas.

Conforme o cargo, a função ou certos atributos da pessoa a quem nos dirigimos, empregamos diferentes formas de tratamento:

ABREVIATURA	TRATAMENTO	USADO PARA
V.A. (S.A.)	Vossa Alteza	Príncipes, princesas
V.M. (S.M.)	Vossa Majestade	Reis ou rainhas
V.S. (S.S.)	Vossa Santidade	Papas
V.Ema. (S.Ema.)	Vossa Eminência	Cardeais
V.Revma.	Vossa Reverendíssima	Sacerdotes em geral
V.Exa. (S.Exa.)	Vossa Excelência	Presidente da República, ministros, governadores, prefeitos, juízes, autoridades diplomáticas e pessoas de alta categoria, em geral
V.Sa. (S.Sa.)	Vossa Senhoria	Funcionários graduados, pessoas de cerimônia e na linguagem comercial
V.Mag^a.	Vossa Magnificência	Reitores de universidades

9.3.3 Emprego dos pronomes demonstrativos

Como pronomes, os demonstrativos também são usados para substituir ou acompanhar os substantivos. Mas têm funções próprias dentro dos enunciados.

1) A primeira função dos demonstrativos é localizar algum ser em relação ao falante. Observe o quadro a seguir:

PRONOME DEMONSTRATIVO	PESSOA	ESPAÇO	TEMPO
Este Esta Isto	1ª (eu/nós) falante **Isto** é meu.	situação próxima da 1ª pessoa: aqui **Este** bule é de prata.	presente **Este** veraneio está ótimo.
Esse Essa Isso	2ª (tu/vós/você) ouvinte Tire **esse** casaco.	situação próxima da 2ª pessoa: aí **Isso** deverá ser transportado com cuidado.	passado ou futuro pouco distantes Há pouco tempo estive em Natal, **nessa** ocasião...
Aquele Aquela Aquilo	3ª (ele/ela) assunto **Aquele** sujeito é teimoso.	situação distante ali, lá Trouxemos **aquela** bagagem toda.	passado remoto **Naquele** tempo, não havia os perigos que hoje há.

2) Os pronomes demonstrativos **este** e **aquele** servem para localizar termos dentro de um período; assim, usa-se **este** para o termo mais próximo e **aquele** para o termo mais afastado.
Exemplo:

> Duas nações dominaram o mundo: a Inglaterra e a França; **esta** pela cultura, **aquela** pela esquadra.

3) Os demonstrativos **este** e **esse** têm também a seguinte propriedade de indicação: **este** apresenta algo que se pretende mostrar, algo desconhecido, ou algo que se tem na frente de quem fala ou mais perto do que outras citadas ou tratadas; **esse** indica algo já apresentado, conhecido; o mesmo vale para **isto** e **isso**.
Exemplos:

> Prestem atenção **nisto** (que eu vou dizer).
>
> Não foi **isso** que mandei comprar (o que já havia sido pedido).
>
> "E o sol da liberdade, em raios fúlgidos, brilhou no céu da Pátria **nesse** instante" (no momento já definido nos primeiros versos).

4) Outras vezes, em vez de **esse** emprega-se **este** para referir-se, em confronto com outras, a coisa mais presente, mais do momento, mais à mão, embora já apresentada, já conhecida.
Exemplo:

> Não foi **este** o livro que eu mandei comprar.

EXERCÍCIOS

Completar as lacunas com os pronomes demonstrativos adequados:

1) É certamente porque a sorte da humanidade inteira e a evolução do próprio pensamento estão ligados à educação, que .... chama a atenção de todos aqueles que se preocupam com o futuro da humanidade.

2) Você deve estar admirado com o meu silêncio d .... últimos quinze dias.

3) A divergência entre o valor histórico do prédio e o preço da compra – .... sete vezes superior a ...., embora inegavelmente apropriado – antes de se transformar em notícia maldosa, foi levada ao Planalto pelo deputado.

4) Se há divergência quanto ao papel da iniciativa privada n........................ setor, ninguém mais n .... país ousa negar a responsabilidade fundamental do Estado.

5) Disse-lhe que fosse embora. .... o deixou triste.

6) Grave .... lembrete: no verão beba muito líquido.

7) .... programa a que estamos assistindo não é tão interessante como ....

8) Aqui, n. .... bairro, há muitas recordações de minha infância.

9) Pedro e Paulo são irmãos; ...., porém, é bem mais simpático do que ....

10) Guarde bem .... que vou lhe dizer: os aduladores não são os melhores amigos.

9.3.4 Emprego dos pronomes relativos

Os pronomes relativos constituem um tipo muito especial dentro da classe variável de palavras – a classe dos pronomes. São assim chamados porque se referem, como regra geral, a um termo anterior – o antecedente, isto é, um termo com o qual o pronome mantém relação.

Quanto à forma, embora se trate de uma classe de palavras variável, os pronomes relativos apresentam formas variáveis e invariáveis.

São invariáveis: **QUE, QUEM, ONDE**

São variáveis: **O QUAL, OS QUAIS, A QUAL, AS QUAIS**

CUJO, CUJOS, CUJA, CUJAS

QUANTO, QUANTOS, QUANTA, QUANTAS

Antecedido das preposições **a** e **de**, o pronome **onde** com elas se aglutina, produzindo as formas **AONDE** e **DONDE**.

Os pronomes relativos assumem um duplo papel no período, pois, além de representarem um determinado antecedente, eles servem de conectivo, isto é, de elo de subordinação da oração subordinada adjetiva que iniciam.

Assim, ao contrário das conjunções, que são apenas conectivos, não exercendo nenhuma função interna nas orações que iniciam, esses pronomes desempenham sempre uma função sintática nas orações a que pertencem.

Os pronomes relativos podem exercer nas orações por eles iniciadas as mesmas funções sintáticas de um substantivo. Dessa forma, eles podem ser: sujeito, objeto direto, objeto indireto, predicativo, adjunto adnominal, complemento nominal, agente da passiva e, ainda, adjunto adverbial.

O emprego dos pronomes relativos faz parte da "economia da língua", uma vez que, se tivermos duas orações independentes, nas quais uma palavra está repetida, não importando a função sintática exercida por ela, podem-se unir as duas orações em um só período, empregando-se o pronome relativo que irá substituir a palavra repetida na segunda oração, contribuindo para a coesão textual, isto é, para o inter-relacionamento dos termos no texto.

Por exemplo, tomemos duas orações absolutas:

1)   O senhor vai escrever <u>um relatório</u>.
2)   Preciso muito <u>desse relatório</u>.

Na primeira oração, a palavra *relatório*, um substantivo, exerce a função de objeto direto do verbo *escrever*; já na segunda oração, a mesma palavra exerce a função de objeto indireto do verbo *precisar de*. Podemos unir as duas orações e formar um só período, usando para isso o pronome relativo, na segunda oração, mantendo a mesma função sintática exercida pela palavra *relatório* nessa oração.

Exemplo:

O senhor vai escrever um relatório **do qual** preciso muito.

A regência do verbo *precisar* está assegurada; ele é um verbo transitivo indireto, que exige um complemento verbal precedido de preposição *de*, e o pronome relativo exerce a função de objeto indireto, referindo-se ao seu antecedente com o qual concorda em gênero e número.

Poderíamos escrever esse mesmo período da seguinte forma: O senhor vai escrever um relatório **de que** preciso muito.

Nesse caso, com o uso do pronome relativo invariável, não há concordância de gênero e número, mas o período também estará correto, pois a regência do verbo está garantida e o pronome relativo está exercendo a função de objeto indireto.

O que foge à norma culta é escrever esse período assim: O senhor vai escrever um relatório **que** preciso muito.

O pronome *que* sem a preposição não pode ser objeto indireto do verbo precisar de, que é transitivo indireto. Escrever dessa forma é o mesmo que escrever "Preciso relatório".

1)   **EMPREGO DO RELATIVO** *QUE*

O pronome relativo **que** é chamado relativo básico. Usa-se com referência a pessoa ou coisa, no singular ou no plural.

Exemplo:

Refiro-me a uma pesquisa **que** foi feita na França.

Seu antecedente é a palavra *pesquisa*, e o pronome exerce, na oração subordinada, a função de sujeito, portanto sem preposição.

Exemplo:

Dedico-me a uma profissão **que** é muito rendosa.

Aqui também o pronome exerce a função de sujeito da oração subordinada.

Quando o relativo *que* é usado em funções de complemento, que exigem preposição, será usado, preferentemente, depois das preposições monossilábicas: *a, com, de, em* e *por*.

Exemplos:

O livro **de que** preciso está esgotado.

Não cometas nenhuma loucura **de que** te possas arrepender.

Havia certos dias **em que** o Sr. Antunes trabalhava melhor.

A mesa **a que** me sentei ficava perto da porta.

Obs.: As demais preposições essenciais ou acidentais, bem como as locuções prepositivas, serão usadas, predominantemente, com o pronome *o qual*.

Exemplos:

Os assuntos **sobre os quais** eu desejaria ser esclarecido, parecem-me dignos de atenção.

O sofrimento **contra o qual** os homens tanto se revoltam é um grande mestre.

Este é um fato **sobre o qual** não devem pairar dúvidas.

2) EMPREGO DO RELATIVO *QUEM*

O pronome relativo invariável *quem* só se emprega com referência a pessoa ou a alguma coisa personificada.

Exemplos:

O médico **a quem** me refiro é amigo da família.

O advogado **de quem** lhe falei é meu amigo de infância.

Atraiçoou a seu benfeitor, **a quem** tudo devia.

3) EMPREGO DO RELATIVO *ONDE*

O pronome relativo invariável *onde* desempenha normalmente a função de adjunto adverbial e significa **o lugar em que, no qual**.

Exemplos:

Olhei para a janela do gabinete, **onde** um pássaro estava pousado.

Perto da fazenda há uma lagoa, **onde** os animais vêm matar a sede.

Na linguagem coloquial, tem-se percebido o uso inadequado desse pronome relativo, referindo-se a antecedente que não indica lugar em que, sendo, portanto, considerado erro o seu emprego na linguagem culta. Por exemplo: "A situação onde nos encontramos agora...". Melhor será dizer: "A situação na qual nos encontramos agora...", pois situação não é lugar.

Antecedido das preposições **a** e **de**, que a ele se aglutinam, o pronome *onde* adquire as formas **aonde** (lugar a que) e **donde** (lugar de que). No rigor gramatical, essas formas são usadas com verbos de movimento. Por exemplo: **Aonde** você vai? – significando *a que lugar*. Ou, então: **Donde** você vem? (lugar de que).

4) **EMPREGO DO RELATIVO O *QUAL***

Além de ser usado depois de preposições e locuções prepositivas, quando na função de complemento, o pronome *o qual* e suas flexões — *os quais, a qual, as quais* — podem ser usados, substituindo o pronome *que*, em orações adjetivas explicativas, com antecedente substantivo.

Exemplos:

A caneta **com a qual** o ministro assinou o decreto era de ouro.

Na reunião **à qual** você não pode comparecer falaram vários professores.

Mandaram abrir um orifício **através do qual** podiam vigiar os presos.

Ofereci-lhe um almoço **ao qual** compareceram todos os amigos.

É bela a carreira **à qual** aspiramos.

A obra **à qual** V.Exa. com tanto ardor se dedica merece o apoio dos poderes públicos.

A teoria **a partir da qual** o autor estabeleceu suas hipóteses...

A teoria **sobre a qual** o autor discorre...

A teoria **na qual** o autor se baseia...

A teoria **à qual** o autor alude...

5) **EMPREGO DO RELATIVO *CUJO***

O pronome relativo *cujo*, assim como suas flexões: *cujos* — *cuja* — *cujas*, é ao mesmo tempo relativo e possessivo, equivalendo pelo sentido a *do qual, de quem, de que*.

Ele é sempre empregado como pronome adjetivo, na função de adjunto adnominal, e concorda com a coisa possuída em gênero e número.

Pouco usado na linguagem coloquial, é um dos pronomes relativos cujo emprego provoca inúmeros erros na norma culta.

Vejamos alguns exemplos:

Caiu a velha palmeira, **em cujos** ramos se abrigavam os pássaros.

Dizendo de outra forma: Os pássaros se abrigavam nos ramos da palmeira. Os ramos pertencem à palmeira; os ramos são a coisa possuída (pela palmeira); é com o termo *ramos* que o relativo *cujos* concorda. A presença da preposição *em* é obrigatória, pois quem se abriga, se abriga em algum lugar.

Poderíamos reescrever esse período de outra forma:

Caiu a velha palmeira, **nos ramos da qual** se abrigavam os pássaros.

Fechou-se o grande salão, **de cujas** festas recordo-me com saudades.

Esta é a menina **cujos** pais viajaram para a Europa.

Minha primeira professora, **de cujos** ensinamentos ainda me lembro, era bondosa.

A teoria **cuja** viabilidade o autor quer provar...

A teoria **em cuja** viabilidade o autor acredita...

O autor **sobre cuja** obra se discute...

O autor **a cuja** obra o texto se refere é...

Observações:

1: Diante e após os pronomes relativos: cujo – cujos – cuja – cujas **não** se usam **artigos** o, a, os, as, um, uns, uma, umas.

2: Diante deles só é possível o emprego de preposição, mesmo a preposição **a**.

3: Como não admite artigo, **não se usa crase** diante de **cuja**, **cujas**; apenas a preposição **a**.

4: Constituem erros grosseiros os seguintes usos:

a) empregar dois pronomes relativos juntos: "O autor *cujo o qual*..."

b) empregar cujo como sinônimo de que ou o qual, repetindo-se depois dele a palavra que o antecede: "Fiz um contrato, *cujo contrato* é de cinco anos."

c) empregar os artigos definidos o, a, os, as depois do pronome e repetir o antecedente: "Fiz um contrato, *cujo o contrato*..." "...uma ação de despejo, *cuja a ação*...."

EXERCÍCIOS

I – Você tem duas orações, em que o termo grifado da segunda se refere ao termo grifado da primeira. Ex.: A <u>causa</u> é nobre; e nós lutamos por <u>ela</u>.

O que você deve fazer é unir as duas orações numa mesma frase, usando para isso os pronomes relativos. Ou melhor, a segunda oração deve ser transformada numa oração adjetiva, referindo-se ao antecedente grifado. Preste muita atenção à preposição que acompanha o termo grifado na 2ª oração. Assim:

A causa <u>pela qual</u> lutamos é nobre; ou

A causa <u>por que</u> lutamos é nobre.

1) A caneta era de ouro; e o ministro assinou o decreto com ela.

2) À festa compareceram altas autoridades; e eu assisti a ela.

3) As tintas eram extraídas dos vegetais; e matizavam-se os tecidos com elas.

4) Na reunião falaram vários professores; e você não pôde comparecer a ela.

5) Os assuntos parecem dignos de atenção; e eu desejaria ser esclarecido sobre eles.

6) O abismo parecia ameaçador; e nós nos achávamos à beira dele.

7) Ofereci-lhe um almoço; a esse almoço compareceram todos os amigos.

8) Os homens puseram-se a construir uma torre; por essa torre pretendiam chegar ao céu.

9) Afastou-se a tempo do caminho do vício; no término desse caminho encontraria a desgraça.

10) Atraiçoou a seu benfeitor; a seu benfeitor tudo devia.

11) O sofrimento é uma dádiva do céu; contra o sofrimento os homens tanto se revoltam.

12) A aragem da manhã brincava por entre as flores orvalhadas; nelas se aninhavam insetos zumbidores.

13) Mandaram abrir um orifício na parede; através desse orifício podem vigiar os presos.

14) Os caçadores haviam chegado diante de enorme pedra; por trás dessa pedra latiam os cachorros.

15) A menina era minha amiga; e eu lhe falei da menina.

Veja agora o exemplo seguinte:

O <u>lago</u> era grande e límpido; e eu costumava brincar às suas margens (do lago).

Quando no segundo elemento grifado houver um elemento possessivo (seu, sua, dele, desse, etc.), o pronome relativo a ser usado deverá ser **cujo**. Continue prestando atenção à preposição.

Você obterá:

O lago, **a cujas** margens eu costumava brincar, era grande e límpido.

Outra alternativa será:

O lago, às margens **do qual** eu costumava brincar, era grande e límpido.

16) As flores são efêmeras; e gostas tanto do aroma delas.

17) Vossos pais e mestres são merecedores de eterna gratidão; e graças aos esforços deles recebestes uma educação aprimorada.

18) Este é o doce idioma pátrio; nos poemas deste idioma canta e soluça a alma de duas raças.

19) A instrução é um tesouro; a chave desse tesouro é o estudo.

20) A peça de teatro é de autoria de um aluno desta escola; assisti ao ensaio dela.

II – Ligue as orações *a* e *b* por meio de um pronome relativo, antecedido da preposição adequada. Note que há duas possibilidades. Modelo: a. Preciso de um livro. b. O livro está esgotado.

Preciso de um livro que está esgotado.

O livro de que preciso está esgotado.

1) a. Viajei num carro

b. O carro tem ótima estabilidade.

1. _____

2. _____

2) a. Refiro-me a uma pesquisa

b. A pesquisa foi feita na França.

1. _____

2. _____

3) a. Envolvi-me num problema.

b. O problema é muito delicado.

1. _____

2. _____

4) a. Trabalho com máquinas.

b. As máquinas são modernas.

1. _____

2. _____

5) a. Dedico-me a uma profissão.

b. A profissão é muito rendosa.

1. _____

2. _____

6) a. Estou preocupado com um problema.

b. A solução do problema é difícil.

1. _____

2. _____

III – Combine as duas orações seguindo o modelo:

– Havia certos dias ... O Sr. Soares trabalhava melhor em certos dias.
– Havia certos dias <u>em que</u> o Sr. Soares trabalhava melhor.

1) O senhor vai escrever um relatório. Preciso muito dele.

_____

2) Este é o ato. Eu me arrependo dele.

_____

3) Eram rapazes de maneiras civilizadas. Tereza passeava muito com eles.

_____

4) Olhei para a janela do gabinete. Um raiozinho de luz fulgurava nela.

_____

5) Eu lhe agradeço a bondade e o sonho. A senhora espalhou-os em minha pobre vida.

_____

IV – Complete as frases abaixo com: cujo(s), cuja(s), preposicionando-o sempre que necessário:

1) As equipes estrangeiras dirigem-se ao Rio de Janeiro, _____ estádio serão travadas pelejas esportivas.
2) Perto da fazenda há uma lagoa, _____ águas espelham um trecho da mata virgem.
3) Ruíra a hospitaleira árvore, _____ copa os tropeiros costumavam descansar.
4) Os papas, _____ augusta santidade se curvam grandes e pequenos, são os mestres e os guias da humanidade.
5) Rio Branco, _____ inteligência e operosidade o Brasil deve parte de seus territórios, foi o nosso maior estadista.
6) Esta lei, _____ implantação sempre me bati, há de salvaguardar os direitos dos mais fracos.
7) Minha primeira professora, _____ ensinamento ainda me lembro, era justa e bondosa.
8) Esta é a menina _____ pais viajaram para a Europa.
9) Caiu a velha palmeira, _____ ramos se abrigavam os pássaros.
10) Fechou-se o grande salão, _____ festas recordo-me com saudade.

V – Complete as lacunas com pronomes relativos, precedidos da preposição adequada:

1) É bela a carreira _____ aspiramos.
2) Esta é a vida _____ sempre ansiei.
3) A cena, _____ involuntariamente assisti, me comoveu muito.
4) O rei tinha, esquecida na mão, a pena fatal _____ bico pendia a vida de muitos homens.
5) Não faças nenhuma ação _____ te possas arrepender.
6) Exercita a vontade servindo aqueles _____ não simpatizas cumprindo obrigações _____ não gostas.
7) A obra _____ V.Exa. com tanto carinho se dedica, merece o apoio dos poderes públicos.
8) O médico _____ me refiro é amigo íntimo de meu pai.
9) Este é um fato _____ não deve haver dúvidas.
10) Limitadas são as forças _____ podemos contar e precários os meios _____ dispomos.

11) A mesa _____ me sentei ficava perto da porta.
12) Conheço a pessoa _____ te referes.

9.4 Emprego do Infinitivo

I – Observações importantes:
1) Há dois infinitivos: o pessoal (flexionado) e o impessoal (não flexionado);
2) O infinitivo pessoal é o que tem pessoas próprias.
   Exemplos:
   falar eu, falares tu, falar ele, falarmos nós,
   falardes vós, falarem eles;

II –Vejamos as regras para o emprego do infinitivo:
1) Sujeitos diferentes = infinitivo pessoal
   Exemplo:
   Penso estarmos errados.
   Note que o sujeito de penso é **eu** e o de estarmos é **nós**.
   Se os sujeitos são diferentes, usa-se o infinitivo pessoal.
2) Sujeitos iguais = infinitivo impessoal
   Exemplo:
   Quero sair daqui.
   Note que o sujeito de quero é o mesmo de sair (eu).
   Portanto, infinitivo impessoal, isto é, o não flexionado.

III –Casos particulares de emprego do infinitivo:
1) Verbos MANDAR, FAZER, DEIXAR, VER, OUVIR, SENTIR
   Com esses verbos, usa-se o infinitivo impessoal, mesmo que os sujeitos sejam diferentes.
   Exemplos:
   Mandei-os sair.
   Faça-os entrar.
   Deixem-nos correr.
   Para que isto aconteça, o infinitivo deve vir logo depois do verbo regente.
   Caso contrário, devemos flexionar também o infinitivo. Veja:
   Mandei aqueles meninos mal-educados saírem (e não: sair).
   Faça as senhoras entrarem (e não: entrar).
   Usa-se ainda o infinitivo flexionado se a ideia for reflexiva ou recíproca:
   Exemplo:
   Vi-os abraçarem-se alegremente.
2) Infinitivo antes do verbo regente, regido por preposição: usamos o infinitivo flexionado.

Exemplos:

Para estudarmos estamos aqui.

A fim de ajudarem vieram estes homens.

Para brincares compareceste à sessão?

3) Infinitivo regido da preposição a, equivalendo a gerúndio: usa-se o infinitivo impessoal ou não flexionado.

Exemplos:

Estavam a estudar quando eles chegaram (a estudar = estudando).

Vi vários meninos a correr (a correr = correndo).

4) Verbo regido é sujeito de um verbo impessoal: usa-se o infinitivo pessoal ou flexionado.

Exemplos:

É necessário estudarmos.

Parece estarem loucos.

Note os verbos regidos (estudar e estar), todos sujeitos dos verbos impessoais respectivos (é e parece).

5) Infinitivo regido de preposição (menos a): usa-se tanto o pessoal quanto o impessoal, indiferentemente.

Exemplos:

Fomos lá para reclamar (ou para reclamarmos).

Chegamos sem ser percebidos (ou sem sermos percebidos).

Vocês vieram aqui para trabalhar (ou para trabalharem).

6) AO + INFINITIVO equivale a uma oração temporal: usa-se o infinitivo pessoal.

Exemplos:

Ao chegarmos, encontramos tudo sujo.

Ao saírem, despediram-se de todos.

Note: ao chegarmos = quando chegamos; ao saírem = quando saíram

7) Infinitivo equivale a um imperativo: usa-se infinitivo impessoal.

Exemplos:

Cessar fogo, soldados!

Lutar, amigos!

8) Infinitivo empregado de modo indeterminado: usa-se o infinitivo impessoal.

Exemplos:

Viver é lutar.

Fumar é perigoso.

9) Em orações exclamativas e interrogativas com sujeito determinado: usa-se o infinitivo pessoal.

Exemplos:

Falarem tanto e não fazerem nada, que desonestidade.

Correres assim! Para quê?

Obtermos um favor dele? Que esperança!

10) Verbo PARECER: podemos flexionar ou não o infinitivo.

Exemplos:

Os alunos parecem gostar do professor.

Os alunos parece gostarem do professor.

- No 1º caso temos uma locução verbal, e *parecer* é verbo auxiliar.
- No 2º, o verbo *parecer* é intransitivo. A oração encontrase com os termos alterados. Veja a ordem direta:

Parece gostarem do professor os alunos.

Exercícios

Assinale as letras correspondentes às frases corretas quanto ao emprego do infinitivo.

I –

(A) Mandei, depois de algum tempo, os meninos entrarem.
(B) Faça-os sentarem.
(C) Os livros parecem estarem sujos.
(D) Sem trabalhares, não poderás viver.
(E) Fomos a sua casa a fim de passarmos algumas boas horas.

II –

(A) Queremos trabalharmos.
(B) Estávamos cansados de ouvir tanta mentira.
(C) Julga aquele aluno saber todas as coisas.
(D) É impossível resolvermos este problema.
(E) Pedro e Paulo são pessoas difíceis de convencer.

III –

(A) Tivemos muita paciência para aguentar suas blasfêmias.
(B) Para nos consolarmos, procuramos boa distração.
(C) Por desejar tudo, perdemos muito.
(D) Ouvi as crianças chorarem à noite.
(E) Não quis deixá-los entrarem.

IV –

(A) Os homens parece aborrecerem-se com tudo.
(B) Os homens parecem aborrecerem-se com tudo
(C) Maria parece deixar as crianças em paz.
(D) Espero realizarem-se todos os seus sonhos.
(E) Ao entrar no pátio do colégio, os alunos surpreenderam-se com a multidão que lá havia.

V –

(A) Costumávamos, aquela época, levantarmo-nos cedo.
(B) Era impossível caberem no quarto tantas pessoas.
(C) Fizeram os soldados entrar na mata.
(D) Vi-os morrer.
(E) Espero seres feliz na viagem.

VI –

(A) O velho ficava à janela, vendo os transeuntes passarem.

(B) Não quisemos revelarmo-nos.

(C) Os trabalhadores foram falar com o diretor a fim de verem aumentados seus salários.

(D) As antenas das casas pareciam cair.

(E) As antenas das casas parecia caírem.

VII –

(A) Penso estarmos em maior número.

(B) As janelas e portas eram difíceis de fechar.

(C) Creio ser tu o escolhido para o cargo.

(D) Apareceram os mendigos a pedirem esmolas.

(E) Os hóspedes não partirão sem beberem este champanha.

VIII –

(A) Para se ratificar os tratados, é preciso haver muitas reuniões.

(B) Os jornalistas ficaram espantados de ver tanta fome naquele país.

(C) Aconteceu aparecerem muitos colaboradores.

(D) Começa, agora, a estudares para a prova de sexta-feira.

(E) Começaram os espectadores a vaiarem e a jogarem garrafas no palco.

9.5 Emprego de Maiúsculas

Escrevem-se com iniciais maiúsculas:

1) Nomes próprios, inclusive mitológicos (João, Deus, Júpiter).

2) Datas oficiais (Sete de Setembro, Dia da Criança).

Nota: em minúscula as partículas monossilábicas (artigo, preposição, conjunção) que se acham no interior desses nomes).

3) Conceitos políticos ou filosóficos relevantes: País (o Brasil), Estado (significando uma nação), Constituição, Igreja, Justiça.

Nota: em minúscula, quando em sentido geral ou indeterminado (Costa Rica, pequena república da América Central. A igreja da Candelária).

4) Corpos celestes (Terra, Sírius, Andrômeda).

5) Pontos cardeais, quando designam regiões (o Sul, linha Leste-Oeste do metrô, Oriente Médio, o Ocidente).

Nota: em minúscula quando indicam direção ou limite geográfico: percorreu o País de sul a norte; o metrô avança rumo ao sul).

6) Regiões: Baixada Fluminense, Região Norte, Triângulo Mineiro.

7) Títulos de livros, filmes, peças teatrais, jornais e revistas: *Dom Casmurro*, *Oito e Meio*, *The New York Times*.

8) Corporações, repartições públicas, escolas, prêmios, feiras, exposições, seminários e congressos: Ministério da Fazenda, Estado-Maior do Exército, Associação de Amigos de Santo Amaro, Congresso Brasileiro de Radiodifusão, Prêmio Nobel de Literatura.

9) Nomes que designam altos cargos, dignidades ou postos: Duque, Conde, Presidente da República, Governador, Ministro.

Nota: em minúscula, quando em sentido geral (João Paulo II foi o primeiro papa polonês; candidatos a governador).

10) Nas expressões de tratamento e reverência e nos títulos que as acompanham (Sr., DD.,V.Sas., Sr. Diretor, Sua Alteza Real o Príncipe João).

11) Ramos do conhecimento humano, quando tomados em sua dimensão mais ampla: Ética, Filosofia.

Nota: Se não houver necessidade de relevo especial, use minúsculas.

12) Eras ou acontecimentos históricos: Idade Média, Guerra do Paraguai, Seiscentos (o Século XVII).

Nota: repare: século XVII, com "s" minúscula.

13) Leis ou normas econômicas e políticas consagradas por sua importância: Lei de Diretrizes e Bases, Lei de Responsabilidade Fiscal.

14) Qualificativos de personalidades: Ivã, o Terrível.

15) Festas religiosas: Páscoa, Finados, Semana Santa.

16) Edifícios e estabelecimentos públicos e particulares: Livraria Brasiliense.

17) No início de qualquer tipo de correspondência, após o vocativo, mesmo que este venha seguido de vírgula ou dois-pontos: Prezado Senhor: A finalidade desta é...

18) No início de considerandos de um ato oficial: O Diretor da... Considerando...

9.6 Emprego de Minúsculas

Escrevem-se com iniciais minúsculas:

1) Estações do ano, meses, dias da semana: verão, janeiro, domingo.

2) Profissões e cargos: presidente, ministro, rei, diretor.

Nota: as instituições vão em maiúscula: Presidência da República, Câmara dos Deputados.

3) Festas pagãs: carnaval, bacanais, saturnais.

4) Nomes dos acidentes geográficos: golfo Pérsico, golfo de Omã, baía de (e não da) Guanabara.

Nota: O acidente tem inicial maiúscula apenas quando já incorporado ao nome: Serra Negra, Cabo Frio.

5) Nomes de vias, rodovias e lugares públicos: avenida Paulista, rua Augusta, rodovia dos Bandeirantes.

6) Depois de dois-pontos que não precedam citação direta: O governo da demagogia não passa disso: o governo do medo.

CASOS ESPECIAIS

1) ESTADO. Maiúscula: o Estado (poder oficial ou uma nação), Estado de São Paulo), o Estado de Mato Grosso, os Estados de Minas e Bahia.

Minúscula: esse estado (segunda referência a um estado), os estados e municípios, os estados e municípios, os governadores dos estados do Sul.

2) PAÍS. Maiúscula quando se referir ao Brasil: O País acusa...
Minúscula: este país ou neste país (mesmo que se refira ao Brasil), os países do Prata.

3) PREFEITURA E MUNICÍPIO. Maiúscula: a Prefeitura de São Paulo, a Prefeitura (referindo-se a São Paulo). Minúscula: qualquer outra que não a de São Paulo (o mesmo para SECRETARIA).

4) INTERIOR E EXTERIOR. Escreva: o Interior (de São Paulo), o interior de São Paulo, o interior do Brasil. Exterior: normalmente em maiúscula.

5) LITORAL. Tratando-se de São Paulo, sempre em maiúsculas: o Litoral Sul, o Litoral Norte. No entanto, quando especificado: o litoral de São Paulo, o litoral catarinense, o litoral brasileiro.

6) CAPITAL. Maiúscula apenas quando substituir São Paulo: a Capital: Chuva causa mortes na Capital. Nos demais casos, minúsculas: a capital de São Paulo, a capital do Paraná, a capital federal, as capitais.

9.7 Emprego dos Numerais

Os numerais constituem uma classe de palavras variáveis empregadas para indicar uma quantidade de coisas ou pessoas, o lugar que ocupam numa série.

Classificam-se em:

1) numerais **cardinais** – servem para indicar a quantidade em si mesma, "caso em que valem por verdadeiros substantivos"[1], ou uma quantidade certa de pessoas ou coisas. Exemplos:

Dois e **dois** são **quatro.**

Ele comprou **três** livros, **dois** cadernos e **uma** pasta;

2) numerais **ordinais** – indicam a ordem dos seres numa dada série. Exemplo:

Quando um livro está na **primeira** edição, não é necessário citar essa informação nas referências.

3) numerais **multiplicativos** – indicam a multiplicação da quantidade. Exemplo:

Este mês ele passou a ganhar **o dobro** do salário que recebia;

4) numerais **fracionários** – exprimem a fração da quantidade. Exemplo:

Falta apenas **um terço** do valor para a quitação do carro.

---

[1] CUNHA, Celso; CINTRA, L. F. L. *Nova gramática do português contemporâneo*. Rio de Janeiro: Nova Fronteira, 1985, p. 358.

Observações:

1: Não se deve confundir algarismos com numerais. Algarismos são símbolos numéricos; assim os algarismos arábicos 1, 2, 3... e os algarismos romanos I, II, III.

2: Ao escrever não devemos misturar letras e números. Por exemplo: O juiz concedeu prazo de **24** horas para a desocupação do imóvel. O correto é: O juiz concedeu prazo **de vinte e quatro** horas para a desocupação do imóvel.

3: Não há nenhuma regra na gramática que obrigue a repetir com numerais cardinais, entre parênteses, o algarismo anteriormente citado. Por exemplo: O requerido tem prazo de **15 (quinze)** dias para contestar o pedido. Basta escrever: O requerido tem prazo de **quinze** dias para contestar o pedido.

4: De acordo com a Lei Complementar n. 95, de 26 de fevereiro de 1998, que estabelece normas para a elaboração e a redação de leis, modificada pela Lei Complementar n. 107, de 26 de abril de 2001, a fim de garantir a precisão, os números devem ser grafados por extenso, exceto data, número de lei e nos casos em que houver prejuízo para a compreensão do texto (art. 11, inciso II, alínea "f").

5: Conforme o mesmo texto legal, assim devem ser redigidas as leis:

Art. 10. Os textos legais serão articulados com observância dos seguintes princípios:

I – a unidade básica de articulação será o artigo, indicado pela abreviatura "Art.", seguida de numeração ordinal até o nono e cardinal a partir deste;

II – os artigos desdobrar-se-ão em parágrafos ou em incisos; os parágrafos em incisos, os incisos em alíneas e as alíneas em itens;

III – os parágrafos serão representados pelo sinal gráfico "§", seguido de numeração ordinal até o nono e cardinal a partir deste, utilizando-se, quando existente apenas um, a expressão "parágrafo único" por extenso;

IV – os incisos serão representados por algarismos romanos, as alíneas por letras minúsculas e os itens por algarismos arábicos;

Capítulo 10

Sintaxe

A língua é uma instituição bastante complexa. Para que possamos conhecê-la e utilizá-la na forma culta torna-se necessário o desdobramento de seu estudo, tendo em vista aspectos diferentes.

Assim, a **morfologia** estuda as formas das palavras, o gênero, a derivação de termos a partir de outros mais primitivos, além de outros fatos da língua.

A **sintaxe**, outro aspecto do estudo da língua, ocupa-se dos padrões estruturais vigentes na língua, motivados pelas relações recíprocas dos termos na **oração** e das orações no texto.

A Nomenclatura Gramatical Brasileira (NGB) divide a **sintaxe** em:

1) de **regência**: nominal e verbal — associação dos vocábulos de acordo com a sua função sintática;
2) de **concordância**: nominal e verbal — concordância dos vocábulos de acordo com certos princípios fixados na língua;
3) de **colocação**: ordem dos vocábulos de acordo com sua função sintática e importância na comunhão das ideias.

10.1 A Oração

A **oração** constitui a menor unidade de sentido do discurso e encerra um propósito definido.

Pode a oração ser **nominal**, quando destituída de verbo, como, por exemplo: "Fogo!", "Sim, João". Também é chamada de frase situacional, ou estrutura menor.

Ou pode ser **verbal**, quando construída com verbo, por exemplo: "A proteção à imagem se **solidificou** em diversas nações", preferencialmente denominadas orações.

As orações podem ser **absolutas**, isto é, construídas em torno de um só verbo, ou constituídas de um só período. Nesses casos, a oração pode ser:

1) Oração **declarativa/assertiva** — declaração do que observamos ou pensamos (são possíveis também as **declarativas negativas**).
    Ex.: A audiência já começou.
2) Oração **interrogativa** — pergunta sobre o que desejamos saber.
    Ex.: O réu já foi interrogado?
3) Oração **imperativa** — a ordem, a súplica, o desejo, o pedido para que algo aconteça ou deixe de acontecer.
    Ex.: Sê forte! Feche a porta.

4) Oração **exclamativa** – o nosso estado emotivo de dor, alegria, espanto, surpresa, elogio, desdém.
Ex.: Que lindo dia! Que susto levei!

As orações podem apresentar também períodos compostos por coordenação, por subordinação, ou ainda períodos mistos.

Ao construir orações, o falante tem a liberdade de escolher os vocábulos para constituí-las, mas não pode criar a estrutura em que eles se combinam, pois essas estruturas oracionais obedecem a certos modelos formais, constituindo os padrões estruturais.

Vamos agora acompanhar quais são os termos que constituem a oração da língua portuguesa e quais os modelos formais que a oração deve seguir.

Se alguém se expressar da seguinte forma, com certeza os leitores terão dificuldade de compreender a mensagem:

"Da pessoa, ou a reprodução plástica, imagem física ou é mecânica, só o *vultus* não."

Embora não haja nenhuma palavra escrita incorretamente, não podemos considerar esse agrupamento de palavras como uma oração, pois ela não forma uma unidade de sentido nem tem um propósito definido, isto é, não sabemos de quem, ou de que objeto, estamos falando alguma coisa.

Isto significa que os termos da oração precisam ser dispostos de forma a constituir uma unidade de significação, e, para isso, os termos que a constituem devem ocupar uma posição adequada na estrutura da oração.

Dessa maneira, se organizarmos o grupo de palavras do exemplo anterior, poderemos, então, compreendê-lo como uma oração, portanto com sentido: "Imagem não é só o *vultus*, ou a reprodução plástica, física ou mecânica da pessoa."

Além da organização, as palavras que compõem a oração devem manter relações de regência e de concordância entre elas, segundo as normas da língua culta. Vejamos os termos que formam a estrutura da oração. Esse conhecimento é importante, pois saber, por exemplo, quem é o sujeito e o predicado de uma oração nos ajudará a redigir sem erros de concordância e regência verbais e sem erros no uso da vírgula.

10.2 Termos da Oração

A – ESSENCIAIS: são aqueles sem os quais a oração não existe. São eles o sujeito e o predicado.

Sujeito – o termo da oração que indica o ser de quem se diz alguma coisa é o **tópico da comunicação**.

O sujeito pode ser:

Simples – constituído de um só núcleo.

Exemplos:

A família sofreu importantes transformações no século passado.

A Ética exige a aproximação da lei aos valores da dignidade humana.

Composto – constituído de dois ou mais núcleos.

Exemplos:

A Ética e a Moral, embora consideradas distintas, têm os mesmos propósitos.

O mundo globalizado, a livre concorrência, o domínio do crédito por grandes grupos econômicos e a manipulação dos meios de *marketing* geraram um grande impacto no direito contratual.

Subentendido – não presente, mas facilmente identificável pela terminação verbal.

Exemplos:

Falávamos sobre a crise econômica.

Cuidando, expressamente, do princípio da boa-fé, registramos vários dispositivos no Código Civil.

Lembro também que na hipótese contrária, acolhida pela legislação, esse princípio não pode ser aplicado.

Indeterminado – o sujeito existe, mas, por alguma razão, não se quer ou não se pode identificá-lo. Há apenas duas formas de indeterminar o sujeito em português:

a)   com o verbo na 3ª pessoa do plural

Exemplos:

Bateram à porta.

Sequestraram um comerciante.

Roubaram o carro.

b)   com o verbo na 3ª pessoa do singular, mais o pronome pessoal oblíquo de 3ª pessoa se

Exemplos:

Vive-se bem aqui.

Come-se bem neste restaurante.

Precisa-se de empregado.

Oração sem sujeito – Obs.: a NGB não abriga a expressão "sujeito inexistente" como querem alguns. A oração não apresenta sujeito nos seguintes casos:

a)   com os verbos que indicam fenômenos da natureza: chover, trovejar, nevar, anoitecer, etc.;

Exemplo:

Chove. Anoitece.

b)   com o verbo HAVER significando existir

Exemplos:

Não há <u>dúvida</u> de que as relações de trabalho sofreram grandes modificações com o advento da informática.

Houve <u>várias rebeliões</u> na Febem neste início de ano.

Haverá <u>revisões</u> no Código Civil.

c) com os verbos HAVER, FAZER e SER indicando tempo

Exemplos:

Há vinte anos foi promulgado o Novo Código Civil.

Faz cinco dias que chove.

É tarde demais para lamentações.

Era ao anoitecer de um dia de setembro...

Obs.: A função de sujeito das orações pode ser desempenhada por substantivos, pronomes pessoais do caso reto ou sujeito (eu, tu, ele, nós, vós, eles), qualquer palavra, desde que substantivada, e por orações subordinadas substantivas subjetivas.

Predicado – aquilo que se diz do sujeito; o comentário da comunicação.

O predicado pode ser:

Nominal – quando o núcleo do predicado não é o verbo, mas um nome (substantivo ou adjetivo – o predicativo do sujeito) que se liga ao sujeito por um verbo de ligação.

Exemplo:

A legislação trabalhista é <u>fruto de evolução histórica</u>, cuja preocupação fundamental tem sido a proteção ao trabalhador.

A nova legislação sobre o assunto parece <u>conciliadora de antigas opiniões divergentes</u>.

Verbal – quando o núcleo do predicado é um verbo que indica uma ação que o sujeito pratica ou sofre.

Exemplos:

O sistema normativo destina ao polo hipossuficiente uma proteção maior na relação jurídica de direito material trabalhista.

Entendemos a necessidade de compreender os elementos caracterizadores da situação em pauta.

O autor expõe as duas teses conflitantes quanto à atual concepção do contrato.

Verbo-nominal – quando o predicado apresenta dois núcleos: um verbal e um nominal.

Exemplos de predicado verbo-nominal com predicativo do sujeito:

José **estudou doente**.

Pedro **considera-se culpado**.

O valente guerreiro **chegou atrasado**.

O professor **elogiou-o admirado**.

Exemplos de predicado verbo-nominal com predicativo do objeto:

A dor **torna** os homens mais **sensatos**.

Elegeram-no **presidente** do grêmio estudantil.

Nomearam-no **secretário**.

Chamavam Brasília **a capital da esperança**.

Imaginei-o bem mais **disposto**.

Considerei-o sempre **um aluno dedicado**.

Considero-o **aprovado**.

Obs.: Os verbos quanto à predicação, isto é, quanto ao tipo de complementos que exigem, podem ser:

1) **Verbos de ligação** – indicam um **estado** do sujeito, uma condição em que ele se encontra. Os principais verbos de ligação: SER – ESTAR – PARECER – FICAR – ANDAR – CONTINUAR – PERMANECER – TORNAR-SE.

2) **Verbos de ação** – exprimem as **ações** que o sujeito pode praticar ou sofrer.

Podem ser:

Verbos intransitivos (VI) – o significado da ação está completo no próprio verbo, não necessitando de nenhuma outra palavra para completarlhe o sentido.

> Exemplos:
>
> > A audiência **terminou**.
> >
> > A vítima **morreu**.
> >
> > O seu direito de pleitear **prescreveu**.

Verbos transitivos diretos (VTD) – para a completa significação da ação necessitam de uma palavra: complemento verbal – objeto direto –, para completar-lhes o sentido.

> Exemplos:
>
> > Eles **discutiam** a proposta.
> >
> > A manipulação genética **envolve** riscos e uma séria afronta à dignidade humana.
> >
> > A doutrina pátria **estabelece** duas modalidades de domicílio, o necessário ou legal e o voluntário.

Verbos transitivos indiretos (VTI) – também necessitam de uma palavra para completar-lhes o sentido, mas entre o verbo e seu complemento – objeto indireto – exige-se uma preposição.

> Exemplo:
>
> > Ninguém pode **renunciar** ao seu estado de filho ou à sua nacionalidade.

A interrupção da prescrição **depende**, em regra, de um comportamento ativo do credor, diferentemente da suspensão, que **decorre** de certos fatos previstos na lei.

O legislador não **se lembrou** da necessidade de corrigir a redação do aludido dispositivo, para adequá-la ao novo sistema.

Verbos transitivos diretos e indiretos (VTDI) – são verbos que precisam de dois complementos para ter sua completa significação.

> Exemplos:
>
> > A nova legislação **confere** segurança ao consumidor na aquisição de qualquer produto.
> >
> > O serviço de atendimento da companhia aérea **informou** ao usuário o horário de seus voos.

B – TERMOS INTEGRANTES: são aqueles que entram na formação da oração, quando solicitados por outro termo.

Complemento verbal – objeto direto (OD) e objeto indireto (OI). Termos da oração que completam o significado de um verbo transitivo direto ou indireto.

Constituem, geralmente, **objeto direto (OD)**:

a) o resultado da ação do verbo

139

Exemplo:

    O maestro compôs uma magnífica **sinfonia**.

b) a delimitação do processo verbal

Exemplo:

    Ela olhava **o campo**.

c) ser sobre o qual recai a ação do verbo

Exemplo:

    Ele colheu **os frutos** do seu trabalho.

d) ser em cujo proveito ou desproveito se realiza ação verbal, mas que se exprime sem interferência de preposição

Exemplo:

    O policial prendeu **um inocente**.

e) ser a quem se dirige um sentimento

Exemplo:

    Romeu amou **Julieta**.

f) o conteúdo da ação do verbo

Exemplo:

    Eles discutiram **a proposta**.

g) o espaço percorrido

Exemplo:

    Atravessou **a rua**.

Obs.: A função de objeto direto pode ser exercida por substantivos, pronomes pessoais oblíquos (me, te, se, o, a, os, as, nos, vos, etc.), ou, ainda, por qualquer palavra substantivada.

Constituem **objeto indireto** (OI):

a) o ser em cujo proveito ou desproveito se realiza a ação do verbo, e que aparece necessariamente preposicionado

Exemplos:

    Dei um livro **a Ti**.

    Obedecemos **às leis**.

b) a pessoa a quem pertence uma opinião

Exemplo:

    Para vocês, este homem agiu bem.

c). o ser interessado na ação do verbo

Exemplo:

    Soltem-**me** esse inocente.

Obs.: A função de objeto indireto pode ser exercida por substantivos, pelos pronomes oblíquos (me, mim, te, ti, se, lhe, lhes, etc.), ou por qualquer palavra substantivada.

Complemento nominal – termo da oração que completa o significado de:

– um substantivo ou de um adjetivo e, às vezes, de um advérbio; liga-se sempre por meio de uma preposição.

Exemplos de complemento nominal de adjetivos:

Fiel **aos seus princípios**.

Prejudicial **à saúde**.

Contrário **aos meus interesses**.

Resistente **ao frio**.

Favorável **aos meninos**.

Devotada **às artes**.

Ele sempre foi útil **à sociedade**.

Exemplos de complemento nominal de substantivos:

Referência **ao Evangelho**.

Incitamento **à coragem**.

Alusão **ao assunto**.

Necessidade **de segurança**.

Sua resposta **ao professor** foi brilhante.

Estaremos à espera **de novidades**.

Exemplos de complemento nominal de advérbios:

Contrariamente **ao seu propósito**.

Independentemente **da sua decisão**.

Além **do horizonte**.

Longe **do sertão**.

Agente da passiva – termo da oração que indica, na voz passiva, aquele que praticou a ação.

Em língua portuguesa, a voz passiva se apresenta de duas formas:

a) **A voz passiva analítica** – o verbo se encontra na voz passiva, isto é, conjugado com o verbo auxiliar ser, mais o particípio do verbo principal.

Exemplos:

Casa <u>é vendida</u> **por alguém** (pela imobiliária, etc.).

Casas <u>são vendidas</u> **por alguém**.

Fatores subjetivos e objetivos <u>são inseridos</u> (**por alguém**), nestes dois critérios, relacionados às pessoas envolvidas.

A aplicabilidade da norma para os casamentos celebrados sob a égide da disposição anterior <u>é discutida</u> **pelos doutrinadores**.

Uma expansão em grande escala do princípio da boa-fé em todos os campos do Direito <u>é identificada</u> **pela sociedade**.

b) **A voz passiva sintética** – o verbo se encontra na forma ativa, acompanhado do pronome SE, que é o índice de apassivação.

É o caso típico dos famosos exemplos: Vende-se casa e Vendem-se casas.

Exemplos:

Nestes dois critérios **inserem-se** fatores subjetivos e objetivos, relacionados às pessoas envolvidas.

Discute-se a aplicabilidade da norma para os casamentos celebrados sob a égide da disposição anterior.

Identifica-se uma expansão em grande escala do princípio da boa-fé em todos os campos do Direito.

Obs.: 1: Na voz passiva sintética, normalmente, o agente está elíptico, isto é, não aparece na frase, mas sabe-se que alguém praticou a ação, o agente da passiva.

2: Só é possível o emprego da voz passiva de verbos que sejam transitivos diretos (VTD), ou transitivos diretos e indiretos (VTDI).

Ex.: A declaração da parte **foi registrada** pelo escrivão (VTD).

Os prêmios **foram outorgados** aos vencedores pelo presidente da Associação (VTDI).

C – TERMOS ACESSÓRIOS: aqueles que acrescentam uma informação a mais, ou apresentam uma qualidade, ou, ainda, enfeitam a oração.

Adjunto adnominal – o termo da oração representado por um adjetivo ou expressão que modifica o substantivo, em qualquer função que ele esteja exercendo na oração.

Exercem função de adjunto adnominal:

a) Os adjetivos. Ex.: homem **inteligente**; homem **bom**.

b) As locuções adjetivas que podem expressar diferentes ideias como:

– ideia de posse – Ex.: Casa **de Paulo**

– ideia de origem – Ex.: Água **da fonte**

– ideia de matéria – Ex.: Pulseira **de prata**

– ideia de restrição – Ex.: Canários **do sítio**

c) Os pronomes possessivos, demonstrativos e indefinidos. Ex.: **Meu** livro, **este** caderno, **nenhum** lápis, **aquela** paisagem, **cada** semana, **que** livro você leu?

d) O numeral – Ex.: **três** casas, **um** lápis.

Adjunto adverbial – o termo da oração expresso por advérbio ou locução adverbial que pode referir-se não só ao verbo, mas ainda ao adjetivo ou a outro advérbio.

O adjunto adverbial exprime circunstâncias; as principais são:

a) assunto – O professor dissertava **sobre Geografia**;

b) causa – Tremia **de medo**;

c) companhia – Dançava **com Maria**;

d) concessão – Saíram **apesar da chuva**;

e) condição – Só sairão **com a minha licença**; Não sairão **sem a minha licença**;

f) dúvida – **Talvez** aprenda a lição;

g) fim – Preparou-se **para o passeio**;

h) instrumento – Abriu a porta **com a chave**;

i) intensidade – Escreve **muito bem**;

j) lugar – Moro **na cidade**; Vou **ao museu**; Saiu **de casa**;

k) modo – Fala **bem**; Saiu **às pressas**;

l) tempo – **Amanhã** viajarão;

m) afirmação – **Sim**, eles virão;

n) negação – **Não** responderam às perguntas feitas.

Aposto – uma expressão de natureza substantiva ou pronominal que se refere a outra expressão de natureza substantiva ou pronominal, para melhor explicá-la, ou para servir-lhe de resumo.

Exemplo:

> Este livro foi escrito por Machado de Assis, **uma das maiores glórias da literatura brasileira**.

Para Goffredo da Silva Telles Jr., **eminente jurista**, a personalidade consiste "no conjunto de caracteres próprios da pessoa, logo, é objeto de direito".

Vocativo – é a expressão de natureza exclamativa por meio da qual chamamos ou colocamos em evidência a pessoa a quem nos dirigimos.

Exemplos:

> **José**, vem cá!
>
> Sabei, **caros doutores**, que tal situação não pode perdurar.

10.3 Períodos Compostos por Coordenação

O período é chamado simples quando formado por uma só oração; é composto por coordenação quando duas ou mais orações independentes (uma não exerce nenhuma função sintática em relação à outra) estão ligadas pelas conjunções coordenativas. Entretanto as orações coordenadas podem não apresentar conjunção, daí a classificação das orações coordenadas em:

– sindéticas – quando a conjunção está presente;

– assindéticas – quando não apresentam conjunções.

Exemplo:

> O professor entrou na sala, cumprimentou os alunos, fez a chamada e deu início à aula (as três primeiras orações são assindéticas, e a última é sindética).

As orações coordenadas classificam-se com a mesma nomenclatura das conjunções coordenativas que as iniciam. Assim, podem ser:

1) **Aditivas** (e, nem; locuções: não só... mas também, etc.).

Exemplos:

> Chegaram ao topo da montanha e comemoraram o feito.
>
> A nova teoria não só abalou os velhos conceitos mas também provocou mudanças no comportamento da sociedade.

2) **Adversativas** (mas, porém, todavia, contudo, entretanto, no entanto, etc.).

Exemplo:

> É uma pequena cidade interiorana sem muitos atrativos, mas o povo é muito gentil.

3) **Alternativas** (ou, ou... ou, ora... ora, já... já, quer... quer, etc.).

Exemplo:

Passarei o fim de semana na cidade ou irei ao litoral.

4) **Conclusivas** (logo, portanto, por isso, pois (após o verbo), de modo que, etc.).

Exemplo:

Penso, logo existo.

5) **Explicativas** (pois (antes do verbo), porque, porquanto, que, etc.).

Exemplo:

Vá com cuidado, pois o caminho é longo e tortuoso.

10.4 Períodos Compostos por Subordinação

Os períodos compostos por subordinação são constituídos por orações subordinadas, isto é, aquelas orações iniciadas por conjunções subordinativas e que exercem uma função sintática em relação a uma outra oração a qual denominamos *principal*.

De acordo com as funções que desempenham no período, ou seja, substantivo, adjetivo, advérbio, as orações subordinadas são classificadas em *substantivas, adjetivas e adverbiais*.

As orações **subordinadas substantivas** são iniciadas pelas conjunções subordinativas integrantes (*que, se*) e vão desempenhar as mesmas funções que um substantivo pode exercer, isto é, sujeito, objeto direto, objeto indireto, complemento nominal, predicativo do sujeito, aposto. Assim, elas são classificadas, de acordo com a função que exercem, em:

1) **Subjetivas**

Exemplos:

Convém que *façamos um estudo detalhado do caso.*

Não se sabe se *o juiz acatará o pedido.*

2) **Objetivas diretas**

Exemplo:

O juiz ordenou que *desocupassem a sala.*

3) **Objetivas indiretas**

Exemplo:

Tudo depende de que *você possa provar as alegações.*

4) **Completivas nominais**

Exemplo:

O júri parece favorável a que *absolvam o réu.*

5) **Predicativas**

Exemplo:

O grande mal é que *as medidas não surtiram efeito.*

6) **Apositivas**

Exemplo:

Foi-lhes imposta uma condição: que *desocupassem o imóvel imediatamente.*

As orações **subordinadas adjetivas** são introduzidas pelos pronomes relativos (que, cujo, quem, onde) e apresentam o valor de um adjetivo, pois quase sempre modificam um termo antecedente a elas. Sintaticamente, funcionam como adjunto adnominal e, às vezes, como se fossem um aposto explicativo. Classificam-se em:

1) **Explicativas**

    Exemplo:

    > *Grande Sertão: Veredas, que é a obra máxima de João Guimarães Rosa*, deve ser lido por todos os estudantes de literatura brasileira.

2) **Restritivas**

    Exemplo:

    > Já terminei a leitura de todos os livros que *você me emprestou*.

As orações **subordinadas adverbiais** exercem a função de adjunto adverbial em relação à oração principal de que dependem. São introduzidas pelas conjunções subordinativas, recebendo a mesma nomenclatura das conjunções que as iniciam. São assim classificadas:

1) **Temporais** (quando, enquanto, logo que, assim que, depois que, que (= quando), etc.)

    Exemplo:

    > Todos se levantaram *quando o juiz entrou no tribunal*.

2) **Finais** (a fim de que, para que, que (= para que), etc.)

    Exemplo:

    > Ele fez de tudo *para que a testemunha caísse em contradição*.

3) **Proporcionais** (à proporção que, à medida que, etc.)

    Exemplo:

    > *À medida que o tempo passa*, a verdade vai aparecendo.

4) **Causais** (porque, visto que, como, uma vez que, já que, etc.)

    Exemplo:

    > Não conseguiu chegar a tempo, *porque o trânsito estava congestionado*.

5) **Condicionais** (se, salvo se, caso, contanto que, desde que, etc.)

    Exemplo:

    > *Se o juiz concordar*, faremos mais uma prova.

6) **Consecutivas** (tanto... que, tão... que, etc.)

    Exemplo:

    > O advogado falou *tanto, que ficou cansado*.

7) **Comparativas** (tal, como, quanto, (mais...) do que, tanto... quanto, etc.

    Exemplo:

    > Realmente, ele se mostrou *mais* inteligente *do que seu adversário*.

8) **Conformativas** (como, conforme, segundo, etc.)

    Exemplo:

    > *Segundo a doutrina a respeito do assunto*, sua observação é pertinente.

9) **Concessivas** (embora, apesar de que, ainda que, se bem que, etc.)

    Exemplo:

    > *Embora a situação não fosse favorável*, ele conseguiu ganhar a causa.

10.5 Períodos Mistos

Períodos mistos são aqueles compostos por orações coordenadas e subordinadas.

Exemplo:

"Não se pode lançar mão de maneira indiscriminada do senso comum, precisamente porque as diferentes situações podem até apresentar semelhanças entre si, mas a absoluta identidade entre elas é algo de quase impossível observação".

EXERCÍCIOS

I – Assinale a oração correta, de acordo com a norma culta da língua:

(A) Na prova houve muitas falhas.

(B) Na prova houveram muitas falhas.

(C) Teve muitas falhas na prova.

(D) Existiu muitas falhas na prova.

(E) Nenhuma está correta.

II – Aponte a alternativa em que a forma verbal está correta:

(A) Haviam muitas pessoas na sala.

(B) Fazem dez anos que não o vejo.

(C) Existiam muitas falhas no inquérito policial.

(D) Devem haver mais processos contra o réu.

(E) Nenhuma está correta.

III – Na frase: "Havia expectativa e temor, indignação e espanto...." o verbo "haver" está no singular porque:

(A) Concorda com o componente mais próximo do sujeito.

(B) Os núcleos do sujeito são palavras da mesma área semântica.

(C) O verbo é impessoal.

(D) O verbo está no passado.

(E) É uma liberdade sintática dos modernistas.

IV – Assinale a alternativa que preenche corretamente as lacunas da frase:

"Se não _____ objeções ao meu trabalho, eu _____, mas sei que _____ muitos descontentes."

(A) houvessem – continuaria – existem

(B) houverem – continuarei – existem

(C) houver – continuarei – existe

(D) houvesse – continuaria – existem

(E) houvesse – continuarei – existem

V – Assinale a alternativa em que o verbo da oração está na voz passiva:

(A) Trata-se dos direitos relacionados à proteção de ideias, sistemas e métodos que beiram o campo do direito autoral.

(B) Tome-se o exemplo da taxa SELIC vigente em meados de 2003, fixada em 26% ao ano.

(C) Refere-se às questões polêmicas do contrato eletrônico, no Novo Código.

(D) Assiste-se ao início de um novo período, no qual o exercício da cidadania é a preocupação fundamental.

(E) Visa-se, com essas medidas, a resguardar os direitos da personalidade.

VI – Assinale a alternativa em que o sujeito da oração é indeterminado:

(A) Vislumbra-se um sistema duplo de responsabilização do construtor pela solidez e segurança da obra.

(B) Percebe-se a compatibilização do princípio da liberdade com o da igualdade, a busca da expansão da personalidade individual de forma igualitária.

(C) Destinam-se estes trabalhos a investigar as implicações processuais decorrentes da nova legislação.

(D) Prescinde-se, neste momento, de acusações infrutíferas.

(E) Reporta-se essa tradição filosófica aos escritos de Aristóteles, o grande mestre grego.

VII – "Na 'Partida da Monção', ao contrário disso, não há **uma atitude inventada**. É naturalismo puro. Há cor local. Há restituição exata **de uma cena** como ela devia ter sido na realidade."

Assinale a alternativa correta que indica a função sintática exercida, respectivamente, pelas duas expressões em destaque no texto acima:

(A) sujeito – sujeito

(B) complemento nominal – adjunto adnominal

(C) objeto direto – complemento nominal

(D) adjunto adverbial de modo – objeto indireto

(E) adjunto adnominal – adjunto adverbial

VIII – Na expressão "Chamei o Prof. Antonio de presidente da associação cultural..." encontramos, no predicado, pela ordem:

(A) objeto direto e objeto indireto.

(B) objeto direto e predicativo

(C) objeto indireto e adjunto adnominal

(D) objeto indireto e predicativo

(E) objeto direto e adjunto adverbial

IX – Na frase: "Deus é a **força** que me impele, a **asa** que me levanta, **voz** que me chama para ele", assinale a opção que indica a função sintática das palavras em destaque:

(A) predicativo do sujeito

(B) objeto direto

(C) sujeito

(D) objeto indireto

(E) agente da passiva

X – Na frase: "Dulce considerou **calada**, por um momento, aquele **horrível** delírio" (Herculano), assinalar a opção correta que indica a função sintática exercida, respectivamente, pelas palavras em destaque:

(A) objeto direto, objeto direto

(B) adjunto adnominal, objeto direto

(C) adjunto adverbial, complemento nominal

(D) adjunto adnominal, adjunto adverbial

(E) predicativo do sujeito, adjunto adnominal

Capítulo 11

Regência verbal e nominal

11.1 Regência Verbal

Conforme vimos, a regência é uma das três divisões da sintaxe, ao lado da concordância e da colocação.

A sintaxe de regência trata das relações de dependência dos termos na oração e das orações no período.

São chamados termos *regentes* aqueles que exigem outro termo, denominado *regido*, para completar a sua significação.

Quando o termo regente é um nome (substantivo ou adjetivo), estamos no campo da regência nominal; é o que ocorre com o complemento nominal.

Quando o termo regente é um verbo que não tem seu significado completo, exigindo um outro termo para completar-lhe a significação, estamos diante da regência verbal.

Dentre as diversas classes de palavras, o verbo ocupa lugar de especial relevo na linguagem, inclusive na linguagem jurídica, em virtude de seu conteúdo semântico básico, que se caracteriza pela função específica de indicar ações, na interação entre os seres, ou estados em que os seres se encontram, ou, ainda, a passagem de um estado para o outro.

Além da evolução natural da língua, que provoca mutações na regência dos verbos, ocorre, ainda, o fato de um mesmo verbo admitir regências diferentes, variando ou não o seu significado de acordo com a alteração da regência. Resulta daí a maior dificuldade no domínio do assunto.

Para o profissional do direito, que tem na palavra o instrumento fundamental de sua atuação profissional, quanto mais ele conhecer os verbos e suas regências, mais apto estará para desempenhar com a desejada eficácia a sua profissão.

Devemos lembrar, ainda, que alguns verbos adquirem, na linguagem jurídica, acepções e regências diversas daquelas que apresentam na linguagem do dia a dia.

1.1   **Verbos transitivos diretos** – já vimos que são aqueles verbos de nossa língua que pedem um complemento ligado a eles sem preposição, o objeto direto (OD).

Exemplos:

Alguém **favoreceu** <u>a fuga</u> do detento.

O estado deverá **alocar** recursos substanciais à construção, manutenção e recuperação dos prédios escolares.

1.2 **Verbos transitivos indiretos** — são aqueles que exigem um complemento que vem precedido de preposição (OI).

Exemplos:
  Tal projeto **necessita** de exame mais acurado dos congressistas.
  Não podemos **prescindir** dos recursos, pois não conseguiremos resolver os problemas sem eles.

1.3 **Verbos transitivos diretos e indiretos** — são aqueles que necessitam dos dois complementos, um objeto direto (OD) e um objeto indireto (OI).

Exemplos:
  Irrogaram ao líder (OI) a responsabilidade da greve (OD).
  Alegar ignorância da lei não **exime** ninguém (OD) da responsabilidade por seus atos (OI).

1.4 **Verbos que admitem mais de uma preposição** — quando o mesmo verbo admite mais de uma preposição, pode ocorrer o seguinte:

a) a mudança da regência não altera o significado

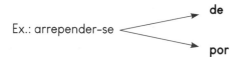

Ex.: arrepender-se → **de** / **por**

b) a mudança altera o significado

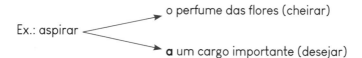

Ex.: aspirar → o perfume das flores (cheirar) / **a** um cargo importante (desejar)

c) a escolha da preposição caracteriza o nível de linguagem
  Ex.:

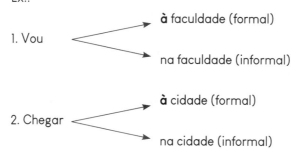

1. Vou → **à** faculdade (formal) / **na** faculdade (informal)

2. Chegar → **à** cidade (formal) / **na** cidade (informal)

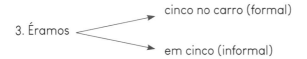

Observação:

Como a classe das preposições é de especial importância para a compreensão das várias regências verbais, é necessário recordarmos seu conceito e suas formas.

Preposição – é uma palavra invariável que relaciona dois termos de uma oração, de tal modo que o sentido do primeiro é explicado ou completado pelo segundo.

Exemplos:

Os documentos chegaram **a** tempo.

Somos obrigados a concordar **com** a sua tese. As preposições podem ser simples ou compostas (locuções prepositivas).

As preposições simples – aquelas expressas por um só vocábulo.

Podem ser:

1) **essenciais:** a – ante – após – até – com – contra – de – desde – em – entre – para – perante – por (per) – sem – sob – sobre – trás

2) **acidentais** – palavras que, pertencendo normalmente a outras classes, funcionam às vezes como preposições: afora, conforme, consoante, durante, exceto, fora, mediante, menos, não obstante, salvo, segundo, senão, tirante, visto, etc.

As preposições compostas – ou locuções prepositivas – quando constituídas de dois ou mais vocábulos, sendo o último deles uma preposição simples (geralmente de). Alguns exemplos: abaixo de – acerca de – acima de – a fim de – antes de – apesar de – atrás de – a respeito de – de acordo com – depois de – em torno de – para com – perto de – por causa de.

Vejamos, agora, a regência de alguns verbos, lembrando que ao mudar a regência, muitos verbos mudam a significação.

1) **Ab-rogar** – significa abolir inteiramente uma lei; é verbo transitivo direto (VTD), portanto pede complemento verbal (OD) sem preposição.

Exemplo:

"A luta terminava ab-rogando todos os privilégios e resoluções pontifícias." (Alexandre Herculano)

2) **Acionar** – acionar alguém (VTD) – no sentido de propor ou intentar ação em juízo, demandar, processar.

Exemplo:

Os herdeiros pretendem acionar o testamenteiro.

3) **Acordar**

    a) resolver de comum acordo, combinar, concordar (VI).

Exemplo:

"Se as partes interessadas assim acordarem, não será necessário que se faça [...]."

b) acordar em algo.

Exemplo:

"A compra e venda, quando pura, considerar-se-á obrigatória e perfeita, desde que as partes acordarem **no** objeto e **no** preço." (CC, art. 482)

c) acordar com alguém alguma coisa.

Exemplos:

Acordaram **com** as autoridades o local da manifestação.

Acordou **com** os credores pagar-lhes tudo em dois anos.

d) no sentido de proferir acórdão, sentenciar, a oração que completa o verbo *acordar* pode vir introduzida, ou não, pela preposição *em*.

Exemplo:

"Vistos, relatados e discutidos estes autos, acordam os Ministros do STF, em sessão plenária, na conformidade da ata do julgamento, por unanimidade de votos, não conhecer do recurso." "Vistos, relatados e discutidos estes autos de Apelação Criminal [...], acordam, os Juízes do Tribunal Militar do Estado, por maioria de votos, **em** negar provimento ao apelo [...]"

4) **Adimplir** – adimplir alguma coisa (VTD) – usado no sentido de dar cumprimento a, executar, saldar o compromisso.

Exemplo:

"Cumpre ao credor provar que adimpliu a contraprestação devida [...]."

5) **Adjudicar**

a) adjudicar algo a alguém – conceder, atribuir, entregar a coisa por autoridade judicial (VTDI).

Exemplo:

"Quando a coisa for indivisível, ou se tornar, pela divisão, imprópria ao seu destino, e os consortes não quiserem adjudicá-la a um só, indenizando os outros, será vendida e repartido o preço [...]" (CC, art. 1.322).

b) adjudicar algo – no sentido de declarar judicialmente que certa coisa fica pertencendo a determinada pessoa (VTD).

Exemplo:

Segundo o Código Civil de 1916, "as sentenças, que, nos inventários e partilhas, adjudicarem bens de raiz em pagamento das dívidas da herança" deviam ser transcritas.

6) **Aduzir**

a) aduzir algo – apresentar, oferecer, expor (razões, argumentos, provas) (VTD).

Exemplo:

Depois de lida a reclamação, ou na sua dispensa, a parte tem vinte minutos para aduzir sua defesa.

b) aduzir alguma coisa a outra – introduzir, acrescentar (VTDI).
Exemplo:

"Segundo os princípios processuais, a confissão não pode ser dividida, salvo se a ela o confitente aduzir fatos novos, capazes de fundamentar defesa de direito material ou reconvenção."

7) **Agradar**

a) agradar alguém = causar agrado, acariciar (VTD).
Exemplo:

O menino agradava o cãozinho.

b) agradar **a** alguém = satisfazer (VTI).
Exemplo:

O discurso agradou ao povo.

8) **Anuir** – na acepção de concordar, consentir, assentir, aprovar, pode ser usado das seguintes formas:

a) sem complemento verbal (VI).
Exemplo:

"Se alguém deles não anuir, proceder-se-á conforme o estabelecido previamente."

b) anuir a algo (VTI).
Exemplo:

"[...] quando restituir a sua posse ao devedor, ou quando anuir à sua substituição por outra garantia."

9) **Apelar** – na significação de recorrer à instância imediatamente superior, para pedir a reforma da sentença definitiva de juízo inferior, interpor o recurso de apelação, pode ter as seguintes regências:

a) apelar de (uma sentença) (VTI).
Exemplo:

"Se o autor apelar da sentença de indeferimento da petição inicial, [...]."

b) apelar para (VTI).
Exemplo:

Apelou para o Supremo Tribunal Federal.

c) apelar de (uma autoridade) para (outra) – interpor recurso, recorrer.
Exemplo:

Apelou do juízo singular para o Tribunal de Justiça.

d) sem complemento verbal (VI).
Exemplo:

"O réu não poderá apelar sem recolher-se à prisão, ou prestar fiança [...]."

10) **Arguir**

a) arguir alguém (ou algo) de alguma coisa – acusar, tachar de (VTDI).
Exemplo:

"A transmissão da vontade pode arguir-se de nulidade nos mesmos casos em que [...]."

153

b) arguir alguma coisa – alegar, apresentar como defesa (VTD).

Exemplo:

"A parte interessada deverá arguir o impedimento ou a suspeição [...]."

c) arguir alguma coisa contra alguém (VTDI).

Exemplo:

"[...] julgar as suspeições arguidas contra os seus membros [...]."

11) **Aspirar**

a) aspirar algo = sorver, inalar, cheirar (VTD).

Exemplo:

Aspiro o perfume das flores.

b) aspirar **a** algo = almejar, pretender (VTI).

Exemplo:

Todos os homens aspiram à felicidade.

Observação:

Esse é um dos verbos cujo objeto indireto não pode ser convertido no prono-me pessoal oblíquo *lhe*; não podemos dizer, por exemplo: "Todos os homens aspiram-lhe", mas: "Todos os homens aspiram a ela."

12) **Assistir**

a) assistir alguém = dar assistência, prestar auxílio, assessorar (VTD).

Exemplo:

"O herdeiro do depositário [...] é obrigado a assistir o depositante na reivin-dicação [...]."

b) assistir **a** alguma coisa = presenciar, comparecer a (VTI).

Exemplo:

"É defeso, a quem ainda não depôs, assistir ao interrogatório da outra parte" (CPC, art. 344, parágrafo único).

Observações:

1: Nesta última acepção, o verbo *assistir* não admite o objeto indireto com o pronome oblíquo *lhe*; não se diz, portanto, "Assistir-lhe", mas "Assistir a ele".

2: Como não existe voz passiva com verbos transitivos indiretos, é incorreta, na norma culta, a seguinte construção: "A audiência foi assistida por inúmeros populares."

c) algo assiste a alguém – no sentido de possuir um direito, uma vantagem, uma prerrogativa, constrói-se com objeto indireto de pessoa (VTI). Ex.: "Ao possui-dor de má-fé serão ressarcidas somente as benfeitorias necessárias; mas não lhe assiste o direito de retenção pela importância destas, nem o de levantar as voluptuárias" (CC, art. 1.220).

13) **Certificar**

a) certificar algo – atestar, afirmar a certeza de passar certidão de (VTD).

Exemplo:

"Só a autoridade competente pode certificar o óbito da vítima".

b) certificar algo a alguém – tornar ciente (VTDI).

Exemplo:

"[...] o oficial do registro certificará aos pretendentes que estão habilitados para casar [...]."

c) certificar alguém de algo – tornar ciente, convencer da verdade ou certeza de (VTDI).

Exemplo:

Certificou os sócios da legalidade da operação ou de que a operação era legal.

14) **Chamar** – Observe o quadro:

> 1. Chamei-**lhe** (de) covarde.
>
>   Chamou **ao** aluno (de) ignorante.
> 2. Chamei o elevador.
>
>   Chamei o professor.
> 3. Chamou **por** seu irmão enquanto dormia.

Podemos verificar que o verbo *chamar* pertence ao grupo dos verbos que mudam de regência quando mudam de significado. Assim:

Chamar a) a alguém (de) alguma coisa = apelidar, denominar

b) alguém ou alguma coisa = fazer vir, convocar

c) por alguém ou alguma coisa = invocar

15) **Citar** – no sentido de comunicar a alguém que deve comparecer em juízo para tomar conhecimento de ação em que é parte, aparece sob as seguintes construções:

a) citar alguém (VTD).

Exemplo:

"Incumbe ao oficial de justiça procurar o réu e citá-lo."

b) citar alguém em (isto é, na pessoa de).

Exemplo:

"[...] o réu será citado na pessoa do administrador do imóvel encarregado do recebimento dos aluguéis."

c) citar alguém a.

Exemplo:

"O juiz citou as testemunhas a comparecer perante o tribunal."

16) **Comparecer** – no sentido de ir a juízo perante magistrado ou funcionário judicial, por si ou por seu procurador, para algum ato judicial para o qual foi chamado ou citado, pode ter as seguintes regências:

a) comparecer em juízo.

Exemplo:

"Compete à parte comparecer em juízo [...]."

b) comparecer a (é a regência habitual, quando o termo regido não for a palavra juízo).

Exemplo:

"O réu será citado para comparecer à audiência, [...]."

c) sem complemento verbal (VI).

Exemplo:

"Se o réu não comparecer, sem motivo justificado, [...]."

17) **Constar**

alguma coisa consta de — no sentido de estar escrito ou registrado em, fazer parte, incluir-se; é a regência quase que exclusiva atualmente, embora ainda se encontre este verbo com a preposição em.

Exemplo:

"Os termos de juntada, vista, conclusão e outros semelhantes constarão de notas datadas e rubricadas pelo escrivão" (CPC, art. 168).

18) **Contentar-se** — este verbo admite várias regências, sem entretanto mudar de sentido.

Exemplos:

Contento-me **com** vê-lo alegre.

Contento-me **de** vê-lo alegre.

Contento-me **em** vê-lo alegre.

Contento-me **por** vê-lo alegre.

19) **Custar**

a) ter certo preço, valor ou custo (VTD).

Exemplo:

Este livro custa R$ 20,00.

b) ser penoso, ser difícil (VTI).

Exemplo:

Custa-**me** acreditar no que vejo.

20) **Deferir**

a) deferir algo — no sentido de atender o que é pedido ou requerido, despachar favoravelmente (VTD).

Exemplo:

"Estando a petição inicial devidamente instruída, o juiz deferirá, sem ouvir o réu, a expedição do mandado liminar de manutenção ou de reintegração; [...]" (CPC, art. 928).

Observação:

O verbo **indeferir** tem a mesma regência. Ex.: "O juiz indeferirá o pedido, quando o requerente [...]."

b) deferir algo a alguém — no sentido de conferir, atribuir (tutela, herança, direito, etc.) (VTDI).

Exemplo:

"Em falta de descendentes e ascendentes, será deferida a sucessão por inteiro ao cônjuge sobrevivente" (CC, art. 1.838).

21) **Denunciar**

a) denunciar algo, ou alguém (VTD) e denunciar algo a (ou perante) alguém (VTDI) – no sentido de dar, oferecer denúncia de.

Exemplo:

"Qualquer cidadão, partido político, associação ou sindicato é parte legítima para, na forma da lei, denunciar irregularidades ou ilegalidades perante o Tribunal de Contas da União" (CF/88, art. 74, § 2º).

b) denunciar algo (a lide) a alguém (VTDI) – no sentido de dar a conhecer por meio de notificação ou citação, noticiar, participar. Portanto, não se denuncia alguém à lide – erro de construção bastante comum –, mas *denuncia-se a lide a alguém*, pois a lide é dada a conhecer a alguém. Usando o substantivo correlato – denunciação –, o Código de Processo Civil, no art. 70, emprega a expressão *denunciação da lide ao alienante, ao proprietário.*

22) **Ensinar**

a) ensinar alguma coisa a alguém (VTDI).

Exemplo:

Ensinei-lhe a lição.

b) ensinar alguém **a** fazer algo (VTDI).

Exemplo:

Ensinei-o a falar inglês.

23) **Esquecer**

a) esquecer algo (VTD).

Exemplo:

Esqueci a data de seu aniversário.

b) esquecer-**se de** algo (VTI).

Exemplo:

Esqueci-me de trazer o material.

c) esquecer algo a alguém.

Exemplo:

Esqueceu-me a data da comemoração (forma erudita; também com *lembrar*).

24) **Informar** – Observe o quadro:

> 1. Informei-**o** <u>da nossa chegada</u>.
> 2. Informei-**o** <u>sobre nossos planos</u>.
> 3. Informei-**lhe** <u>que haveria prova</u>.

Nestes exemplos, o verbo *informar*, embora admita diferentes regências, não muda de sentido:

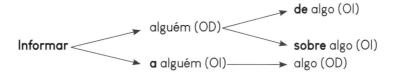

Observe ainda:
1) Informou-**se com** os colegas **sobre** a prova.
2) Informou-**se com** os colegas **de** tudo isto.

Na forma reflexiva, **informar-se** admite duas regências sem mudar de sentido.

Entretanto, veja:

Eis o advogado que **informou** <u>o meu processo</u> de exoneração.

O verbo informar no sentido de "dar um parecer" é usado apenas como transitivo direto.

25) **Lembrar**
   a) lembrar algo (VTD).
      Exemplo:
         Lembro o passado com saudades.
   b) lembrar-**se de** algo (VTI).
      Exemplo:
         Lembrei-me de trazer o seu livro.

26) **Namorar**
   a) alguém (formal) (VTD).
      Exemplo:
         O estudante namora uma colega de classe.
   b) com alguém (informal) (VTI).
      Exemplo:
         O estudante namora com uma colega de classe. (deve ser evitado)

27) **Perdoar** – admite várias regências:
   a) perdoar algo **a** alguém (VTDI).
      Exemplo:
         Perdoei-lhe a falta.
   b) perdoar alguém **de** ou **por** alguma coisa.
      Exemplo:
         Perdoei o árbitro de (por) ter dado o pênalti.
   c) perdoar algo (VTD).
      Exemplo:
         Deus perdoa nossos pecados.
      Observação:
         A construção clássica desse verbo é com objeto direto de coisa e indireto de pessoa. Embora seja comum entre os autores a forma "Perdoá-lo" (objeto

direto de pessoa), é aconselhável, na norma culta, o objeto indireto, quando tratar-se de pessoa, assim "Perdoar-lhe".

28) **Preferir**

   a) quem prefere, prefere uma coisa **a** outra (VTDI).

   Exemplo:

   Prefiro sair **a** ficar vendo televisão.

   Observação:

   Preferir = gostar mais; por isso, na norma culta, não se deve usar "prefiro mais", "prefiro mais isso do que aquilo".

   b) sem complemento (VI) – no sentido de ter primazia, ter preferência.

   Exemplo:

   "Concorrendo à remição vários pretendentes, preferirá o que oferecer maior preço; [...]" (CPC, art. 789).

29) **Precisar**

   a) **de** alguma coisa = necessitar (VTI).

   Exemplo:

   Preciso de livros novos.

   b) algo = indicar com exatidão (VTD).

   Exemplo:

   Os técnicos precisaram o lugar.

30) **Querer**

   a) querer algo = desejar (VTD).

   Exemplo:

   Querer tranquilidade, querer sucesso, etc.

   b) querer **a** alguém = estimar, querer bem (coisas boas, positivas) (VTDI).

   Exemplo:

   O pai queria-lhe bem. (= O pai queria bem ao filho.)

31) **Visar**

   a) o alvo = fazer pontaria, mirar (VTD).

   Exemplo:

   Engatilhou a arma e visou a caça.

   b) um documento = pôr o visto (VTD).

   Exemplo:

   Visar um passaporte, visar um cheque, etc.

   c) **a** alguma coisa = ter intenção de, destinar-se a (VTI).

   Exemplo:

   "A República Federativa do Brasil buscará a integração econômica, política, social e cultural dos povos da América Latina, visando à formação de uma comunidade latino-americana de nações" (CF/88, art. 4 , parágrafo único).

Observação:

Nesta última acepção, embora na linguagem coloquial a preposição **a** seja dispensada, na norma culta ela é exigida, inclusive diante de verbos no infinitivo. Ex.: "As cartas, bem como os registros domésticos, provam contra quem os escreveu quando: [...] II – contêm anotação, que visa **a** suprir falta de título em favor de quem é apontado como credor; [...]" (CPC, art. 376, II).

32) **Haver**

1) **Impessoal**, empregado apenas na terceira pessoa do singular, quando significar *existir* (um dos casos de orações sem sujeito), acompanhado de objeto direto (VTD).

Exemplo:

"Nos Territórios Federais com mais de cem mil habitantes, além do Governador nomeado na forma desta Constituição, haverá órgãos judiciários de primeira e segunda instância, [...]" (CF/88, art. 33, § 3º).

Observações:

1: Na linguagem culta é, pois, inaceitável a pluralização do verbo, em construções como: "houveram acidentes", "se houvessem recursos", se houverem problemas".

2: Quando acompanhado de verbo *auxiliar* (estar, ter, dever, etc.), este também se impessoaliza.

Exemplos:

Deve haver leis justas e penalidades adequadas.

Tinha havido acidentes graves, nas estradas.

2) **Pessoal** – conjugado em todas as pessoas, concordando portanto com o sujeito:

a) quando é auxiliar (com o sentido equivalente ao verbo *ter*) de verbo pessoal.

Exemplo:

Eles haviam dito que o inquérito estava concluído. "[...] Nas causas relativas ao estado de pessoa, se houverem sido citados no processo, em litisconsórcio necessário, todos os interessados, a sentença produz coisa julgada em relação a terceiros" (CPC, art. 472).

b) haver algo (VTD), ou haver algo de alguém (VTDI) – no sentido de alcançar, conseguir, obter.

Exemplos:

Eles houveram o prêmio.

"O proprietário das sementes, plantas ou materiais poderá cobrar do proprietário do solo a indenização devida, quando não puder havê-la do plantador, ou construtor" (CC, art. 1.257, parágrafo único).

c) haver alguém (ou algo) acompanhado da preposição *com* ou *por* (VTD com predicativo de OD) – no sentido de considerar, julgar.

Exemplo:

Era havido por idôneo.

Haviam-no por sábio.

"Se a administração, ou diretoria, tiver a sede no estrangeiro, haver-se-á por domicílio da pessoa jurídica, no tocante às obrigações contraídas por cada uma das suas agências, o lugar do estabelecimento, sito no Brasil, a que ela corresponder" (CC, art. 75, § 2º).

d) haver mister (VTD) ou haver mister de (VTI) — no sentido de precisar, ter necessidade de.

Exemplo:

"Incumbe ao tutor, quanto à pessoa do menor: [...] II — reclamar do juiz que providencie, como houver por bem, quando o menor haja mister correção" (CC, art. 1.740, II).

e) haver por bem — no sentido de dignar-se, resolver, julgar oportuno.

Exemplo:

"[...] reclamar do juiz que providencie, como houver por bem [...]."

f) não há acompanhado de infinitivo — no sentido de não é possível, não cabe.

Exemplo:

"Não há falar em direito adquirido contra preceito constitucional."

g) há que acompanhado de infinitivo — no sentido de é preciso, é necessário.

Exemplo:

"Num país democrático e liberal, há que respeitar as crenças de cada um."

11.2 Regência Nominal

Não apenas os verbos, mas determinados substantivos, adjetivos e alguns advérbios, podem também necessitar de complementos. Esses complementos, conhecidos na gramática como complementos nominais, vêm ligados por preposição ao substantivo, ao adjetivo ou ao advérbio cujo sentido integram ou limitam.

Alguns desses nomes exigem, para completar seu significado, uma única preposição. Por exemplo, o adjetivo **contrário** pede sempre a preposição **a**. Assim, diremos: Contrário aos meus princípios, contrário à lei, etc.

Muitos substantivos e adjetivos, entretanto, combinam-se com preposições diferentes. Por exemplo, o substantivo **intolerância** aceita as preposições **a, com, contra, em** e **para com**. Assim, diremos: intolerância ao governo, intolerância com os adversários, intolerância com os críticos, intolerância em aceitar opiniões contrárias.

Vejamos alguns substantivos que exigem complemento nominal e sua respectiva regência:

1) **alusão a**

Exemplo:

Todos fizeram **alusão ao** incidente ocorrido.

2) **amor a** ou **por**

Exemplo:

É digno de louvor o **amor à (pela)** *pátria*.

3) **dúvida de, sobre, acerca de, em**

Exemplos:

"Não há **dúvida (de)** *que os países-membros desejam uma união política.*"

Tenho **dúvida do** resultado. Tenho **dúvida sobre** o resultado.

Tenho **dúvida acerca do** resultado. Tenho **dúvida com** relação ao resultado.

4) **estímulo para**

Exemplo:

Seu trabalho representa um **estímulo para** *o crescimento.*

5) **incitamento a**

Exemplo:

Esta ordem é um **incitamento à** *violência.*

6) **inclinação a, por, para**

Exemplo:

O jovem demonstrava **inclinação para** *a ciência.*

7) **injustiça a, para, para com, com**

Exemplo:

Essa medida constitui uma **injustiça aos** *assalariados.*

8) **necessidade de**

Exemplo:

A cidade tem **necessidade de** *segurança.*

9) **referência a**

Exemplo:

O autor fez **referência ao** *Código Civil.*

10) **restrição a**

Exemplo:

Há severas **restrições aos** *ruídos* noturnos.

Alguns adjetivos que necessitam de complemento precedido de preposição:

1) Os conhecimentos são **úteis a** *todos.*
2) Essas palavras eram **impróprias ao** *local.*
3) Todos afirmam que o fumo é **prejudicial à** *saúde.*
4) Este contrato é **contrário aos** *meus interesses.*
5) A CLT é **favorável aos** *trabalhadores.*
6) O amor da Beleza e da Verdade é **incompatível com** *o amor da moeda.*
7) É vedado o projeto não **incluído no** *orçamento anual.*
8) Este patriotismo é **inconciliável com** *a legítima soberania.*
9) "Questões **relevantes para (à)** *a estabilidade* das instituições democráticas."
10) "O nosso discurso **incoerente com** *a nossa prática* vira puro palavreado."

Alguns advérbios que exigem complemento regido por preposição:

1) Relativamente **aos fugitivos**
2) Favoravelmente **aos jovens**
3) Convenientemente **a nós**
4) Correspondentemente **aos fatos**
5) Jornal suficientemente corajoso **para**
6) Independentemente **de** sua vontade

EXERCÍCIOS

A – Assinale a alternativa correta, quanto à regência verbal:

(A) O devedor que paga às suas dívidas tem direito a quitação regular.
(B) Se aquele que indevidamente recebeu um imóvel o tiver alienado, deve assistir ao proprietário na retificação do registro.
(C) É defeso a quem ainda não depôs assistir ao interrogatório da outra parte.
(D) Prefiro que critiquem do que elogiem sem sinceridade.
(E) Subordinando-se a eficácia do ato a condição suspensiva, enquanto esta não se verificar, não se terá adquirido o direito que ela visa.

B – Leia com atenção:

I – Informei os alunos _____ que o diretor aniversaria neste mês.

II – Rita jamais se esqueceu _____ que um dia fora tão pobre quanto os camponeses daquela região.

III – Lembre _____ que, baseada em caprichos, jamais obterá bons resultados.

De acordo com a regência verbal, o emprego da preposição *de* é correto:

(A) Apenas na frase I
(B) Nas frases I e II
(C) Apenas na frase III
(D) Nas frases II e III
(E) Nas frases I, II e III

C – Assinale com V as alternativas em que a regência verbal está correta e com F aquelas em que a regência está incorreta:

a) ( ) Ninguém se antipatizou com você.
b) ( ) Nunca namorei com essa garota.
c) ( ) Você pagou ao advogado?
d) ( ) Nós custamos a entender o que ele queria dizer.
e) ( ) Bons filhos nunca desobedecem aos pais.

(A) F; V; V; F; F.
(B) V; F; F; V; F.
(C) V; F; F; F; V.
(D) F; F; V; F; V.
(E) V; V; F; V; F.

163

D – Assinale a alternativa em que os verbos têm a mesma regência e, portanto, o complemento verbal está corretamente relacionado com ambos:

(A) O deputado entrou e saiu do Congresso, cabisbaixo.

(B) Assisti e diverti-me muito com o filme de ontem.

(C) O pregador beijou e levantou a Bíblia.

(D) Marília viu e não gostou da peça.

(E) O jogador bateu e depois abraçou o adversário.

E – Assinale a alternativa que contém a frase correta:

(A) Entre mim e você há uma grande compreensão.

(B) Isto é para mim fazer?

(C) Aspiro o sucesso de meus companheiros.

(D) Cheguei na escola às duas horas.

(E) Fazem dois anos que não o vejo.

F – Assinale a alternativa em que a regência verbal está incorreta:

(A) Não lhe obedecerei mais, pois já me sinto adulto.

(B) Prefiro ser livre à prender-me a uma milionária.

(C) Não nos foi possível assistir a todas as comemorações.

(D) Aonde você vai hoje? Vou a todas as ruas comerciais da cidade.

(E) Custa-me crer que ele seja assim.

G – Complete as lacunas dos períodos abaixo com preposições adequadas, contraindo-as com os artigos, quando necessário:

(A) Em seguida, procedeu-se _____ inventário dos objetos.

(B) A educação profissional visa _____ os interesses e exigências da vida.

(C) O novo método atende perfeitamente _____ as exigências do moderno ensino.

(D) O presidente o investiu _____ as funções de ministro.

(E) Examinemos todos os fatos atentamente, procedendo _____ as verificações e retificações que demandam.

H – Assinale a alternativa em que o pronome relativo está mal-empregado:

(A) Os moços com quem falamos são estudantes de Direito.

(B) Eis a terra donde se colhem tão bons frutos.

(C) São empresas para as quais aparecem muitos candidatos.

(D) Refiro-me a esse aluno, cujo aluno já nos tem causado tantos dissabores.

(E) Mostrar-lhe-ei as canetas de que me sirvo.

Capítulo 12

Concordância verbal

Concordância verbal significa o verbo ajustar-se ao número e à pessoa do sujeito. A concordância evita a repetição do sujeito, que pode ser indicado pela flexão verbal a ele ajustada. Por exemplo:

O professor **entrou** na sala, **cumprimentou** os alunos e **iniciou** a aula.

REGRAS GERAIS:

a) O verbo concorda com o sujeito em número e em pessoa.

b) O sujeito composto leva o verbo para o plural.

A concordância se fará, portanto, conforme o número de sujeitos da oração. Assim:

1) **Com um só sujeito ou sujeito simples** – a regra geral é que o verbo concorda em número e pessoa com o seu sujeito, esteja claro ou subentendido.

Exemplos:

Você **fala** de um assunto que **desconheço**.

A contestação das decisões **está sendo estudada** pelos advogados.

2) **Com mais de um sujeito ou sujeito composto** – quanto ao número, o verbo vai para o plural; quanto à pessoa, ele pode ir:

a) para a 1ª pessoa do plural, se entre os sujeitos figurar um da 1ª pessoa

Exemplo:

Só eu e ele **fizemos** o trabalho.

b) para a 2ª pessoa do plural, se, não havendo sujeito da 1ª pessoa, houver um da 2ª pessoa

Exemplo:

Tu e teus filhos **vereis** as futuras mudanças da sociedade.

Observação:

Na linguagem corrente do Brasil evitam-se as formas do sujeito composto que levam o verbo à 2ª pessoa do plural, em virtude do desuso do tratamento vós; encontra-se muitas vezes o verbo na 3ª pessoa do plural, nesses casos.

Exemplo:

Em que língua tu e ele **falavam**? Eles e vós **conseguiram** aprovação.

3) Quando o sujeito composto indica uma gradação, crescente ou decrescente, ou é formado por palavras sinônimas tomadas como um todo, o verbo fica no singular.

Exemplos:

"O próprio interesse, a gratidão, o mais restrito dever **fica** impotente..."

Um dia, uma hora, um minuto **bastava** para isso.

CASOS ESPECIAIS

1) Quando o sujeito é constituído por expressão partitiva – **parte de, uma porção de, o grosso de, o resto de, a metade de, a maior parte de, grande parte de** e equivalentes – **e um substantivo ou pronome plural**, o verbo fica, normalmente, no singular, aceitando-se também a concordância com a ideia de plural, definida pelo substantivo ou pronome que vem depois da expressão.

Exemplos:

A maior parte deles já não **vai** à fábrica.

Boa parte dos habitantes **mora** na periferia.

A metade dos presentes **vieram** a pé.

A maioria das pessoas **ficaram** feridas.

Observação:

Evita-se o plural se o verbo estiver antes do sujeito.

Exemplo:

Foi contratada a maior parte dos estagiários.

2) Quando o sujeito, indicador de quantidade aproximada, é formado de **um número plural** precedido das expressões **cerca de, mais de, menos de, perto de** e similares o verbo vai para o plural.

Exemplos:

Mais de cem anos **se passaram**.

Cerca de vinte livros **estavam desaparecidos**.

Mais de cinco milhões **foram desviados** dos cofres públicos.

Observação:

Quando a expressão for **mais de um** ou **mais que um**, seguida de substantivo, o verbo vai para o singular. Mas, se estiver repetido ou exprimir reciprocidade, o verbo vai para o plural.

Exemplos:

Mais de um jornal **tratou** do assunto.

Mais de um amigo o **avisou** do perigo.

Mais de um amigo, mais de um parente o **alertaram**.

Mais de um torcedor **se agrediram**.

3) Quando o sujeito for um **substantivo coletivo** a concordância se faz com o singular. Se o coletivo vier seguido de especificação, o verbo pode ir para o plural, embora a preferência seja pelo singular.

Exemplos:

A grande multidão dos feridos **teve** alta.

Um bando de aves multicores **pousou** (ou pousaram) na frondosa árvore.

4) Quando o sujeito for representado por **nomes de lugar ou títulos de obras** que têm forma de plural, o verbo fica no singular, se não vierem acompanhados de artigo, caso contrário a concordância se faz com o artigo.

Exemplos:

Mas <u>Vassouras</u> é que não o **esquecerá** tão cedo.

<u>O Amazonas</u> **é** um rio caudaloso.

<u>Os Estados Unidos</u> **tentam**, em vão, um acordo de paz.

5) Quando o sujeito for representado por um **pronome de tratamento**, o verbo irá para a 3ª pessoa do singular.

Exemplos:

<u>V.Sa.</u> **há** de convir que esta medida é ineficaz.

<u>V.Exª</u> **foi** muito justo na decisão.

6) Quando o sujeito for representado pelo **pronome relativo QUE**, o verbo concorda com o antecedente em número e pessoa.

Exemplos:

Fui <u>eu que</u> **falei** a verdade. <u>Todos que</u> **estavam** presentes aplaudiram.

Somos <u>nós que</u> **pagamos** a conta.

7) Quando o sujeito for representado pelo **pronome relativo QUEM**, o verbo pode ficar na 3ª pessoa do singular, concordando com o pronome, ou concordar com o antecedente, concordância dita "enfática".

Exemplo:

Fui <u>eu quem</u> **salvou** (salvei) o menino. Fomos <u>nós quem</u> **salvou** (salvamos) o menino.

Observação:

Quando o pronome *quem* equivale a *que pessoas*, usa-se o plural com o verbo ser e o singular com os demais verbos.

Exemplos:

<u>Quem</u> **serão** os responsáveis pelo crime?

Diga <u>quem</u> **apoia** e <u>quem</u> **condena** a ideia.

8) Se os sujeitos estiverem ligados pela preposição **COM**, é mais frequente o verbo ir para o plural (com = e), mas, se o falante põe em evidência o primeiro elemento (com = em companhia de), o verbo pode ficar no singular. Se o verbo vier antes dos elementos ligados por *com*, concorda com o mais próximo.

Exemplos:

Dona Lúcia <u>com</u> sua filha **saíram** para passear.

Dona Lúcia <u>com</u> diversas senhoras **saiu** há pouco.

Vieram as alunas todas <u>com</u> o pai de uma delas.

O <u>rei</u>, <u>com</u> a corte e toda a nobreza, **participou** da sessão solene.

9) Se os sujeitos estão ligados pela conjunção **OU**:

a) o verbo fica no singular quando a conjunção **ou** tiver valor de exclusão (isto é, ou um ou outro), ou ligar nomes equivalentes ou sinônimos

Exemplos:

A Alemanha ou a Argentina **ganhará** o campeonato

O futebol, ou esporte bretão, **entusiasma** as multidões.

b) o verbo assume a forma plural quando o **ou** indicar inclusão, isto é, a afirmação se aplica indiferentemente aos dois elementos, ou quando ligar nomes antônimos

Exemplos:

Teatro ou cinema **são** excelentes passatempos.

O calor forte ou o frio excessivo me **desagradam**.

c) se o **ou** tem caráter de correção, o verbo concorda com o último sujeito

Exemplo:

Os herdeiros **ou** herdeiro **receberá** uma fortuna.

10) Se os sujeitos estão ligados pela conjunção **NEM (NEM ... NEM)**, o verbo, normalmente, vai para o plural.

Exemplo:

Nem a Câmara, nem o Senado **haviam** ainda **opinado** sobre o projeto.

11) Quando o sujeito é constituído pela expressão **UM E OUTRO**, o verbo pode ficar no singular ou no plural (preferível). Se houver ideia de reciprocidade deverá ficar no plural.

Exemplos:

Um e outro **vieram** (veio) ver-me. Um e outro **passaram** (passou) no exame.

Uma e outra **diziam** a verdade.

12) Quando o sujeito é constituído pela expressão **UM OU OUTRO**, o verbo pode ficar no singular (preferível) ou ir para o plural.

Exemplos:

Um ou outro dos antigos companheiros ainda o **visitava** (visitavam).

Esperava que um ou outro amigo antigo **iria ajudá-lo** (iriam ajudá-lo).

13) Quando o sujeito é constituído pela expressão **NEM UM NEM OUTRO**, o verbo pode ficar no singular ou no plural (de preferência).

Exemplos:

Nem um nem outro **conseguiram** (conseguiu) concluir o trabalho.

Nem um nem outro **são aplicados** (é aplicado) ao estudo.

14) Quando o sujeito é constituído da expressão **UM DOS QUE**, o verbo normalmente vai para o plural.

Exemplo:

Ele foi um dos banqueiros que mais **sonegaram** o IR.

Desdobrando-se a frase, teremos: Dos banqueiros que sonegaram o IR, ele foi um.

Observação:

O verbo fica no singular apenas quando a ação se refere a uma única pessoa ou coisa.

Exemplos:

Foi um dos seus livros que li ontem à noite.

Era um dos seus filhos que estava conosco.

15) Se o sujeito é formado por algum dos pronomes interrogativos **quais? quantos?**, dos demonstrativos (**estes, esses, aqueles**) ou dos indefinidos no plural (**alguns, muitos, poucos, quaisquer, vários**), seguido de uma das expressões **de nós, de vós, dentre nós** ou **dentre vós**, o verbo pode ficar na 3 pessoa do plural ou concordar com o pronome pessoal que designa o todo.

Exemplos:

Muitos de nós **sabem** dos acontecimentos.

"Mas quantos, dentre nós, ainda **estão** vivos, devotam à vida a mesma paixão de outrora?"

16) Quando o sujeito é composto e vem resumido pelos pronomes **tudo, nada, nenhum, outro, ninguém, qualquer um, isso,** etc., o verbo fica no singular.

Exemplos:

Professores, alunos, funcionários, ninguém **viu** o ocorrido.

Casas, estradas, alimentos, tudo **se perdeu** com a enchente.

17) Quando o sujeito é formado de um **número fracionário**, a concordância se faz com o valor que o número expressa.

Exemplos:

Um terço dos funcionários **apoiou** a iniciativa.

Na época dos biônicos, um terço dos senadores **era** nomeado e dois terços **eram** eleitos pelo povo.

18) A concordância verbal de **milhão** pode ser com o número no singular, ou com a coisa expressa, no plural.

Exemplos:

Um milhão de crianças **estava** presente.

Um milhão de casas **foram construídas**.

Observação:

Se o verbo estiver antes de milhão ou milhões, a concordância será obrigatoria-mente com essas palavras.

Exemplos:

Foi construído um milhão de casas.

Foram prejudicados (e não *prejudicadas*) cinco milhões de pessoas.

19) Quando o sujeito é constituído por **porcentagem**, o mais comum atualmente é fazer o verbo concordar com o que a porcentagem expressa; porém, pode também concordar com o número.

Exemplos:

Só 10% da produção de trigo **foi salva**. Só 10% da produção de trigo **foram salvos**.

Mais de 30% das indústrias **estão obsoletas**.

Observação:

Se o verbo vier antes do número que exprime a porcentagem, a concordância se fará com o número.

Exemplo:

Está perdido 1% da colheita. **Estão perdidos** 10% da colheita.

20) Os verbos **DAR, BATER, SOAR (+ HORA(S)**, – concordam com o sujeito expresso, isto é, o número de horas; porém, se o sujeito for o relógio, o sino, o verbo concordará com este.

Exemplos:

Bateram as oito horas. **Bateu** <u>meio-dia</u> (na torre, no relógio).

O <u>relógio</u> **bateu** oito horas. As <u>seis horas</u> **soaram**.

21) Com os **verbos impessoais**, como as orações em que eles figuram não têm sujeito, eles devem ser empregados sempre na terceira pessoa do singular.

a) que indicam **fenômenos da natureza**

Exemplos:

Ventava demais naquele campo.

Choveu muito em São Paulo este ano.

b) **haver**, no sentido de existir, acontecer

Exemplos:

Se **houvesse** esforços comuns, o trabalho seria mais fácil.

Faz dois anos que **houve** (e não *houveram*) mudanças na empresa.

Deve haver (e não *devem haver*) muitas pessoas na sala.

Observação:

O verbo **haver** admite singular e plural quando corresponde a ter e não a existir; isso ocorre quando ele é usado como verbo auxiliar. (Forma prática: troque *haver* por *ter* e ficará clara a forma a ser usada.)

Exemplos:

Eles ainda não **haviam feito** (*tinham feito*) o trabalho.

Se **houvessem chegado** (*tivessem chegado*) antes, não teriam perdido o trem.

c) **haver, fazer, ser,** com referência a **tempo**

Exemplos:

Há anos que não vou ao centro da cidade.

Haverá (e não *haverão*) comemorações pelos quinhentos anos do Brasil.

Faz cinco séculos (e não *fazem*) que o Brasil foi descoberto.

Vai fazer (e não *vão fazer*) oito anos que ele se formou.

Faz mais de dez anos (e não *fazem*) que parei de estudar.

22) Os verbos **bastar, existir, faltar, restar** e **sobrar** são verbos que variam normalmente, portanto concordam com seu sujeito. Há uma tendência a considerá-los invariáveis pelo fato de em geral virem antes do sujeito.

Exemplos:

Bastam alguns <u>minutos</u>.

Existem muitas <u>ideias</u> equivocadas.

Faltam <u>provas</u> para tal alegação.

Restavam poucas <u>pessoas</u> na sala.

Sobram <u>ideias</u>, mas **faltam** <u>iniciativas</u> práticas.

23) Os verbos transitivos indiretos, portanto seguidos de preposição, com sujeito indeterminado, ficam sempre invariáveis, isto é, na 3 pessoa do singular.

Exemplos:

Precisa-se de estagiários (e não *precisam-se*).

Trata-se de casos sem solução (e não *tratam-se*).

Deve-se recorrer a novos exemplos (e não *devem-se recorrer*).

Só se **falava desses** assuntos (e não se *falavam*).

É urgente que se **rompa com** esses padrões (e não se *rompam*).

CONCORDÂNCIA DO VERBO SER

Há casos em que o verbo **ser** deixa de concordar com o sujeito e passa a concordar com o predicativo. Esse uso é obrigatório em certos casos, facultativo em outros.

1) **Casos obrigatórios**

   a) quando o predicativo for um **pronome pessoal**

      Exemplos:

      O interessado **sou** eu.

      Os responsáveis **somos** nós.

   b) na **determinação de datas, dias e horas**, se não estiver expresso o sujeito, o verbo concorda com o numeral predicativo

      Exemplos:

      Eram aproximadamente onze horas.

      Já **são** dois de outubro.

      Observação:

      Se vier expressa a palavra dia, o verbo fica no singular. Já **é** dia dois de outubro.

   c) o verbo ser fica no singular quando o predicativo, indicando preço, medida ou quantidade, é expresso por um pronome indefinido, ou o inclui

      Exemplos:

      Cinco alqueires **é** pouco.

      Quinhentos gramas **é** muito pouco.

      Trinta anos **é** bastante.

      Duzentos reais já **foi** muito dinheiro.

   d) nas orações iniciadas pelos pronomes interrogativos substantivos **que?** e **quem?**

      Exemplos:

      Que **são** dois anos?

      "Quis saber quem **eram** meus pais e o que faziam".

   e) se o **sujeito é nome de pessoa ou pronome pessoal**, o verbo normalmente concorda com ele, qualquer que seja o número do predicativo.

      Exemplos:

      "Mas Bernardo **é** as minhas raízes".

      O filho **era** as venturas do casal.

2) **Casos facultativos**

   a) quando o sujeito do verbo ser é um dos pronomes **isto, isso, aquilo, tudo** ou **o** (= aquilo) e o predicativo vem expresso por um substantivo no plural, o verbo vem normalmente no plural, mas não é raro que apareça no singular

Exemplos:

> Tudo **eram** novidades.
> Aquilo **são** nuvens.
> "Tudo **é** flores no presente".
> Isso **são** os ossos do ofício.

b) com o sujeito no plural, considerado como globalizante o verbo fica geralmente no plural, mas pode aparecer no singular

Exemplo:

> Dores **são** coisas que ela não tem. Dores **é** coisa que ela não tem (mais literário).

Erros que podem ser evitados:

1) Muitas vezes, quando o núcleo do sujeito fica distante do verbo, há uma tendência a fazer o verbo concordar com alguma palavra próxima a ele e não com o núcleo do sujeito.

Exemplo:

> Os **preparativos** para a criação do novo parque já estava concluído.

O que acontece nesses casos é o seguinte: a presença da expressão *novo parque* mais próxima do verbo deslocou a concordância que deveria ser com o núcleo do sujeito. A forma correta, portanto, é:

> Os **preparativos** para a criação do novo parque já **estavam concluídos**.

Mais alguns exemplos:

> O **corpo** de jurados convocados pelas autoridades **considerou** o horário inadequado.
> (e não *consideraram*)
> As **denúncias** contra o líder daquela entidade sindical **revelavam** (e não *revelava*) muita inconsistência.

2) Outras vezes, o núcleo do sujeito está no singular e é acompanhado de expressão preposicionada no plural, que completa ou altera o seu sentido; o verbo deve ficar no singular. Ocorre que a noção de plural da expressão preposicionada acaba levando a concordância do verbo erroneamente para o plural.

Exemplo:

> A **diversidade** de opções não contentavam as partes.

A presença de *opções* levou erradamente o verbo para o plural. A forma correta, pois, é:

> A **diversidade** de opções não **contentou** as partes.

Mais alguns exemplos:

> O **preço** dos combustíveis **sofrerá** (e não *sofrerão*) novo aumento.
> A **repercussão** das decisões **surpreendeu** (e não *surpreenderam*) o presidente.
> A **vida** das pessoas **pode** (e não *podem*) mudar inesperadamente.

EXERCÍCIOS

I – Assinale a alternativa incorreta, quanto à concordância verbal:

(A) Dois reais é pouco para esse fim.

(B) Nem tudo são sempre tristezas.

(C) Quem fez isso foram vocês.

(D) Era muito árdua a tarefa que os mantinham juntos.

(E) Quais de vós ainda tendes paciência?

II – Assinale a alternativa em que a concordância verbal está correta:

(A) Ela o esperava já faziam duas semanas.

(B) Na sua bolsa haviam muitas moedas.

(C) Fui eu quem lhe explicou o problema.

(D) Devem haver aqui pessoas cultas.

(E) Aceitais, V.Exª, os meus votos de distinta consideração.

III – Assinale a alternativa que não pode ser completada com o verbo indicado entre parênteses:

(A) Três quintos da turma _____ à aula. (compareceram)

(B) Cinquenta e cinco por cento dos candidatos _____ classificação. (obtiveram)

(C) Mais de um problema _____ sem solução. (ficou)

(D) Já _____ cercas de duzentos excursionistas. (voltaram)

(E) Um quarto dos alunos _____ à prova. (faltaram)

IV – Assinale a alternativa na qual a concordância verbal está correta:

(A) Entregar-se-ão, logo que possível, os carros alienados ao legítimo dono.

(B) Necessitar-se-iam de muitos operários para a construção do prédio nesse prazo.

(C) Aludiram a incidentes de que ninguém já se lembrava.

(D) Prepara-se cuidadosamente as armas para a revista.

(E) Faça-se imediatamente os competentes documentos.

V – Apenas em uma das alternativas a concordância verbal está correta:

(A) Ainda devem haver vagas na empresa.

(B) Naquele local, só se vendem produtos contrabandeados.

(C) Basta dois comprimidos do medicamento por dia.

(D) Não adianta as reclamações e os protestos.

(E) É bom torta de chocolate.

Capítulo 13

Concordância nominal

Vimos que o verbo precisa concordar com o sujeito em número (singular e plural) e em pessoa (1 , 2 e 3). Na oração, os termos que acompanham ou modificam os substantivos, não importa a função que esses substantivos exerçam, também devem concordar com eles, agora em gênero (masculino e feminino) e número (singular e plural). É sobre essa concordância que trataremos.

Observe:

1) a) O homem **sábio** vive melhor.

b) Os homens **sábios** vivem melhor.

Temos **um só** adjetivo, modificando **um só** substantivo. Quando isso ocorre, o adjetivo concorda em gênero e número com o substantivo.

2) a) pai e mãe **cuidadosos** ou pai e mãe **cuidadosa**

b) remédio e substâncias **contraindicados** ou remédio e substâncias **contraindicadas**

c) esforço, empenho e dedicação **extremos** ou esforço, empenho e dedicação **extrema**

Temos **vários** substantivos de gêneros diferentes e **um só** adjetivo modificando-os; o adjetivo vai para o masculino plural ou concorda com o mais próximo.

Assim, podemos deduzir a **regra geral**:

Respeitados os princípios de clareza e eufonia, que por vezes determinam uma concordância (do adjetivo com o substantivo mais próximo), podemos dizer que, havendo mais de um substantivo, a regra geral e lógica a ser obedecida é a de que a concordância do adjetivo se faz com todos os substantivos, observando-se o predomínio do masculino sobre o feminino e do plural sobre o singular.

3) Essa regra se aplica também aos pronomes, aos artigos, aos numerais e aos particípios verbais que acompanham os substantivos.

Exemplos:

Essas (pronome) pessoas

Seus (pronome) amigos

Os (artigo) Maias

Duas (numeral) meninas

Terceiras (numeral) filas

Rostos envelhecidos (particípio)

4) No caso de o **adjetivo** vir **antes** de dois ou mais substantivos, a concordância se fará com o mais próximo, ou o adjetivo pode ir para o plural.

Exemplos:

Boa hora e local você escolheu.

Tinha **ótimo texto** e conhecimentos. Tinha **ótimos texto** e **conhecimentos**.

Estava **atenta** a **direção** e os funcionários da empresa.

Estavam **atentos** a **direção** e os **funcionários** da empresa.

5) Quando o **adjetivo** vem **depois** de dois ou mais substantivos, concorda em gênero e número com o mais próximo, nos seguintes casos:

a) quando os substantivos são sinônimos

Exemplo:

O furor e raiva **humana**.

b) quando os substantivos se alinham em gradação ascendente ou descendente de ideias

Exemplo:

A inteligência, o esforço, a dedicação **extraordinária** venceu tudo.

6) Quando dois ou mais adjetivos modificam um só substantivo, os adjetivos ficam no singular, e o substantivo pode ficar no singular ou ir para o plural:

a) se o **substantivo** está **antes** dos adjetivos, há duas formas possíveis

Exemplos:

As bandeiras brasileira e portuguesa tremulavam ao longe.

A bandeira brasileira e **a** portuguesa tremulavam ao longe.

b) se o **substantivo** está colocado **depois** dos adjetivos, quatro formas são possíveis

Exemplos:

A primeira e **a** segunda **seção**.

A primeira e segunda **seção**.

A primeira e **a** segunda **seções**.

A primeira e segunda **seções**.

O primeiro e **o segundo** colocado receberão uma bolsa de estudo.

O primeiro e **o segundo** colocados receberão uma bolsa de estudo.

O primeiro e **segundo** colocados receberão uma bolsa de estudo.

7) Quando dois ou mais adjetivos formam um adjetivo composto (ligado por hífen), só o último deles concorda com o substantivo.

Exemplos:

Estudos histórico-**filosóficos**

Políticas econômico-**financeiras**

Relações anglo-franco-**brasileiras**

Observação:

Flexionam-se os dois termos de surdo-mudo, seja a palavra adjetivo ou substantivo.

Exemplos:

Homem **surdo-mudo** – Homens **surdos-mudos**

Moça **surda-muda** – Moças **surdas-mudas**

8) Palavras que indicam o nome de cores:

    a) quando a palavra que define cor é um adjetivo, ela varia normalmente e segue a regra do plural dos adjetivos compostos, isto é, só o último elemento é flexionado

        Exemplos:

            Camisa **vermelha**

            Olhos **negros**

            Cabelos **castanho-claros**

        Observação:

            Marinho, azul-marinho e azul-celeste não variam.

        Exemplos:

            Gravatas **marinho**

            Ternos **azul-marinho**

            Vestidos **azul-celeste**

    b) quando a palavra que define a cor é um substantivo, representado em geral por um nome de substância ou flor, ela não varia, pois está subentendida a expressão *cor de*

        Exemplos:

            Gravatas **cinza**

            Tons **pastel**

            Paredes **creme**

            Camisas **salmão**

    c) se o adjetivo composto resulta da junção de um adjetivo com um substantivo, ele não varia

        Exemplos:

            Roupas **amarelo-canário**

            Camisas **verde-abacate**

    d) constituem casos especiais os adjetivos *ultravioleta*, que permanece invariável, e *infravermelho*, que admite feminino e plural

        Exemplos:

            Luz **ultravioleta** – Raios **ultravioleta**

            Filme **infravermelho** – Radiações **infravermelhas**

9) Há casos em que o adjetivo (artigo, pronome, etc.) concorda com a coisa subentendida e não com o nome que a expressa, é a concordância com a ideia que é considerada.

    Exemplos:

        A <u>Modelo</u> foi **premiada** no último concurso (agência de propaganda).

        O <u>Joelma</u> foi **destruído** pelo fogo (edifício).

        <u>São Paulo</u> é a mais **populosa** (cidade).

10) **Anexo** e **incluso** – são adjetivos e concordam normalmente com o substantivo a que se referem.

Exemplos:

Segue **anexa** a <u>carta</u> citada.

Inclusas estão as <u>sugestões</u>.

Remeto-lhe **anexa** a <u>conta</u>.

A <u>certidão</u> está **anexa** aos autos.

São <u>prédios</u> **anexos** ao central.

Observação:

A expressão em anexo, em frases como "segue em anexo a carta citada", é rejeitada pela maioria dos gramáticos; convém evitá-la.

11) **Próprio e mesmo**

a) variam normalmente quando se referem a um substantivo ou pronome

Exemplos:

A **própria** <u>médica</u> inspecionou os aparelhos.

A <u>médica</u> **mesma** inspecionou os aparelhos.

<u>Eles</u> **próprios** fizeram o trabalho.

Conseguiu o emprego por si **mesma**.

b) quando equivale a de fato ou realmente, **mesmo** fica invariável

Exemplos:

Elas encaminharam **mesmo** a reclamação.

Os países entraram **mesmo** em guerra.

12) **Obrigado** – é forma de agradecimento e concorda com o sexo da pessoa que o diz e também com o número de pessoas.

Exemplos:

Muito **obrigado**, amigos (homem).

Muito **obrigada**, amigos (mulher).

Muito **obrigados**, amigos (vários homens).

Muito **obrigadas**, amigos (várias mulheres).

13) **Meio**

a) quando significa metade ou coisa incompleta é variável, concordando com o substantivo

Exemplos:

A mim basta **meia** <u>porção</u>.

Já li **meio** <u>livro</u>.

É **meio**-dia e **meia**. (trata-se de **meio** <u>dia</u> mais **meia** <u>hora</u>)

Meia dúzia – **Meia**-entrada – **Meia**-volta – **Meias**-solas

Meios-irmãos – **Meios**-termos – **Meias** garrafas

b) quando significa mais ou menos, um pouco, um tanto é advérbio e, portanto, invariável

Exemplos:

A porta está **meio** aberta (um tanto).

178

As portas estavam **meio** abertas (um tanto).

Ela se sentia **meio** cansada (um pouco).

Elas se sentiam **meio** cansadas (um pouco).

14) **Bastante**

a) quando é adjetivo e equivale a *suficiente* é variável

Exemplos:

Eram <u>auxiliares</u> **bastantes** (suficientes) para o trabalho.

Havia <u>motivos</u> **bastantes** (suficientes) para descontentamento.

b) ainda como adjetivo, *bastante* pode equivaler a *muito* (adjetivo), concordando com o substantivo a que se refere

Exemplos:

Havia **bastantes** (muitos) <u>funcionários</u> no escritório.

Feriados prolongados provocam **bastantes** (muitos) <u>acidentes</u>.

c) quando advérbio, bastante equivale a *muito* (advérbio), permanecendo invariável

Exemplos:

Estavam **bastante** (muito) <u>satisfeitos</u>.

Todos ficaram **bastante** (muito) <u>preocupados</u>.

15) **Extra** e **quite** – são adjetivos e têm singular e plural, fazendo a concordância com os substantivos (ou pronomes) que acompanham.

Exemplos:

Estava **quite** com o serviço militar.

Estamos **quites** com o serviço militar.

A empresa paga corretamente o valor da hora **extra**.

Durante a guerra os jornais lançam edições **extras**.

16) **Só**

a) quando é adjetivo, equivalendo a *sozinho*, é variável

Exemplos:

Não nos deixem **sós** (sozinhos).

Foram eles **sós** (sozinhos) os responsáveis.

b) quando é advérbio, equivalente a *somente*, é invariável

Exemplos:

Só (somente) se elegeu porque o concorrente renunciou.

Não ajudava **só** (somente) os parentes.

c) a expressão **por si só** exprime o singular, e **por si sós** exprime o plural

Exemplos:

Sua <u>formação</u> **por si só** o recomendou para a função.

Suas <u>qualidades</u> **por si sós** eram suficientes.

17) **Possível**

a) com as expressões *o mais, o menos, o maior, o menor, o melhor* e *o pior*, o adjetivo **possível** fica invariável

Exemplos:

Os pesquisadores são **o mais** competentes **possível** (mais usual).
Os pesquisadores são **o mais possível** competentes.
Os pesquisadores são competentes **o mais possível**.
Atitudes **o mais** sensatas **possível**.

b) o artigo no plural leva o adjetivo **possível** para o plural

Exemplos:

Os resultados foram **os piores possíveis**.
Aquelas eram **as mais** belas gravuras **possíveis**.
Os alunos obtiveram **as melhores** notas **possíveis**.

c) antes de particípio verbal, usam-se as formas *mais bem* e *mais mal* com *possível* no singular

Exemplos:

Eram produtos **o mais bem** <u>acondicionados</u> **possível**.
Tratava-se de prédios **o mais mal** <u>construídos</u> **possível**.

d) a expressão **quanto possível** fica invariável

Exemplo:

Os pesquisadores eram **quanto possível** competentes.

18) As expressões **um e outro** e **nem um nem outro** são seguidas de substantivo no singular, embora o verbo possa ficar no singular ou ir para o plural (quando essas expressões e o substantivo a que elas se referem formarem o sujeito da oração).

Exemplo:

<u>Um e outro</u> **aluno** costuma estudar. ou <u>Um e outro</u> **aluno** costumam estudar.

19) O numeral cardinal (um, dois, três, etc.) pode ser empregado com o sentido de ordinal (primeiro, segundo, etc.) após certos nomes de coisas que se apresentam em série (páginas, folhas, casas, etc.), entretanto concordará com a palavra *número*, subentendida.

Exemplos:

A referência aos estrangeiros se encontra à página **dois**.

No livro de atas faltava a folha **quatrocentos**.

20) São **invariáveis**:

a) **salvo** (= exceto, menos), **exceto, obstante, alerta** e o prefixo **pseudo**

Exemplos:

Todos fugiram, **salvo** dois.
Os fiscais levaram tudo, **exceto** os quadros artísticos.
Iremos, não **obstante** as ordens em contrário.
Todos os soldados estavam **alerta**.
Os **pseudo**médicos são facilmente descobertos.
Essa **pseudo**-representação popular esconde intenções escusas.

b) **cassete, esporte, monstro** e **recorde**, quando usados como adjetivo

Exemplos:

Tinha dezenas de fitas **cassete**.

O piloto colecionava carros **esporte**.

Participou de passeatas **monstro**.

O livro alcançou tiragens **recorde**.

c) **a olhos vistos**, **em mão**, **haja vista** e **menos**

Exemplos:

A empresa crescia **a olhos vistos**.

Entregou a carta **em mão**.

Todos sabiam da situação, **haja vista** as declarações das autoridades.

Havia **menos** pessoas na sala.

EXERCÍCIOS

A – Assinale a alternativa na qual a concordância nominal está correta:

(A) Elas mesmo não quiseram colaborar.

(B) As empregadas saíram dizendo: muito obrigado.

(C) Eles próprios enviaram a carta anexo.

(D) Maria e Paula voltaram junto.

(E) Vai anexo à carta o meu discurso.

B – Leia as frases abaixo e, a seguir, assinale a alternativa correspondente às frases corretas:

I – Seguem anexas a certidão e o recibo.

II – Segue anexo a certidão.

III – Seguem anexos a certidão e o recibo.

IV – Segue anexa a certidão.

Está (estão) correta(s):

(A) I

(B) I e II

(C) III e IV

(D) II

(E) II e III

C – Indique a alternativa que preenche corretamente as lacunas da oração abaixo:

Ainda _____ furiosa, mas com _____ violência, proferia injúrias _____ para escandalizar os mais arrojados.

(A) meio – menas – bastantes

(B) meia – menas – bastante

(C) meia – menos – bastante

(D) meio – menos – bastantes

(E) meio – menos – bastante

D – Leia as frases abaixo e, a seguir, assinale a alternativa correspondente às frases incorretas:

I – A promotora ficou meia aborrecida com a atitude dos colegas.

II – É necessária muita abdicação para se escrever uma tese de doutorado.

III — Só poderão renovar a matrícula aqueles que estiverem quite com as mensalidades.

IV — Rábulas são pseudoadvogados.

Está (estão) incorreta(s):

(A) I e II

(B) I e III

(C) II e III

(D) II e IV

(E) I, II e IV

E — Assinale a alternativa que preenche corretamente as lacunas das frases abaixo:

I — O primeiro e segundo _____ do edifício estão em obras.

II — Houve entre eles _____ brigas e empurrões.

III — Ainda se faz _____ a luta pela democracia.

IV — As casas e alguns sobrados _____ foram tombados pelo Estado.

(A) andares — insensatos — necessário — antigas

(B) andar — insensatas — necessárias — antigos

(C) andares — insensatos — necessário — antiga

(D) andar — insensatos — necessários — antigo

(E) andares — insensatas — necessária — antigos

F — Assinale a alternativa incorreta:

(A) As paredes da sala estavam meio desgastadas.

(B) Mais amor e menos confiança.

(C) Meia assustada, a ré respondeu às perguntas do juiz.

(D) Já passava do meio-dia e meia quando eles chegaram.

(E) Eles mesmos redigiram a petição anexa.

Capítulo 14

Pontuação

O Testamento

Um homem rico, sem filhos, sentindo-se morrer, pediu papel e caneta e escreveu assim:

"Deixo meus bens à minha irmã não a meu sobrinho jamais será paga a conta do mecânico nada aos pobres"

Não teve tempo de pontuar — morreu.

Eram quatro concorrentes. Chegou o sobrinho e fez estas pontuações numa cópia do bilhete:

"Deixo meus bens à minha irmã? Não! A meu sobrinho. Jamais será paga a conta do mecânico. Nada aos pobres."

A irmã do morto chegou em seguida com outra cópia do testamento e pontuou assim:

"Deixo meus bens à minha irmã. Não a meu sobrinho. Jamais será paga a conta do mecânico. Nada aos pobres."

Apareceu o mecânico, pediu uma cópia do original e fez estas pontuações:

"Deixo meus bens à minha irmã? Não! A meu sobrinho? Jamais! Será paga a conta do mecânico. Nada aos pobres."

Um juiz estudava o caso, quando chegaram os pobres da cidade. Um deles, mais sabido, tomou outra cópia do testamento e pontuou deste modo:

"Deixo meus bens à minha irmã? Não! A meu sobrinho? Jamais! Será paga a conta do mecânico? Nada! Aos pobres!"[1]

Observações que merecem ser feitas:

1) Da forma como o testamento foi redigido pelo testador, não era possível dar um sentido a sua vontade;

2) A pontuação dada por cada um dos prováveis herdeiros é diferente, pois a pontuação indica o sentido que cada um deseja dar ao texto.

---

[1] Cf. VENTURA, Amaro; LEITE, Roberto A. S. *Comunicação e expressão em língua nacional*. 5. série. São Paulo: Nacional, 1973, p. 84.

A língua falada dispõe de inúmeros recursos rítmicos e melódicos. Podemos fazer pausas, imprimir na voz modulações (entoações) para exprimir surpresa, espanto, dúvida, interrogação, exclamação, entre outras possibilidades.

A língua escrita, entretanto, não dispõe desses recursos. Para suprir esta carência, na tentativa de reproduzir as pausas, as cadências, o ritmo, a entonação da linguagem falada, utiliza a escrita os **SINAIS DE PONTUAÇÃO**. A meta principal, porém, dos sinais de pontuação é garantir a exata compreensão do sentido daquilo que se registra.

Diante do que se acaba de expor, não é difícil entender que, no tocante aos sinais de pontuação, há certas normas objetivas, cuja transgressão será tida como erro. Há, porém, um campo relativamente largo em que as opções são estilísticas e, portanto, marcadas pela subjetividade, não sendo possível estabelecer normas rígidas.

Cunha e Cintra[2] classificam os sinais de pontuação em dois grupos:

a)   o primeiro grupo compreende os sinais que, fundamentalmente, destinam-se a marcar as **PAUSAS**:
  1)   a **VÍRGULA (,)**
  2)   o **PONTO (.)**
  3)   o **PONTO E VÍRGULA (;)**

b)   o segundo grupo abarca os sinais cuja função essencial é marcar a **MELODIA**, a **ENTOAÇÃO**:
  1)   os **DOIS-PONTOS (:)**
  2)   o **PONTO DE INTERROGAÇÃO (?)**
  3)   o **PONTO DE EXCLAMAÇÃO (!)**
  4)   as **RETICÊNCIAS (...)**
  5)   as **ASPAS (" ")**
  6)   os **PARÊNTESES (( ))**

A seguir, observam que essa distinção é didaticamente cômoda, mas não rigorosa, pois, **em geral, os sinais de pontuação indicam, ao mesmo tempo, a pausa e a melodia.**

Adriano da Gama Kury[3] ensina:

"— Ninguém pode escrever como fala — afirmam os linguistas.
— Por que não?! — contesta João da Silva, admirado.
Garanto que o mais humilde (e pouco instruído) operário, ao pegar do lápis ou da caneta para redigir um recado ou uma carta de amor, sente pruridos de escritor...
E posso enumerar uma série de motivos:

---

[2]   CUNHA, Celso; CINTRA, Lindley. *Nova gramática do português contemporâneo.* Rio de Janeiro: Nova Fronteira, 1985, p. 625.

[3]   KURY, Adriano da Gama. *Para falar e escrever melhor o português.* Rio de Janeiro: Nova Fronteira, 1989, p. 95.

Em primeiro lugar, na língua falada as palavras são formadas de fonemas – para os ouvidos; na língua escrita, de letras – para os olhos.

Na língua falada – salvo em casos excepcionais –, os interlocutores estão presentes, e alternam-se nos papéis de falante e ouvinte, como geralmente acontece durante uma conversa, um bate-papo; na língua escrita, escritor e leitor não estão em presença um do outro, e não pode haver diálogo.

Na língua falada, além das palavras – elementos sonoros – atua também uma série de elementos suplementares: a expressão do rosto, os gestos, a mímica, a acentuação expressiva de certas sílabas, a entoação ou melodia da frase, as pausas...

Desde as primeiras tentativas de transpor a linguagem falada para a escrita, tem sido uma permanente batalha a transcrição da 'entoação frasal', com suas pausas e inflexões expressivas".

Os sinais gráficos para isso usados foram sendo introduzidos aos poucos, e só no século XIX a chamada **PONTUAÇÃO** chegou a uma sistematização semelhante à de hoje.

Na tentativa de reproduzir toda a expressividade da língua falada, os escritores modernos procuram aproveitar não apenas os sinais de pontuação, mas ainda os recursos que a tipografia oferece. Daí a utilização – ao lado das aspas simples e duplas, travessões, parênteses, reticências e sinais combinados (**?!, !..., !?...**) – de uma gama de tipos: o *grifo* ou *itálico*, o **negrito**, as MAIÚS-CULAS e os versaletes (hoje proporcionam grande variedade de tipos).

Mas são ainda muito limitados, quanto à transposição da melodia da frase, todos esses recursos: a língua falada continua sendo mais rica e flexível do que a língua escrita...

Uma simples palavra-frase, como "– Você", pode conter uma série de mensagens diferentes, conforme a situação em que for proferida, com todas as variações proporcionadas pela entoação, auxiliada pela expressão facial, gestos, mímica.

A língua escrita, de qualquer forma, com os recursos que lhe são próprios, obtém pelo menos estas variações:

– Você. (Que pode ser a simples resposta objetiva, neutra, a vários tipos de perguntas, como p. ex.: "– Quem vai na frente?".)

– Você?

– Você?!

– Você!

– Você!...

– Você...

E agora você pode imaginar as variadas situações em que essa palavra foi proferida e a entoação que acompanhou cada frase...

Conforme a sua finalidade, pode-se fazer a seguinte divisão dos sinais de pontuação:

1ª)   Sinais – mais objetivos – que procuram, antes de mais nada, indicar corretamente as pausas: a vírgula, o ponto e vírgula, os dois-pontos e o ponto.

2ª)   Sinais – muitas vezes subjetivos – que sugerem a entoação que o escritor quis dar à frase: o ponto de interrogação, o ponto de exclamação e as reticências.

Há outros sinais, de aplicação convencional, como os parênteses, os colchetes, o travessão, as aspas.

Não é inútil observar que os sinais indicam simultaneamente as pausas, o tom e as cadências que dão musicalidade às frases; e que *pode haver pausas que não se costumam assinalar na escrita*.

Nesse mesmo sentido ensina Celso Pedro Luft[4], quando nos diz que:

"**A nossa pontuação** – a pontuação em língua portuguesa – **obedece a critérios sintáticos, e não prosódicos**.

Sempre é importante lembrar isso a todos aqueles que escrevem, para que se previnam contra bisonhas vírgulas de ouvido.

Ensinam as gramáticas que cada vírgula corresponde a uma pausa, mas que nem a toda pausa corresponde uma vírgula." (Acrescenta em nota de rodapé: "Mais acertado é ensinar que **nem a toda pausa corresponde uma vírgula, nem a toda vírgula corresponde uma pausa...**")

Trataremos agora de cada um dos sinais de pontuação e suas normas de uso, iniciando por aqueles considerados pelos gramáticos como mais objetivos, que se destinam fundamentalmente a marcar a pausa e a melodia.

A Vírgula

A vírgula (**,**) assinala uma pausa de pequena duração. Emprega-se não só para separar elementos de uma oração, mas também para separar orações de um período.

A finalidade principal da vírgula é ajudar o estabelecimento das relações lógico-gramaticais dentro do texto.

Observe os períodos seguintes:

a) A poluição ambiental, que a imprensa denuncia ultimamente, tem sido um grave problema.

b) A poluição ambiental, que a imprensa denuncia, ultimamente tem sido um grave problema.

A colocação da vírgula determina se o advérbio *ultimamente* pertence à oração subordinada (a), ou à principal (b).

I – **Regras de uso da vírgula entre os termos de uma oração**

1) A vírgula é utilizada para separar elementos que exercem a mesma função sintática, assim:

a) com sujeito composto, isto é, aquele que contém mais de um substantivo ou pronome

---

[4] LUFT, Celso Pedro. *A vírgula*. São Paulo: Ática, 1996.

Exemplo:

O fogo, a água, o ar e a terra eram os elementos vitais para os filósofos antigos.

b)   com complementos, quer verbais (objeto direto ou indireto), quer nominais

Exemplos:

Viam-se ao longe **montanhas, vales, rios e florestas**.

Este material é resistente **ao calor, à umidade e às agressões externas**.

c)   com os adjuntos, tanto os adnominais como os adverbiais, compostos de vários elementos

Exemplos:

O Brasil precisa de homens **fortes, leais, honestos e intrépidos**.

Ontem, perto do meio-dia, na avenida Brasil, por imprudência de um motorista, dois automóveis se chocaram.

Observação:

Se tais elementos vierem unidos pelas conjunções **e, ou e nem**, não se usa a vírgula, a menos que essas conjunções venham repetidas formando uma enumeração com valor enfático.

Exemplo:

"**Nem eu, nem tu, nem ela, nem qualquer outra pessoa** desta história poderia responder mais". (Machado de Assis)

2)   Para isolar o aposto.

Exemplo:

O Amazonas, **rio caudaloso,** nasce nos Andes.

3)   Para isolar o vocativo.

Exemplos:

Professor, qual é a matéria da prova?

Ouvi, **ó céus,** a minha súplica.

4)   Para isolar o adjunto adverbial, quando ele é extenso ou quando se quer destacá-lo. Quando ele se apresenta em ordem inversa na oração, também é isolado por vírgulas.

Exemplos:

Desde o começo do século, a poluição tem sido uma preocupação dos governantes.

De repente, todos se levantaram.

Ela ofendeu-se e, **inesperadamente,** saiu da sala.

5)   Para isolar expressões explicativas, como **isto é, por exemplo, ou melhor, ou seja, com efeito, a saber**, etc.

Exemplo:

Elas não gostavam de sair de carro, **isto é,** tinham muito medo.

6)   Para isolar o nome de um lugar, anteposta à data.

Exemplo:

São Paulo, 28 de outubro de 2000.

7) Para isolar os advérbios **sim** e **não** em construções enfáticas.

Exemplos:

> **Sim,** telefone-me amanhã pela manhã.
>
> **Não,** não consegui sair de casa ontem.
>
> Os velhos não querem inovação; mas, **sim,** continuidade.

8) Para indicar (não obrigatoriamente) a supressão de uma palavra, geralmente um verbo.

Exemplo:

> "O pensamento é triste, o amor, insuficiente". (C. Meireles)

9) Para indicar a pausa produzida por um anacoluto. (Anacoluto é a mudança de construção sintática, uma construção interrompida. Trata-se de um fenômeno muito comum na linguagem falada. É como se o falante iniciasse um enunciado e, desistindo desse começo, continuasse a expressar-se como se desse início a um novo enunciado.)

Exemplos:

> **O desgraçado,** tremiam-lhe as pernas quando foi apanhado.
>
> **A casa,** não sendo grande, não podiam lá caber todos.

II – Regras de <u>proibição</u> do uso da vírgula entre termos da oração

Há termos da oração que mantêm com outros termos uma relação essencial.

Existe uma relação desse tipo, por exemplo, entre o sujeito e o verbo, entre o objeto direto ou indireto e o seu verbo, entre o complemento nominal e o nome que ele completa. Uma oração está na ordem direta quando esses termos aparecem ligados um ao outro.

O princípio das relações essenciais é um princípio negativo. Estabelece que não se separam por vírgula termos que têm entre si uma relação essencial.

Assim, **NÃO se separam por vírgulas**:

1) O **SUJEITO** e o **VERBO** de uma oração.

Exemplo:

> **A poluição ambiental tem sido** um grave problema.

2) O **VERBO** e seus complementos – **OBJETO DIRETO** e **OBJETO INDIRETO**.

Exemplo:

> O professor **repetiu a explicação** inúmeras vezes.

3) O **COMPLEMENTO NOMINAL** e o **NOME que ele completa**.

Exemplo:

> Eles foram **contrários à opinião geral**.

Observação:

> Se entre os termos sujeito e verbo, verbo e complementos, complemento nominal e o nome que o completa se intercala algum elemento, de qualquer natureza, deve ser isolado por vírgulas.

Exemplos:

> **A poluição ambiental,** que os jornais denunciam, **tem sido** um grave problema.

O professor **repetiu,** inúmeras vezes, **a explicação**.

Eles foram **contrários,** sem muita convicção, **à opinião geral**.

Observação:

Não se separam os termos da oração se eles estiverem em ordem direta.

Exemplo:

O autor busca uma teoria moderna capaz de gerar um conjunto potencialmente infinito de textos com suas propriedades formais e semânticas.

III – Regras de uso da vírgula entre orações coordenadas

Separam-se por vírgulas:

1) As orações coordenadas assindéticas, isto é, aquelas em que a conjunção não está explícita.

   Exemplos:

   Repreende os amigos secretamente, **louva-os abertamente** (está implícita a conjunção coordenativa aditiva **e**).

   A soberba não perdoa, **a humildade não se vinga**.

2) As orações coordenadas aditivas sindéticas iniciadas pela conjunção **e** normalmente não são separadas por vírgulas; isso ocorre nos seguintes casos:

   a) quando o seu sujeito for diferente do sujeito da oração anterior

      Exemplo:

      "**A mulher** morreu, **e cada um dos filhos** procurou o seu destino." (Fernando Namora)

   b) quando for intercalada

      Exemplo:

      Pedro deu, **e o caso exigia,** violento murro no irmão.

   c) quando a conjunção vier reiterada (polissíndeto), iniciando todas as orações, para dar ênfase

      Exemplos:

      Eles falavam alto, **e** gesticulavam, **e** se moviam sem parar.

      Neguei-o, **e** nego.

   d) quando as orações forem de natureza semântica diferentes, isto é, o conteúdo de uma oração não é da mesma natureza do conteúdo da outra

      Exemplos:

      Matou o guarda, **e** foi preso (**e** = por isso).

      Os velhos não querem inovação, **e sim** continuidade (**e sim** = mas).

   e) as orações coordenadas sindéticas iniciadas pela conjunção **nem,** quando forem orações mais longas, ou se quiser enfatizar, caso contrário o uso da vírgula não é obrigatório

Exemplos:

Agora que estamos todos reunidos, **nem** você fala?

"Não lhe perdoou um só minuto de agonia, **nem** lhos pagou com uma só lágrima." (Machado de Assis)

f) as orações coordenadas sindéticas, iniciadas pelas demais conjunções, serão separadas por vírgulas:

Alternativa – se for simples, não exige vírgula, mas, quando for dupla, para maior clareza, deve ser separada por vírgulas

Exemplos:

Ele irá ao cinema **ou** ficará em casa.

Perplexa, **ora** se voltava para as janelas, **ora** examinava os estragos.

Adversativa – a conjunção **mas** vem sempre no início da oração, precedida de vírgula. As conjunções **porém, todavia, contudo, entretanto** e **no entanto** podem vir no início da oração ou após um de seus termos; neste último caso, elas vêm isoladas por vírgulas.

Exemplos:

Maria é uma aluna inteligente, **mas** um pouco distraída.

Ele saiu cedo, **porém** não conseguiu chegar na hora marcada.

Ele saiu cedo, não conseguiu, **porém**, chegar na hora marcada.

Pouco prometia, **contudo** fazia o que estava ao seu alcance.

Pouco prometia, fazia, **contudo**, o que estava ao seu alcance.

Conclusiva – a conjunção **pois**, quando conclusiva, vem sempre posposta a um termo da oração a que pertence e, portanto, isolada por vírgulas.

As demais conclusivas – **logo, portanto, por conseguinte** etc. – podem iniciar a oração ou vir após um de seus termos; nesse último caso, são isoladas por vírgulas.

Exemplos:

Acertei toda a prova; aguardo, **pois**, bom resultado.

As instruções são muito simples, **portanto** você aprenderá num instante.

As instruções são muito simples; você aprenderá, **portanto**, num instante.

IV – Regras de uso da vírgula entre orações subordinadas

1) **Substantivas** – não se usam vírgulas para separar as orações subordinadas substantivas.

Exemplos:

Convém que se conte tudo a ele **(subjetiva)**.

Quero que ele faça o discurso **(objetiva direta)**.

Lembrou-se de que a vida é mesmo muito curta **(objetiva indireta)**.

Estava certa de que viriam **(completiva nominal)**.

A verdade é que o aluno nada havia estudado **(predicativa)**.

Deixou para você um recado: que ele se ausentará por uns dias **(apositiva)**.

2) **Adjetivas** – sabemos que tais orações podem ser restritivas ou explicativas. As restritivas são necessárias ao sentido da frase, ligando-se a um substantivo ou pronome antecedente sem pausa, por isso não se separam, na escrita, por vírgula; quando forem mais longas, admite-se uma vírgula ao seu término. Já as explicativas acrescentam uma qualidade acessória ao antecedente, dispensável ao sentido essencial da frase, podendo ser separadas por vírgulas.

Exemplos:

Gostei muito do livro **que você me emprestou** (restritiva).

O assunto de **que estamos tratando foi extraído desse livro** (restritiva).

As flores **que enfeitam esta sala** alegram o ambiente (restritiva).

Os castelos medievais, **que eram sólidas construções de pedra,** constituíam seguras fortificações contra ataques estrangeiros (explicativa).

3) **Adverbiais** – separa-se por vírgula a oração subordinada adverbial se ela estiver:

a) anteposta à principal

Exemplos:

Já que ele se esforçou deveras, merece nossos aplausos (oração subordinada causal).

Quando era criança, ele pensava que as nuvens fossem feitas da fumaça de cigarros (oração subordinada temporal).

Embora fosse tarde, eles não desistiram da competição (subordinada adverbial concessiva).

b) intercalada à principal

Exemplos:

Chegaremos dentro de pouco tempo e, **se todos concordarem,** falaremos sobre o projeto (subordinada adverbial condicional).

Ele pensava, **quando era criança,** que as nuvens fossem feitas da fumaça de cigarros (oração subordinada temporal).

Se a oração subordinada adverbial for posposta à principal:

– o uso da vírgula é obrigatório com as condicionais e concessivas, a menos que sejam de pouca extensão

Exemplos:

Iria ao Sul **se pudesse.**

Os projetos serão executados, **se o material chegar em tempo.**

Temos algumas divergências, **embora suas ideias sejam semelhantes às minhas.**

– o uso da vírgula é opcional com as temporais, causais, finais, proporcionais e comparativas

Exemplos:

Só sairei daqui **depois que ele chegar** (sub. adv. temporal).

É necessário começar já a estudar **porque as provas se aproximam** (subordinada adverbial causal).

Não pôde embarcar **porque o passaporte não estava em ordem** (subordinada adverbial causal).

Os problemas foram enviados à diretoria **a fim de que pudessem ser resolvidos** (subordinada adverbial final).

Nada o preocupa tanto **como a educação dos filhos** (subordinada adverbial comparativa).

Todos ficavam mais calmos **à medida que as perguntas iam sendo respondidas** (subordinada adverbial proporcional).

Quanto mais eu viajava, **tanto** mais pensava em voltar (subordinada adverbial proporcional com dois termos correlatos de proporção; neste caso, usa-se a vírgula).

– com as consecutivas não se usa a vírgula

Exemplos:

Era de **tal** forma exigente **que nada lhe servia**.

Tamanho era seu amor pela arte **que se deixou absorver por ela**.

– orações reduzidas de infinitivo, de gerúndio e de particípio são separadas por vírgulas, quando equivalentes a orações subordinadas adverbiais

Exemplos:

Estudando, passarás de ano (reduzida de gerúndio).

Terminada a aula, saiu da sala (reduzida de particípio).

Convém **não sair à noite desacompanhada** (reduzida de infinitivo, não separada por vírgula, porque é uma subordinada substantiva subjetiva).

O Ponto

O ponto é empregado, fundamentalmente, para indicar o término de uma oração, seja ela absoluta, seja a última de um período composto.

Quando em um mesmo parágrafo o ponto encerra vários períodos simples ou compostos, que se encadeiam na expressão de ideias ou pensamentos que mantêm entre si alguma ligação, ele é considerado ponto simples, exigindo um repouso menor da voz.

Quando se passa de um grupo a outro grupo de ideias, costuma-se marcar a transposição com maior repouso da voz, o que na escrita se representa pelo ponto-parágrafo.

Ao ponto que encerra um enunciado escrito dá-se o nome de ponto-final.

Exemplo:

"Começando pela legitimidade, somente poderá beneficiar-se com o usucapião especial urbano a pessoa física que não tenha título de propriedade de outro imóvel urbano ou rural. A pessoa jurídica, portanto, não poderá valer-se desta modalidade de usucapião. Cumpre não perder de vista que o imóvel deverá estar localizado em área urbana e ter dimensões máximas de duzentos e cinquenta metros quadrados, não podendo ser de domínio público."

O Ponto e Vírgula

O ponto e vírgula (;) assinala uma pausa mais sensível que a vírgula, e com a entoação descendente. O seu emprego varia de autor para autor; depende essencialmente da intenção de separar mais nitidamente que a vírgula e menos fortemente do que o ponto.

Podemos entender melhor essa "intenção" se a considerarmos como a proximidade de sentido entre os elementos separados pelo ponto (.), ponto e vírgula (;) ou vírgula (,).

Compare o (;) com o (.):

a)   Cedi; tal foi o começo da minha derrota.

b)   Cedi. Tal foi o começo da minha derrota.

O (;) não interrompe a relação de causa e efeito entre as duas orações.

Compare (,) com (;):

a)   Camilo entrou no funcionalismo, contra a vontade do pai, que queria vê-lo...

b)   Camilo entrou no funcionalismo; contra a vontade do pai, que queria vê-lo...

Os Dois-Pontos

Os dois-pontos (:) anunciam:

a)   entrada de um interlocutor

Exemplo:

E o mais novo disse ao pai: – Pai, dá-me a parte...

b)   uma enumeração mais ou menos extensa

Exemplo:

"Vimos então serem elementos constitutivos do ato jurídico: a) a vontade manifestada através da declaração; b) a idoneidade do objeto; c) a forma, quando da substância do ato. Verificamos, também, constituírem seus pressupostos de validade: a) a capacidade das partes e sua legitimação para o negócio; b) a liceidade do objeto; c) a obediência à forma, quando prescrita em lei."

c)   uma citação

Exemplo:

Segundo Chaves (1999, p. 20), constituem direitos conexos: "[...] em primeiro lugar, os direitos dos artistas de interpretação musical ou dramática (em termos amplos), como elaboradores já não, evidentemente, de obras originais (as literárias e as musicais que executam), mas de obras 'conexas', isto, que criam a partir daquelas preexistentes, [...]"

O Ponto de Interrogação (?) e o Ponto de Exclamação (!)

O ponto de interrogação é o sinal que se usa no fim de qualquer interrogação direta, ainda que a pergunta não exija resposta.

Exemplo:

"Por vezes, entretanto, o juiz não encontra na legislação escrita uma norma a aplicar ao caso concreto. Poderá ele recusar-se a decidir sob tal pretexto? Evidentemente não, sob pena de conturbar-se a ordem social."

O ponto de exclamação é o sinal que, colocado ao final de um enunciado, indica diversas possibilidades de inflexão exclamativa — por exemplo, espanto, surpresa, alegria, entusiasmo, cólera, dor, súplica.

É usado também depois de um imperativo.

Exemplos:

Que maravilha seria se todos não só exigissem seus direitos, mas também cumprissem seus deveres!

Saiam já, antes que as consequências sejam mais graves!

Nas perguntas que denotam surpresa, empregam-se por vezes, combinados, o ponto de interrogação e o ponto de exclamação.

Exemplo:

Tem certeza de que não quer mesmo experimentar essa sobremesa?!

Reticências (...)

As reticências marcam uma interrupção da frase e, consequentemente, a suspensão da sua melodia. Empregam-se em casos variados, por exemplo, para indicar que o narrador interrompe uma ideia que havia começado a exprimir, e passa a considerações acessórias.

São usadas, também, para marcar suspensões provocadas por hesitação, surpresa, dúvida ou timidez de quem fala, ou, ainda, para indicar que a ideia que se pretende exprimir não se completa com o término da oração, e que deve ser suprida com a imaginação do leitor.

Exemplo:

Quanto àquele assunto... Melhor esperar um pouco. Sem precipitação, as coisas acabam se acomodando.

As Aspas (" ")

As aspas são empregadas, principalmente, no início e no fim de uma citação breve (até três linhas, segundo a ABNT), para distingui-la do restante do texto.

Usam-se também as aspas para acentuar o valor significativo de uma palavra ou expressão.

Exemplo:

Ascensão (1980, p. 6), entretanto, distingue, por força de imposição legislativa, as duas denominações. Assim, define *Direito do autor* como "o ramo da ordem jurídica que disciplina a atribuição de direitos de exclusivo relativos a obras literárias e artísticas", enquanto *Direito autoral*, no dizer do mestre, "abrange além disso os chamados direitos conexos do direito do autor, como os direitos dos artistas intérpretes ou executantes, dos produtores de fonogramas e dos organismos de radiodifusão".

Os Parênteses (( ))

Os parênteses são empregados para intercalar, num texto, qualquer indicação acessória, por exemplo, uma reflexão, um comentário à margem do que se afirma.

Modernamente, os parênteses são usados em substituição ao uso das vírgulas, em expressões ou frases intercaladas.

Há que se tomar algum cuidado no uso dos parênteses, pois, se a ideia ou a informação que eles contiverem for muito importante, deve vir entre vírgulas e não entre parênteses.

Exemplos:

"Vico entende que, originariamente, existia a família patriarcal: depois surgiu a *gens* (agrupamento de várias famílias); e, finalmente, a cidade-Estado, que representava o conjunto de várias gentes."

"Nas três hipóteses o patrimônio da fundação extinta vai se incorporar ao de outra de fins idênticos ou semelhantes (é evidente que esta regra não se aplica se a extinção foi imposta por ter a fundação escopo ilícito ou nocivo ao interesse público)." "Quanto à forma, o Código Civil exige o processo judicial, observados os requisitos por ele estabelecidos (como os da legitimidade de parte, da possibilidade jurídica do pedido e interesse de agir que, apesar de serem institutos processuais, guardam pertinência com aspectos do direito material controvertido)."

Capítulo 15

Expressões que apresentam dificuldades

1) **Emprego de A – HÁ – À**

1. Há (verbo haver)
   a) quando indicar passado
   b) quando puder ser substituído pelo verbo fazer
   Exemplo:
   > **Há** muitos anos não o vejo.

   Observação:
   > Constitui redundância o uso: "Há dois anos atrás." Como *há* e *atrás* indicam passado, não se deve usar os dois juntos.

2. A (preposição)
   a) quando indicar uma ação que ainda vai ser realizada
   b) indicando distância
   Exemplos:
   > Daqui **a** duas horas iremos ao teatro.
   > Ele está situado **a** 10 metros do prédio.

3. A (artigo)
   a) diante de substantivo feminino singular
   Exemplo:
   > **A** arte é imitação da vida.

4. A (pronome pessoal de 3ª pessoa, feminino singular) (correspondente a **ela**)
   Exemplo:
   > Não **a** vejo desde ontem.

5. A (pronome demonstrativo) (correspondente a **aquela**)
   Exemplo:
   > **A** de azul é minha prima.

6. À (preposição + artigo definido feminino singular)
   Exemplo:
   > Irei **à** cidade.

7. Expressão: Haja vista / Hajam vista
   Esta expressão pode ser construída de três modos diferentes:
   1) Hajam vista os livros desse autor.
      (= tenham vista, vejam-se)

2) Haja vista os livros desse autor.
(= por exemplo)
3) Haja vista aos livros desse autor.
(= olhe-se)

2) **Abaixo-Assinado – Abaixo Assinado** – para indicar o documento, usa-se o hífen ligando os dois termos, ficando invariável o advérbio abaixo.

Exemplo:

Não foi feito apenas um abaixo-assinado; foram feitos vários abaixo-assinados.

Como locução adjetiva, para indicar quem subscreve um abaixo-assinado, não se usa o hífen. Ex.: O abaixo assinado, os abaixo assinados, a abaixo assinada, as abaixo assinadas.

3) **Acerca de – A cerca de – Há cerca de**

Acerca de significa a respeito de, sobre

Exemplo:

O juiz, ouvido o Ministério Público, decidirá **acerca da** realização das provas *propostas pelo assistente* (CPP, art. 271, § 1º).

A cerca de significa a uma distância (espacial ou temporal) aproximada de.

Exemplos:

Montevidéu fica **a cerca de** 900 km de Porto Alegre.

Os alunos entraram em greve **a cerca de** duas semanas do término das aulas.

Há cerca de tem o sentido de:

– faz aproximadamente, faz perto de

Exemplo:

A sessão teve início **há cerca de** vinte minutos.

– existe(m) aproximadamente, existe(m) perto de

Exemplo:

Há cerca de sessenta pacientes à espera de doadores de órgãos.

4) **À custa** – é essa a expressão correta em frases como: Vive **à custa** do governo.

É erro, pois, dizer: Vive às *custas* do governo.

Custas são as despesas judiciais.

5) **Afim – A fim de (que)**

Afim – significa parente por afinidade (vínculo que liga cada um dos cônjuges aos parentes do outro)

Exemplo:

Não podem casar [...]; II – os **afins** *em linha reta, seja o vínculo legítimo ou ilegítimo* (CC, art. 183, II).

Por extensão, é sinônimo de semelhante, análogo.

Exemplo:

objetivos **afins**, termos **afins**, etc.

A fim de (que) é sinônimo de para (que)

Exemplos:

*Citação é o ato pelo qual se chama a juízo o réu ou o interessado **a fim de** se defender* (CPC, art. 213).

*O advogado poderá, a qualquer momento, renunciar ao mandato, notificando o mandante, **a fim de que** lhe nomeie sucessor [...]* (CPC, art. 45).

6) **À medida (proporção) que – Na medida (proporção) em que**

À medida que indica tempo proporcional, concomitância: conforme, quando, enquanto.

Exemplos:

Vamos ficando mais tolerantes **à medida que** melhor conhecemos a natureza humana.

À medida que passa o tempo, a reforma tributária é uma necessidade cada vez mais premente.

Na medida em que é locução causal, sinônimo de *pelo fato de que, uma vez que* (eventualmente com significação de tempo: *quando*).

Exemplo:

Na medida em que se esgotaram as possibilidades de negociação, o projeto foi integralmente vetado.

7) **Ao encontro de – De encontro a**

Ao encontro de traduz ideia **favorável**, valendo por **no sentido de, para junto de, em favor de, em benefício de**.

Exemplos:

O deputado, assim que desceu do avião, foi **ao encontro de** seus eleitores.

Essas medidas vêm **ao encontro das** aspirações do povo (favorecem, satisfazem).

De encontro a significa **contra, contrariamente a, em desfavor de, em prejuízo de**.

Exemplos:

O automóvel foi **de encontro a** um poste (chocou-se com).

Essas medidas vêm **de encontro às** aspirações do povo (contrariam).

8) **Ao invés de – Em vez de**

Ao invés de significa ao contrário de. Exprime, pois, oposição, antítese.

Exemplos:

O mau professor, **ao invés de** estimular os alunos, desencoraja-os.

Ao invés de punir o infrator, recompensou-o.

Em vez de significa em lugar de; indica, pois, escolha, opção.

Exemplo:

É preferível aperfeiçoar **em vez de** reformar o ensino.

Observação:

É errônea a forma *ao em vez de*, deturpação decorrente de cruzamento equivocado das locuções acima descritas.

9) **A par – Ao par**

A par significa ciente, informado; ao lado, junto, lado a lado; além de, ao mesmo tempo, simultaneamente; igual em quantidade, em merecimento.

Exemplos:

Como lê jornais e revistas, está **a par** do que ocorre no mundo.

O corpo docente deverá, **a par** da indispensável preparação pedagógica, ter boa experiência profissional.

Ao par – diz-se das ações ou quaisquer outros papéis de crédito quando seu valor nominal é o mesmo da sua cotação pelo câmbio do dia; diz-se também do câmbio, quando é igual entre dois ou mais países.

10) **À parte – Aparte**

À parte é locução preposicional, com função adjetiva ou adverbial.

Função adjetiva: conversas **à parte**; encontros **à parte**; modéstia **à parte**.
Função adverbial: discutir **à parte**; trabalhar **à parte**; conversar **à parte**.
Aparte é substantivo masculino.

Exemplo:

O orador avisou que não concederia **apartes**.

11) **A partir de** – deve usar-se, preferentemente, em sentido temporal.

Exemplos:

A partir de hoje, considero-me desvinculado da associação.

A cobrança do imposto entrará em vigor **a partir do** início do próximo ano.

Observação:

Evite-se o uso da expressão **a partir de** com o sentido de *com base em*, preferindo--se, para esse sentido, além da expressão *com base em*, expressões equivalentes, como: *considerando, baseando-se em, tomando-se por base,* etc.

12) **A princípio – Em princípio**

A princípio significa no começo, no início.

Exemplo:

A princípio ninguém esperava muito da sua ação como político, mas ele revelou-se um chefe excepcional.

Em princípio significa antes de qualquer consideração, antes de tudo, antes de mais nada, em tese, sem entrar em pormenores.

Exemplos:

Em princípio, a solução parece adequada ao caso.

Os grevistas aceitaram, **em princípio**, a proposta que lhes fez a direção da empresa.

13) **A respeito de** – não é recomendável (por constituir anglicismo – expressão própria da língua inglesa) o emprego de **a respeito** sem complemento, como locução adverbial, tais como: Ele não disse nada **a respeito**. Nada sei **a respeito**.

Prefira-se, portanto, a expressão acompanhada de adjunto adnominal (tal, esse) ou seguida de complemento regido pela preposição de.

Exemplos:

O que sei **a respeito desse** assunto é o que está nos jornais de hoje.

Nada nos dizem os velhos documentos **a esse respeito**.

Observação:

É também correta a expressão variante: **com respeito a**.

14) **À(s) – da(s) – na(s) folha(s) – página(s)** – quando se trata de folha(s) determinada(s), numerada(s), a preposição deve ser acompanhada do artigo definido a(s), no singular ou no plural, de acordo com o número de folhas.

Exemplos:

Conforme se lê **à fl.** 12.

Conforme se lê **às fls.** 12 a 18 dos autos.

Segundo consta **da/na fl.** 32 do relatório.

Segundo consta **nas fls.** 42-52 do processo.

Veja-se o documento **da fl.** 18.

Conforme depoimento **das fls.** 85-93.

Observação:

Não cabem as formas *conforme consta à fl. 44*, *segundo consta às fls. 52 e 53*, pois o verbo **constar**, no sentido de **estar registrado, estar escrito**, exige a preposição **de** ou **em**.

15) **As vezes – Às vezes**

As vezes, sem o sinal indicativo da crase, entra na expressão "fazer as vezes de": desempenhar as funções que competem a; servir para o mesmo fim que; substituir. No caso, "vezes" é objeto direto do verbo fazer.

Exemplo:

Dormia ao relento, e um frio banco de pedra lhe fazia **as vezes** de cama.

Às vezes, sempre com o sinal indicativo da crase, é locução adverbial, com a significação de: algumas vezes, por vezes.

Exemplo:

Às vezes, diante de certas ocorrências, somos levados a crer que determinadas pessoas não são dotadas de sentimentos.

16) **Através de** significa:

– de um para outro lado, de lado a lado

Exemplo:

Para atingir sua meta, deveria passar **através de** rios e montanhas.

– por entre

Exemplo:

Conserva-se sempre o bom humor, **através das** vicissitudes da vida.

– no decurso de

Exemplos:

Foi sempre o mesmo homem honesto, **através** de anos e anos.

Através dos tempos, os vocábulos sofrem modificações de forma e significação.

Observação:

Deve-se evitar o emprego da locução **através de** com o sentido de *por, por meio de.* Nesse caso, deve-se empregar *por intermédio de, por, por meio de, mediante,* etc.

Exemplos:

O assunto deve ser regulado **por meio de** decreto.

O réu, **por intermédio** de outro advogado, também contestou o pedido.)

17) **De forma que/a – De maneira que/a – De modo que/a** – estas locuções empregam--se com os respectivos substantivos sempre no singular. As locuções terminadas em **que** empregam-se nas orações desenvolvidas e as terminadas em **a**, nas orações reduzidas de infinitivo.

Exemplos:

Deu amplas explicações aos associados, **de forma que** tudo ficou claro.

Trabalha em excesso, **de maneira que** se acha estafado.

O departamento sofrerá ampla reestruturação **de modo a** possibilitar a dinamização das atividades que lhe são afetas.

18) **Devido a** – essa locução prepositiva significa por causa de, em virtude de, em razão de.

Exemplo:

Devido **à chuva** – Devido **aos cortes** de despesas – Devido **às más condições**.

Observação:

É incorreta a forma sem a preposição a: *devido o incêndio, devido as revelações.*

19) **Em face de** – essa é a locução culta, tradicional. A expressão *face a* é neologismo e não encontra abrigo nas gramáticas, enquanto a variante *face,* sem qualquer preposição (*face* o exposto, *face* os resultados, etc.), constitui erro grosseiro.

Exemplos:

Em face do exposto, nego provimento à apelação.

Em face da confusão reinante no presídio, a direção cancelou as visitas.

Observação:

Outras construções sinônimas corretas: **à vista do exposto, ante o exposto, diante do exposto, pelo exposto, perante o exposto**.

20) **Junto a** – essa expressão só tem sentido físico e significa ao lado de, em companhia de, perto.

Exemplo:

Ele estava junto ao amigo.

Ocorre, entretanto, um erro muito comum com essa expressão. Frases como Pediu empréstimo *junto ao* banco e Entrou com recurso *junto ao* tribunal denotam desconhecimento das preposições que podem ser usadas em tais casos. Vejam as formas corretas:

Pediu empréstimo **ao** banco (e não: *junto ao banco*).

Entrou com recurso **no** tribunal (e não: *junto ao tribunal*).

Iniciou as negociações **com** a empresa (e não *junto à empresa*).

Observação:

A única exceção admitida ocorre no campo diplomático ou de representação de um país. Por exemplo: O adido militar do Brasil **junto às** Nações Unidas. O representante brasileiro **junto ao** Vaticano.

21) **Mesmo** – pode pertencer a três classes de palavras diferentes:

   1.   **Adjetivo** – como tal ele varia em gênero e número: mesmo, mesmos, mesma, mesmas, significando:

      a) exatamente igual, idêntico

         Ex. As palavras seriam **as mesmas** da comédia.

      b) parecido, semelhante

         Ex. Trazia um lenço branco na cabeça e usava uma blusa **da mesma** brancura.

      c) próprio, verdadeiro (que figura em caráter pessoal)

         Ex. O professor **mesmo** preparou a sala para a prova.

      d) não diverso

         Ex. Agora, aqui, como antigamente, há **o mesmo** contraste entre a vida urbana e a rural.

   2.   **Substantivo** – só usado no masculino, significando: a mesma coisa

     Ex. Não responder ao meu telefonema, é **o mesmo** que dizer-me adeus.

   3.   **Advérbio** – não varia, significando:

      a) exatamente, precisamente, justamente

         Ex. Eles trouxeram **mesmo** os livros.

         O governo vai recorrer **mesmo** ao FMI.

      b) até, ainda

         Ex. Vejo com grande tristeza, com irritação **mesmo**, o escândalo de corrupção no país.

      c) realmente, verdadeiramente

         Ex. Há **mesmo** necessidade de agir dessa forma?

   Observação:

     Mesmo não deve ser usado como equivalente ao pronomes pessoais ele, eles/ ela, elas; o, os/ a, as

     Ex. Eu o vi ontem e falei com o mesmo a respeito do assunto.

     Correto: Eu o vi ontem e falei com ele a respeito do assunto.

     Velho amigo desse rapaz, já tirei o mesmo de algumas situações críticas.

     Correto: Velho amigo desse rapaz, já o tirei de algumas situações críticas.

22) **Porque/ Por que**

   1.   Quando se tratar de uma pergunta, será sempre separado:

      a) no início da frase: POR QUE ...?

      b) no meio da frase: ... POR QUE ...?

c) no fim da frase: ... **POR QUÊ?**

Exemplos:

Você foi ríspido com ele. **Por quê?**

Você não foi ao encontro. **Por quê?**

Não sei **por que** você foi ríspido com ele (= por qual motivo).

Por que você não foi ao encontro?

2. Se for resposta, será sempre junto: **PORQUE** é uma conjunção subordinativa causal.

Exemplos:

Fui ríspido com ele **porque** me agrediu.

Não fui ao encontro **porque** chovia.

3. Quando for substantivo virá junto, acentuado e precedido de artigo: **O PORQUÊ**.

Exemplos:

Não sei **o porquê** da questão.

Pedirei a ele que me explique **o porquê** das coisas.

4. Quando for uma afirmação, será separado: **POR QUE** = pelo(a) + qual (pronome relativo).

Exemplo:

São esses os ideais **por que** tenho lutado (pelos quais).

23) **Posto que** – É frequente ver essa locução usada como causal ou explicativa, quando, na verdade, é concessiva. Não é igual a *porque, visto como, visto que,* como no exemplo errôneo: Julgo procedente o pedido, *posto que* ficou provada a necessidade do recorrente. É sinônimo de **ainda que**, como no exemplo: A sentença será reformada, **posto que** certa em sua fundamentação.

24) **Se não – Senão**

Se não, conjunção subordinativa condicional + advérbio de negação, é sinônimo de **caso não**.

Exemplo:

Não o recomendaríamos **se não** o conhecêssemos tão intimamente.

Senão tem as seguintes significações:

a) **a não ser, exceto**

Exemplo:

"*Ninguém será obrigado a fazer ou deixar de fazer alguma coisa senão em virtude de lei*" (CF/88, art. 5 , II).

b) **caso contrário, do contrário**

Exemplo:

Tenham cuidado, **senão** todo o nosso trabalho estará perdido.

c) **mas** (após negação)

Exemplos:

Não fiz isso com intenção de magoá-lo, **senão** de adverti-lo.

A justiça atrasada não é justiça, **senão** injustiça qualificada e manifesta.

d) **pois**

Exemplo:

A inocência do réu está fartamente provada nos autos. Senão vejamos.

e) **defeito, mancha** (substantivo)

Exemplo:

O bom texto não deve ter nenhum **senão** de linguagem.

25) **Sequer** – esse vocábulo não pode ser usado isoladamente em frases negativas, porque significa *apenas, ao menos, pelo menos*.

Como por si só não apresenta caráter negativo, deve ser sempre precedido de *não, nem, ninguém, sem, nenhum*, etc. Não se usa, portanto: Ele *sequer* foi consultado (o que significaria: Ele ao menos foi consultado). A forma correta é: Ele **nem sequer** foi consultado (isto é: Ele nem ao menos foi consultado).

Exemplos:

Ele **nem sequer** telefonou.

Partiu **sem sequer** nos avisar.

26) **Viger** – este verbo é defectivo de segunda conjugação, isto é, a vogal do infinitivo é "e", e não é conjugado em determinadas formas e pessoas. Só é empregado nas formas em que a letra "g" é seguida de "e" ou de "i". Trata-se de um verbo intransitivo, cujo sentido é: vigorar, estar em execução, em uso, achar-se em vigência. Praticamente só se emprega na terceira pessoa. O particípio é *vigido*, e o gerúndio, *vigendo*.

Exemplos:

Enquanto esta cláusula **viger**, nada poderá ser feito.

Como as partes não chegaram a um acordo, continuam **vigendo** as disposições anteriores.

Quando a ação foi ajuizada, já **vigia** o novo prazo prescricional.

Capítulo 16

Expressões e frases latinas de uso jurídico

1) **Ab absurdo** – Partindo do absurdo
2) **Ab initio** – Desde o começo
3) **Ab intestato** – Sem deixar testamento
4) **Absente reo** – Na ausência do réu
5) **Ad cautelam** – Para cautela
6) **Ad domum** – Em casa. Diz-se da citação que o oficial de justiça realiza na residência do citando.
7) **Ad hoc** – Para isto, para este caso
8) **Ad judicia** – Para o juízo. Mandato judicial que se confere a advogados para o foro em geral.
9) **Ad libitum** – À vontade, livremente
10) **Ad litteram** – Ao pé da letra, literalmente
11) **Ad nutum** – Às ordens, à vontade de. Expressão para denotar que um ato jurídico pode ser revogado a critério de quem o praticou; no caso de contrato, por uma só das partes.
12) **Ad perpetuam rei memoriam** – Para perpétua lembrança
13) **Ad probationem** – Para prova. Diz-se do ato para o qual a lei não exige forma solene.
14) **Ad quem** – Para quem ou qual. Indica o juiz ou tribunal de instância superior para o qual se envia, em grau de recurso, um processo que tramitava em instância inferior. Indica, ainda, o término da contagem de um prazo.
15) **Ad referendum** – Para apreciar, para aprovação
16) **Ad usum** – Segundo o uso
17) **A fortiori** – Com tanto mais razão, pela mais forte razão
18) **Alibi** – Em outro lugar. Meio de defesa pelo qual o acusado alega e prova que, no momento exato do crime ou delito, encontrava-se em local diverso daquele em que o fato ocorreu, sendo, pois, impossível imputar-lhe a autoria da infração penal.
19) **Alieno nomine** – Em nome alheio
20) **Animus calumniandi** – Intenção de caluniar
21) **Animus celandi** – Intenção de ocultar, de encobrir
22) **Animus diffamandi** – Intenção de difamar
23) **Animus donandi** – Intenção de dar ou doar
24) **Animus furandi** – Intenção de furtar, de roubar
25) **Animus injuriandi** – Intenção de injuriar
26) **Animus lucrandi** – Intenção de lucrar, de tirar proveito

27) *Animus manendi* – Intenção de permanecer

28) *Animus necandi* – Intenção de matar

29) *Animus occidendi* – Intenção de matar (Sinônimo da expressão n. 28)

30) *Ante litem* – Antes de proposta a ação, antes do litígio

31) *A posteriori* – Pelo que se segue. Diz-se do conhecimento ou argumento, prova ou raciocínio que passe de fatos particulares a conclusões gerais, isto é, do efeito para a causa. (Antônimo da expressão n. 32)

32) *A priori* – Segundo um princípio anterior à experiência. Diz-se do conhecimento ou afirmação sem fundamento nos fatos, na experiência, ou de argumento ou raciocínio que passe de fatos gerais a conclusões particulares, isto é, da causa para o efeito.

33) *A quo* – De quem, do qual. Indica o juiz ou tribunal de instância inferior de onde procedeu a demanda e de cuja decisão se recorre. Indica, ainda, o início da contagem de um prazo.

34) *Bis in idem* – Duas vezes sobre a mesma coisa

35) *Capitis deminutio* – Diminuição da capacidade, da autoridade, do poder

36) *Caput* – Parte superior; o início de um documento, uma lei ou de qualquer de seus artigos.

37) *Causa debendi* – Causa da dívida

38) *Causa mortis* – Causa da morte, por causa da morte

39) *Citra petita* – Aquém do pedido. Diz-se do julgamento que não resolveu inteiramente as questões postas em lide, não lhes dando, pois, solução final.

40) *Concessa venia* – Concedida a licença, com a devida permissão

41) *Coram lege* – Diante da lei

42) *Curriculum vitae* – Carreira da vida

43) *Data venia* – Com a devida vênia, dada licença. Forma respeitosa usada para expressar opinião contrária à de outrem.

44) *De cujus* – Aquele de cuja, isto é, o falecido. Origina-se a locução das primeiras palavras da frase latina: de *cujus successione agitur*, isto é, aquele de cuja sucessão se trata. Diz-se, portanto, do falecido cuja sucessão foi aberta.

45) *De facto* – De fato

46) *De jure* – De direito. Aplica-se, notadamente, na expressão *júris et de jure*, para indicar o que se funda num princípio absoluto de direito, não admitindo pois, controvérsia ou impugnação, enquanto *juris tantum* admite contrariedade.

47) *Erga omnes* – Perante todos, a respeito de todos. Diz-se do ato jurídico, lei, decisão a todos imposta e que tem efeito geral.

48) *Et reliqua* – E o restante. Costuma-se usar no final de uma enumeração.

49) *Ex aequo* – Com igualdade, com equidade

50) *Ex causa* – Pela causa, em atenção à causa

51) *Exempli gratia* – Por exemplo. Abreviatura: e.g. (sinônimo de *verbi gratia*)

52) *Exequatur* – Execute-se. Autorização com que o presidente do Supremo Tribunal Federal determina o cumprimento de sentença da justiça estrangeira ou atos judiciais deprecados em carta rogatória.

53) *Ex jure* – Segundo o direito, por justiça

54) *Ex lege* – Segundo a lei

55) *Ex more* – Conforme o costume

56) *Ex nunc* – De agora em diante, isto é, sem efeito retroativo

57) *Ex officio* – Oficialmente, em função do cargo, por obrigação e regimento

58) *Ex positis* – Isto posto. Costuma seguir-se a uma exposição pormenorizada

59) *Extra matrimonium* – Fora do casamento

60) *Extra petita* – Além do pedido. Diz-se de sentença judicial exarada em desacordo com o pedido, ou que conflita com a natureza da causa.

61) *Ex tunc* – Desde então, com efeito retroativo (antônimo: *ex nunc*)

62) *Ex vi* – Por força, por efeito

63) *Ex vi legis* – Por força da lei

64) *Fumus boni juris* – Fumaça de bom direito, isto é, presunção ou caráter de juridicidade

65) *Grosso modo* – Aproximadamente, de modo grosseiro

66) *Habeas corpus* – "Que tenhas teu corpo." Instituto jurídico, sob a forma de garantia constitucional, para proteger quem sofre violência ou ameaça de constrangimento ilegal, na sua liberdade de locomoção, por parte de qualquer autoridade pública.

67) *Improbus litigator* – Litigante desonesto. Diz-se do autor de lide temerária, isto é, aquele que, sem fundamento de justiça, leva alguém a juízo com o escopo de ridicularizá-lo, prejudicá-lo ou vexá-lo.

68) *In absentia* – Na ausência (normalmente do réu)

69) *In albis* – Em branco

70) *Inaudita altera parte* – Sem que a outra parte seja ouvida

71) *In extremis* – No último momento (sinônimo: *in articulo mortis*)

72) *In fine* – No fim. Usa-se para indicar o que vem no final de um artigo, lei, decreto, portaria, folha, etc.

73) *In limine* – No limiar, preliminarmente

74) *In litem* – Na lide, dentro da causa

75) *In loco* – No lugar (sinônimo: *in situ*)

76) *Intentio legis* – Intenção da lei

77) *In terminis* – No fim, em último lugar

78) *Inter vivos* – Entre vivos

79) *In totum* – No todo, totalmente

80) *Ipsis litteris* – Pelas mesmas palavras, textualmente (sinônimo: *ipsis verbis*)

81) *Ipso facto* – Por isso mesmo

82) *Ipso jure* – Pelo próprio direito

83) *Iter criminis* – O caminho do crime

84) *Jure et facto* – De direito e de fato

85) *Juris et de jure* – De direito e por direito

86) *Jus agendi* – Direito de agir em juízo

87) *Jus disponendi* – Direito de dispor

88) *Jus eundi* – Direito de ir e vir

89) *Lato sensu* – Em sentido lato, amplo (antônimo: *stricto sensu*)

90) *Lex fori* – Lei do foro. É a lei do país ou da jurisdição sob a qual se ajuíza uma ação.

91) *Lex loci* – Lei do lugar

92) **Mutatis mutandis** – Mudando o que deve ser mudado

93) **Nemine discrepante** – Não discordando ninguém

94) **Omnium consensu** – Pelo consenso de todos

95) **Onus probandi** – O ônus de provar, a obrigação da prova

96) **Pari passu** – A passo igual, lado a lado

97) **Persona sui juris** – Pessoa capaz

98) **Persona alieni juris** – Pessoa incapaz

99) **Post mortem** – Depois da morte

100) **Pro labore** – Pelo trabalho

101) **Proprio nomine** – No próprio nome

102) **Propter officium** – Por causa do ofício

103) **Pro rata** – Em proporção

104) **Quorum** – O número mínimo de membros presentes a fim de que uma assembleia se realize ou um tribunal possa funcionar.

105) **Ratio juris** – Em razão do Direito. Expressão usada para aludir ao fundamento jurídico alegado.

106) **Ratione materiae** – Em razão da matéria. Expressão usada em questões de competência, para aludir ao assunto ou à matéria que serve de objeto à demanda, sem qualquer ligação às pessoas em contenda. Opõe-se ao sentido de ratione personae.

107) **Ratione persona** – Em razão da pessoa. Expressão usada em questões de competência, para aludir à competência que se determina em razão da pessoa; a qualidade ou a condição da pessoa que participa do pleito.

108) **Rebus sic stantibus** – Assim estando as coisas; demonstra que o contrato se interpreta, segundo as condições do momento da assinatura.

109) **Res non verba** – Fatos, não palavras

110) **Res nullis** – Coisa de ninguém

111) **Sine die** – Sem data, sem dia marcado

112) **Sine qua non** – Sem a qual não. Usa-se com a palavra condição anteposta: *Conditio sine qua non*

113) **Statu quo** – O estado em que se encontrava anteriormente certa coisa ou questão. Em função de sujeito grafa-se *status quo*.

114) **Stricto sensu** – Em sentido estrito

115) **Sub judice** – Em juízo

116) **Sui generis** – De seu próprio gênero

117) **Ultima ratio** – A última razão, isto é, o argumento decisivo

118) **Ultra petita** – Além do pedido. Diz-se da sentença que concede além do que efetivamente pede o autor, ou que atinge um fato não demandado e, portanto, estranho à questão.

119) **Ut infra** – Como está abaixo

120) **Ut retro** – Como está atrás

121) **Ut supra** – Como está acima

122) **Vacatio legis** – Espaço entre a publicação da lei e sua entrada em vigor

123) **Verbo ad verbum** – Palavra por palavra

124) **Vexata quaestio** – Questão muito controversa

Frases Latinas de Uso Jurídico

1) *Abusus non tollit usum* — O abuso não impede o uso.
2) *Acessorium sequitur principale* — O acessório acompanha o principal.
3) *Actor probat actionem* — O autor prova a ação.
4) *Bis de eadem re ne sit actio* — A mesma ação não pode ser proposta duas vezes para a mesma coisa.
5) *Causa debet praecedere effectum* — A causa deve preceder o efeito.
6) *Cogitationis poenam nemo patitur* — Ninguém deve ser punido pelo que pensa.
7) *Confessio est regina probationum* — A confissão é a rainha das provas.
8) *Dare nemo potest quod non habet* — Ninguém pode dar o que não tem.
9) *Dormientibus non succurrit jus* — O direito não socorre aquele que dorme.
10) *Dura lex, sed lex* — A lei é dura, mas é a lei.
11) *Ignorantia legis neminem excusat* — A ignorância da lei não exime ninguém.
12) *In dubio, pro reo* — Em caso de dúvida, a favor do réu.
13) *Judex ultra petita condemnare nom potest* — O juiz não pode condenar além do pedido.
14) *Jus et obligatio sunt correlata* — Direito e obrigação se equivalem.
15) *Jus est ars boni et aequi* — O direito é a arte do bom (bem) e da equidade.
16) *Jus est facultas agendi* — O direito é a faculdade de agir.
17) *Jus est norma agendi* — O direito é a norma de agir.
18) *Nemo jus ignorare censetur* — Ninguém pode alegar ignorância da lei.
19) *Nemo judex in causa propria* — Ninguém pode ser juiz em causa própria.
20) *Nulla actio sine lege* — Não existe ação sem lei.
21) *Nullum crimen, nulla poena sine lege* — Não há crime, não há pena sem lei.
22) *Pacta servanda sunt* — Os acordos são para serem cumpridos.
23) *Probare oportet, non sufficit dicere* — Não basta dizer: é preciso provar.
24) *Puniri nemo debet si nullam admisit culpam* — Ninguém deve ser punido sem culpa.
25) *Quod non est in actis non est in mundo* — O que não está nos autos não existe no mundo.
26) *Sublata causa, tollitur effectus* — Suprimida a causa, cessa o efeito.
27) *Testis unus, testis nullus* — Uma testemunha, testemunha nenhuma.
28) *Ubi homo, ibi ius* — Onde está o homem, aí está o direito.
29) *Ubi societas, ibi ius* — Onde está a sociedade, aí está o direito.

Referências

ALMEIDA JR. A. *Lições de medicina legal.* 7. ed. São Paulo: Ed. Nacional, 1965.

AMORIM, José R. N. *Direito ao nome da pessoa física.* São Paulo: Saraiva, 2003.

ARISTÓTELES. *Arte retórica.* Trad. Antonio Pinto de Carvalho. Rio de Janeiro: Tecnoprint, s. d.

ASSIS, Joaquim Maria Machado de. O espelho. In: COUTINHO, Afrânio (Org.). Obra Completa. Rio de Janeiro: Cia. José Aguillar, 1974. v. II.

AUSTIN, J. L. *Quando dizer é fazer:* palavras e ação. Trad. Danilo Marcondes de Souza Filho. Porto Alegre: Artes Médicas, 1990.

AZEVEDO, Álvaro Villaça. *Teoria geral dos contratos típicos e atípicos:* curso de direito civil. 2. ed. São Paulo: Atlas, 2004.

BALERA, W. O ensino do direito e os serviços legais no Brasil. *Veredas – Revista da PUCSP/EDUC.* São Paulo, 1985. In: *Pesquisas de retórica.* Petrópolis: Vozes, 1975.

BECHARA, Evanildo. *Lições de português pela análise sintática.* Rio de Janeiro:Grifo, s. d.

BENVENISTE, Émile. *Problemas de linguística geral.* São Paulo: Nacional/EDUSP, 1976.

BONÍCIO, Marcelo José Magalhães. *Capítulos de sentença e efeitos dos recursos.* São Paulo: RCS, 2006.

BRESLOW, Ronald. *Mecanismos de reações orgânicas:* uma introdução. Trad. Andrejus Korolkovas. São Paulo: EDART, 1968.

BUCCI, Maria Paula Dallari. *Direito administrativo e políticas públicas.* São Paulo: Saraiva, 2002.

CAMARGO, A. L. C. *Discurso jurídico e direito penal.* Tese de doutoramento. São Paulo: Faculdade de Direito da USP, 1983.

CARLETTI, A. *Dicionário de latim forense.* São Paulo: Universitária de Direito, 1988.

CASTILHO, Ataliba Teixeira de; PRETI, Dino (Org.). *A linguagem falada culta na cidade de São Paulo:* materiais para seu estudo. São Paulo: T.A. Queiroz/FAPESP, 1986. v. 1.

CITELLI, A. *Linguagem e persuasão.* São Paulo: Ática, 1985.

CHAUÍ, M. *O que é ideologia.* São Paulo: Brasiliense, 1984 (Col. Primeiros Passos).

CORNU, G. *Linguistique juridique*. Paris: Montchrestien, 1990.

COSTE, D. Leitura e competência comunicativa. In: *O texto: leitura e escrita*. Campinas: Pontes, 1988.

CUNHA, Celso; CINTRA, L. F. L. *Nova gramática do português contemporâneo*. Rio de Janeiro: Nova Fronteira, 1985.

DEMO, Pedro. *Metodologia do conhecimento científico*. São Paulo: Atlas, 2000.

DINIZ, Maria Helena. *Curso de direito civil brasileiro*. 21. ed. rev. e atual. São Paulo: Saraiva, 2005. v. 3: teoria das obrigações contratuais e extracontratuais.

_____. *Curso de direito civil brasileiro*. 20. ed. rev. e atual. São Paulo: Saraiva, 2005. v. 5: direito de família.

DUCROT, Oswald. *Provar e dizer*. São Paulo: Global Universitária, 1981.

ELIAS, Roberto João. *Comentários ao Estatuto da Criança e do Adolescente*. 2. ed. São Paulo: Saraiva, 2004.

FERRAZ Jr., Tercio Sampaio. *Introdução ao estudo do direito*: técnica, decisão, dominação. São Paulo: Atlas, 1988.

_____. *Direito, lógica e comunicação*. São Paulo: Saraiva, 1997.

FERREIRA, Celso Lemos. *Apostila de Windows 95*. São Paulo, 1997.

FIORINI, J. L. *Linguagem e ideologia*. São Paulo: Ática, 1988 (Série Princípios).

FOUCAULT, M. *A verdade e as formas jurídicas*. 2. ed. Rio de Janeiro: Nau, 1999.

GARCIA, Enéas Costa. *Responsabilidade pré e pós-contratual à luz da boa-fé*. São Paulo: Juarez de Oliveira, 2003.

GARCIA, O. M. *Comunicação em prosa moderna*. 7. ed. Rio de Janeiro: FGV, 1978.

GUIMARÃES, E. J. *Texto e argumentação*: um estudo das conjunções do português. Campinas: Pontes, 1987.

_____. Enunciação e História. In: *História e sentido na linguagem*. Campinas: Pontes, 1989.

GUSTIN, Miracy B. Souza; DIAS, Maria Tereza Fonseca. *(Re)pensando a pesquisa jurídica*: teoria e prática. 2. ed. rev., ampl. e atual. Belo Horizonte: Del Rey, 2006.

JAKOBSON, R. *Linguística e comunicação*. São Paulo: Cultrix, 1969.

KASPARY, Adalberto J. *O verbo na linguagem jurídica*: acepções e regimes. Porto Alegre: Livraria do Advogado, 1996.

KOCH, I. G. V . *Argumentação e linguagem*. São Paulo: Cortez, 1984.

_____. *A coesão textual*. São Paulo: Contexto, 1989.

_____. *A inter-ação pela linguagem*. São Paulo: Contexto, 1992.

KOCH, I. G. V.; TRAVAGLIA, L. C. *A coerência textual*. São Paulo: Contexto, 1990.

KURY, Adriano G. *Para falar e escrever melhor o português*. Rio de Janeiro: Nova Fronteira. 1989.

LANGACKER, R. W. *A linguagem e sua estrutura*. Rio de Janeiro: Vozes, 1972.

LEITE, Eduardo de Oliveira. Exame de DNA, ou, o limite entre o genitor e o pai. In: LEITE, Eduardo Oliveira (Coord.). *Grandes temas da atualidade*. DNA como meio de prova de filiação. Rio de Janeiro: Forense, 2000.

LEMINSKI, Paulo. In: *Poesia jovem – anos 70*: seleção de textos, notas, estudos biográfico, histórico e crítico e exercícios por Heloisa Buarque de Hollanda e Carlos Alberto Messeder Pereira. São Paulo: Abril Educação, 1982.

LUFT, Celso Pedro. *A vírgula*. São Paulo: Ática, 1996.

MARCUSCHI, L. A. *Gêneros textuais*: o que são e como se constituem. No prelo.

MONTEIRO, Washington de Barros. *Curso de direito civil*. 28. ed. atual. São Paulo: Saraiva, 1995.

_____. *Curso de direito civil*: direito das obrigações. 34. ed. rev. e atual. São Paulo: Saraiva, 2003. v. 5.

MORAES, Vinicius. *Poesia completa e prosa*. Rio de Janeiro: Nova Aguilar, 1980.

NALINI, José Renato. *Ética e justiça*. São Paulo: Oliveira Mendes, 1998.

_____. A formação do juiz brasileiro. In: NALINI, José Renato (Coord.). *Formação jurídica*. 2. ed. rev. e ampl. São Paulo: Revista dos Tribunais, 1999.

NASCIMENTO, E. D. *Linguagem forense*. São Paulo: Saraiva, 1983.

_____. *Lógica aplicada à advocacia*. São Paulo: Saraiva, 1989.

OLIVEIRA, Euclides de. Direito ao nome. In: DELGADO, Mario Luiz; ALVES, Jones Figueiredo (Coord.). *Questões controvertidas no novo Código Civil*. São Paulo: Método, 2004 (Série Grandes Temas do Direito Privado, v. 2).

ORLANDI, E. P. *A linguagem e seu funcionamento*: as formas do discurso. São Paulo: Brasiliense, 1983.

ORLANDI, E. P. et al. *Sujeito e texto*. São Paulo: EDUC, 1988.

OSAKABE, H. *Argumentação e discurso político*. São Paulo: Kairós, 1979.

PAZ, Octavio. *Signos em rotação*. Trad. Sebastião Uchoa Leite. São Paulo: Perspectiva, 1996 (Coleção Debates).

PERELMAN, Chaïm; OLBRECHTS-TYTECA, L. *Tratado da argumentação*: a nova retórica. Trad. Maria Ermantina Flavão G. Pereira. São Paulo: Martins Fontes, 1996.

PERELMAN, Chaïm. *Ética e direito*. São Paulo: Martins Fontes, 1996.

PETRI, M. J. C. *Marcas da argumentação lingüística no discurso jurídico*. Dissertação de mestrado. São Paulo: PUCSP, 1988.

PETRI, M. J. C. *Argumentação linguística e discurso jurídico*. São Paulo: Plêiade, 2005.

PIMENTEL, Alexandre Freire. Evicção e denunciação da lide no novo Código Civil. In: DELGADO, Mário Luiz; ALVES, Jones Figueiredo (Coord.). *Questões controvertidas no novo Código Civil*. São Paulo: Método, 2003 (Série Grandes Temas de Direito Privado, v. 1).

PORTÃO, Ramão Gomes. *Estórias da boca do lixo*. São Paulo: Livr. Exposição do Livro, s. d.

POSSENTI, S. *Discurso, estilo e subjetividade*. São Paulo: Martins Fontes, 1988.

PRETI, Dino. *Sociolinguística*: os níveis de fala, um estudo sociolinguístico do diálogo na literatura brasileira. São Paulo: Nacional, 1974.

QUEIROZ, Raquel. *O Quinze*. São Paulo: Círculo do Livro, s. d.

QUINTANA, Mário. *Mario Quintana*: seleção de textos, notas, estudos biográfico, histórico e crítico e exercícios por Regina Zilberman. São Paulo: Abril Educação, 1982.

REALE, M. *Filosofia do direito*. São Paulo: Saraiva, 1965.

ROSA, João Guimarães. *Grande sertão*: veredas. Rio de Janeiro: Nova Aguilar, 1994. v. II.

SCHAFF, Adam. *Linguagem e conhecimento*. Coimbra: Almedina, 1974.

SHECAIRA, Sérgio Salomão. *Criminologia*. São Paulo: Revista dos Tribunais, 2004.

SIDOU, J. M. OTHON. *Dicionário jurídico*. Rio de Janeiro: Forense, 1991.

SILVA, De Plácido e. *Vocabulário jurídico*. Atual. por Nagib Slaibi Filho e Gláucia Carvalho. Rio de Janeiro: Forense, 2004.

SILVA, José Afonso da. *Curso de direito constitucional positivo*. 28. ed. rev. e atual. São Paulo: Malheiros, 2007.

VENOSA, Sílvio de Salvo. *Direito civil*: parte geral. 4. ed. São Paulo: Atlas, 2004 (Coleção Direito Civil, v. 1).

VENTURA, Amaro; LEITE, Roberto A. S. *Comunicação e expressão em língua nacional*. São Paulo: Nacional, 1973.

VIGNAUX, F. L. Argumentation et discours de la norme. *Langages 53*. Paris: Didier-Larouss, 1979.

VOGT, C. A. *Linguagem, pragmática e ideologia*. Campinas: Hucitec/Funcamp, 1980.

XAVIER, R. C. *Português no direito*. Rio de Janeiro: Forense, 1986.

_____. *O latim no direito*. Rio de Janeiro: Forense, 1988.